江苏高校哲学社会科学研究重点项目（2016ZDIXM005）
南京航空航天大学经济与管理学院出版基金资助

经济管理学术文库·经济类

江苏省健康服务业发展状况研究

Studies on the Development of Healthcare Industry in Jiangsu Province

吴和成　金　云／著

经济管理出版社
ECONOMY & MANAGEMENT PUBLISHING HOUSE

图书在版编目（CIP）数据

江苏省健康服务业发展状况研究/吴和成，金云著．—北京：经济管理出版社，2019.4
ISBN 978 - 7 - 5096 - 6467 - 4

Ⅰ.①江…　Ⅱ.①吴…②金…　Ⅲ.①医疗卫生服务—服务业—产业发展—研究—江苏
Ⅳ.①F726.9②R199.2

中国版本图书馆 CIP 数据核字（2019）第 054383 号

组稿编辑：张巧梅
责任编辑：张巧梅
责任印制：黄章平
责任校对：陈　颖

出版发行：经济管理出版社
　　　　　（北京市海淀区北蜂窝 8 号中雅大厦 A 座 11 层　　100038）
网　　　址：www. E - mp. com. cn
电　　　话：（010）51915602
印　　　刷：北京玺诚印务有限公司
经　　　销：新华书店
开　　　本：720mm × 1000mm/16
印　　　张：15
字　　　数：286 千字
版　　　次：2019 年 5 月第 1 版　　2019 年 5 月第 1 次印刷
书　　　号：ISBN 978 - 7 - 5096 - 6467 - 4
定　　　价：68.00 元

前　言

中国改革开放 40 年取得了令人瞩目的伟大成就，人们的物质条件得到了质的改善，生活水平也得以极大提高。物质生活丰富的同时，生活品质的提高是一个必然过程。因此，健康服务业的需求不断增长。人们对健康服务的理解并不仅仅是医疗的保障，而是身心健康需要的综合服务。保健、健身、防未病等理念逐步为人们所接受，即人们对健康服务需求及保障前移。另外，老龄化社会带来的挑战，使健康产业的发展显得更为紧迫。无疑，人们对健康服务的需求催生了健康产业的发展。"财富第五波"将成为现实。

面对全球兴起的健康产业，中国作为世界上人口最多的国家，健康产业有其广阔的市场和发展前景。作为健康产业主要内容的健康服务业在健康产业发展中扮演着重要角色。2013 年，国务院印发的《关于促进健康服务业发展的若干意见》（以下简称《意见》）中提出，要在切实保障人民群众基本医疗卫生服务需求的基础上，充分调动社会力量的积极性和创造性，着力扩大供给、创新发展模式，提高消费能力，促进基本和非基本健康服务协调发展。《意见》明确了今后一个时期发展健康服务业的主要任务。一是大力发展医疗服务。二是加快发展健康养老服务。三是积极发展健康保险。四是全面发展中医药医疗保健服务。五是支持发展健康体检咨询、全民体育健身、健康文化和旅游等多样化健康服务。六是培育健康服务业相关支撑产业。七是健全人力资源保障机制。八是夯实健康服务业发展基础。

江苏地处长江三角洲，区位优势明显，经济发达，具备大力发展健康服务业的基础。毕竟健康服务业仍属发展的初级阶段，对其发展现状进行系统分析，梳理出其发展的优劣势，对于江苏健康服务业核心竞争力的培育和可持续发展都有重要意义。

尽管国家统计局出台了相关统计指标，但系统的统计数据尚未制度化地收集统计，也即目前尚无可利用的相关数据。基于这样一个现实，本书利用能收集到的信息展开相应研究，并从江苏健康服务业政策支持、医疗卫生服务供给、养老服务、体育健身服务、医疗卫生队伍建设状况，以及作为健康服务业主要支撑产业的医药制造业的投入与产出、研发和技术获取资源配置等方面进行系统分析，获得了一些有意义的结论。这些结论对于江苏健康服务业发展有一定的参考价值。

由于能收集到的信息十分有限，所以在研究内容的选择上有所取舍，但健康服务业基本重要的医疗卫生服务、养老和健康管理等均有涉及，同时，对江苏医药制造业的创新资源配置问题也进行了较为系统的分析。

本书是江苏高校哲学社会科学研究重点项目的研究成果。本书的出版还得到了南京航空航天大学经济与管理学院出版基金的资助。

在课题研究和本书撰写过程中，研究生张晨、李犟、钱俊等在资料收集与整理、模型计算、数据分析等方面做了大量工作；郑雅梦、胡琳等在数据收集上付出了辛勤劳动。

感谢经济管理出版社张红老师、张巧梅编辑和南通理工学院陆晓霞老师提供的帮助和支持。

本书引用了一些文献的研究成果，未能一一标注，但均列入参考文献中，在此向被引用文献的作者致谢。

作者

2018 年 12 月 31 日

目　录

第1章 绪论

1.1 问题的提出

健康是人类赖以生存的基本保证，提高健康水平不但可以提升生活品质，而且对社会经济发展、国家竞争力提高都有重要价值。改革开放以来，我国的经济实力、城镇化进程、人口规模与结构产生了巨大变化。在人民生活水平不断提高、人民健康状况持续改善的同时，人口老龄化、人群疾病谱的变化等一系列问题将影响中国经济社会的可持续发展。当前，世界各国面对这些挑战，都相继出台健康管理与健康促进相关政策，重点关注并优先发展健康服务及相关产业，使之成为带动整个国民经济增长的新动能。在发达国家中，美国的医疗卫生服务，医药研制与生产、健康管理与促进等健康产业增加值占 GDP 的比例超过 15%；加拿大、日本等国家的健康产业增加值占 GDP 比例也高于 10%。目前，我国的健康产业占 GDP 的比例在 5% 左右，与发达国家尚有较大差距。

在健康产业加速发展的国际大背景，以及我国国民经济由高速增长趋于稳定增长态势下，健康产业以及健康服务业的兴起与不断发展对于助力我国经济发展方式转变、促进经济结构转型升级，满足人民不断增长的健康产业与服务需求具有重大意义。党和国家非常重视我国健康服务业的发展。党的十八大提出实现中华民族伟大复兴的中国梦，其中健康是中国梦不可或缺的内容。习近平总书记指出，"人民身体健康是全面建成小康社会的重要内涵，是每一个人成长和实现幸福生活的重要基础"，"要让每个人可以享受到更高水平的医疗卫生服务"。2013年《关于促进健康服务业发展的若干意见》（国发〔2013〕40 号）发布，明确了我国健康服务业的定位以及健康服务业的发展战略，为我国发展健康服务业提供了政策支持。本章将围绕健康服务业的定义及内涵，研究国外发达国家发展健康服务业的政策，发展经验及国内健康服务业领先地区的政策及经验，分析江苏省健康服务业政策现状，以便为后文相关研究提供基本信息。

1.2 健康服务业的概念与内涵

1.2.1 健康服务业的概念

根据国际产业分类标准，服务业可以划分为基础服务（包括信息与通信服务等）、生产和市场服务（包括金融、物流、批发、电子商务、农业支撑服务以及包括中介和咨询等专业服务）、个人消费服务（包括教育、医疗保健、住宿、餐饮、文化娱乐、旅游、房地产、商品零售等）、公共服务（包括政府的公共管理服务、基础设施、公共卫生、医疗以及其他公益性信息服务等），由此可见，健康服务业既是个人消费服务和公共服务业的重要内容，也是服务业的重要组成部分。

健康服务业概念在中国提出的时间较短，其行业实践也在不断地发展和探索中，由于对健康服务业的内涵、属性等问题的研究并不深入，因此，学术界对健康服务业的定义尚未达成共识，但对健康服务业的看法都突破了狭义的医疗服务，趋向于"大健康"概念，认为健康服务业是健康产业的重要组成部分。以美国为代表的多数国家认为，凡是促进人类健康而建立的服务产业都属于健康服务业的范畴，主要涉及医疗机构、养老院、居家照护、远距离照护和健康保险五部分。国内学者对健康服务业的概念和内涵进行了研究。韩德民等的研究认为，健康服务业是以医学知识和技术为基础，以保护和促进居民健康为目标，贯穿预防、保健、治疗、康复等环节的产业集群。代涛等指出，健康服务业是一种以促进和维持健康为目的的产业体系，是健康产业的重要组成部分，是以消费性健康服务业为核心、生产性健康服务业为支撑的产业群，而健康产业则是健康服务业和健康相关制造业的总和。车峰采用内容分析方法对我国健康服务业政策进行了深入分析，并剖析了健康服务业政策工具的缺失和冲突，指出健康服务业是以维护和促进人民群众身心健康为目标，主要包括医疗服务、健康管理与促进、健康保险以及相关服务，涉及药品、医疗器械、保健用品、保健食品、健身产品等支撑产业。严云鹰等基于优先序视角对健康服务产业供给选择路径进行了研究，指出随着居民物质生活水平与健康素养水平的提升以及消费观念的转变，过去单一地针对医疗卫生服务的健康服务需求如今向多元化、多层次的趋势发展，提出健康服务业是指以维护和促进人类身心健康为目标的各种服务活动。

综上所述，健康服务业不是一个单一产业，而是一个包括全部与健康有直接或间接联系的产业体系。其较为准确和全面的定义为：健康服务是以生命科学、生物技术以及现代医学为基础，以健康至上的理念为指导，以维护和促进人的身体、心理健康为目标的一系列服务活动，包含疾病预防与治疗、健康管理与促进、健康保险和保障、健康宣传与教育等多产业的集合。

发达国家健康服务业起步较早，在政策制定方面具有一些成功的经验。在美国、欧洲等发达国家，政府将健康服务业和与健康密切相关的制药产业、医疗器械制造业、保健食品与用品等制造业视为一个整体，统称为健康产业，在政策的制定上予以整体规划。我国政府从经济转型升级的宏观角度出发，"十二五"以来不断重视和大力发展服务业，同时将与改善民生密切相关的健康服务业作为发展服务业的重要工作并给予了高度关注。2012 年《国务院关于印发卫生事业发展"十二五"规划的通知》（国发〔2012〕57 号）中总结了我国"十一五"期间卫生事业发展取得的成就，概括了"十二五"期间卫生事业发展面临的形势，并对"十二五"期间我国卫生事业发展进行了明确规划。在加快健康产业发展规划政策文件里，首次提出了"健康服务业"概念，明确指出在"十二五"期间建立和完善有利于健康服务业发展的体制和政策。同时，作为服务业的重要内容，健康服务业在《国务院关于印发服务业发展"十二五"规划的通知》（国发〔2012〕62 号）中也有明确体现。规划中对健康服务业的概念及内容进行了进一步的阐述，指出健康服务业是发展生活性服务业的重要内容。2013 年，国务院发布了《关于促进健康服务业发展的若干意见》，提出了我国发展健康服务业的指导思想，基本原则及主要目标。指出健康服务业以维护和促进人民群众身心健康为目标，主要包括医疗服务、健康管理与促进、健康保险以及相关服务，涉及药品、医疗器械、保健用品、保健食品、健身产品等支撑产业，并提出到 2020年基本建立覆盖全生命周期、内涵丰富、结构合理的健康服务业体系；打造一批知名品牌和良性循环的健康服务产业集群，并形成一定的国际竞争力，基本满足广大人民群众的健康服务需求；健康服务业总规模达到 8 万亿元以上，成为推动经济社会持续发展的重要力量。这些政策文件普遍将健康服务业视为健康产业的重要组成部分，将与健康服务业相关的制造业视为健康服务业的重要支撑，在政策制定中旨在建立以健康服务为核心，以生产性健康服务业及相关制造业为支撑的健康产业集群，并在政策制定中予以整体推动与规划。

1.2.2　健康服务业的内涵

健康服务业不同于健康产业，它是健康产业中的产业链，是健康产业的重要组成部分，具有覆盖面广、产业链长等特点。为了推动和规范健康服务业的发展，首先要明确其内涵和分类。由健康服务业的定义可知，健康服务业是以维护和促进人民群众身心健康为目标的一系列服务活动。从其服务对象来看，主要由消费性服务业及相关生产制造性服务业构成，其本质是健康产业与服务业的交叉行业。健康服务业的核心是向个人及家庭提供作为最终消费品服务的消费性健康服务业，主要涵盖医疗与预防服务、康复与护理服务、健康管理与促进服务等连续性的健康服务，其需求方是个人及家庭消费者。另一部分则是提供给健康服务的直接生产部门的生产性健康服务业，作为健康服务中间投入的服务，其主要作用是促进健康服务的专业化，提升所投入生产要素的生产率，包括医药技术研发、健康数据服务、医疗信息化服务以及相关信息服务等内容。此外，以生物医药、医疗器材、保健产品（食品、用品）、体育用品等其他制造业作为健康服务业的外延支撑。从健康服务业的服务提供模式角度来看，健康服务业可以分为医疗性健康服务和非医疗性健康服务两类，由此形成四个基本产业集群，即以医疗服务机构为主体的医疗产业；以药品、医疗器械以及其他医疗用品产销为主体的医药制造产业；以保健品产销为主体的保健品行业；以定制的健康检测、健康咨询、康复保健等为主要内容的健康管理与促进服务产业。

2014 年国家统计局发布了《健康服务业分类（试行）》，分类文件首次界定了健康服务业的统计范围，满足了建立健康服务业统计调查体系的需要，从政策制定的角度规定了健康服务业的范畴。文件将健康服务业划分为四个部分：第一部分为医疗卫生服务，第二部分为健康管理与促进服务，第三部分为健康保险和保障服务，第四部分为其他与健康相关的服务。前三部分是健康服务业的核心内容，包括了以维护与促进人类身体健康状况或预防健康状况恶化为主要目的的服务活动；第四部分是与健康服务相关的产业，包括了相关健康产品的批发、零售和租赁服务。具体分类如表 1-1 所示。

表 1-1　健康服务业分类（试行）

序号	健康服务业分类	所包含的具体内容
1	医疗卫生服务	医院服务
		基层医疗卫生服务
		专业公共卫生服务
2	健康管理与促进服务	政府与社会组织健康服务
		健康科学研究和技术服务
		健康教育服务
		健康出版服务
		社会健康服务
		体育健身服务
		健康咨询服务

续表

序号	健康服务业分类	所包含的具体内容
3	健康保险和保障服务	健康保险服务
		健康保障服务
4	其他与健康相关的服务	健康相关产品批发
		健康相关产品零售
		健康设备和用品租赁

健康服务业的内涵和外延十分广泛，既包括以维护和促进人民群众身心健康为目的的各类医疗服务、健康管理、健康保险及相关服务，也涵盖医药、医疗器械、保健食品、用品和体育用品等支撑行业，拥有巨大的市场潜力，是 21 世纪的朝阳产业。我国政府非常重视发展健康服务业，到 2020 年基本建立覆盖全生命周期、内涵丰富、结构合理的健康服务体系，产业总规模达到 8 万亿元以上的目标；到 2030 年实现健康产业繁荣发展，健康服务业总规模达 16 万亿元。

1.2.3 健康服务业的发展背景与意义

由产业结构理论可知，随着经济的发展，人均国民收入水平提高，第一产业国民收入和劳动力的相对比重逐渐下降；第二产业国民收入和劳动力的相对比重上升，经济进一步发展，第三产业国民收入和劳动力的相对比重也开始上升。第三产业占国内生产总值的比重，在一定程度上代表了一个经济体经济结构的发展阶段。近年来我国第三产业迅速增长，2017 年第三产业占 GDP 比例为 51.6%，但仍明显低于以美国（80.98%，2017 年）、英国（78.4%，2014 年）为代表的发达国家；也低于俄罗斯（60%，2014 年）、印度（52.1，2014 年）等一些发展中国家。因此，我国的第三产业具有巨大的发展空间。

表 1-2 主要年份我国 GDP 数据   单位：亿元

	1978 年	2000 年	2016 年	2017 年	年增长率（%）
国内生产总值	3678.7	100280.1	743585.5	827121.7	14.90
第一产业增加值	1018.5	14717.4	63672.8	65467.6	11.27
第二产业增加值	1755.2	45664.8	296547.7	334622.6	14.41
第三产业增加值	905.1	39897.9	383365	427031.5	17.10

资料来源：国家统计局《中国统计年鉴 2017》。

20世纪80年代以来，我国经济发展取得了前所未有的巨大成就。随着经济总量的不断增长，我国的产业结构也在不断变革和升级。与1978年相比较，2017年我国GDP增长了224.8倍，年复合增长率为14.9%，其中第三产业增长了471.8倍，年增长率为17.1%，超过GDP的增幅。

从图1-1可以看出，我国三大产业产值在逐年增加，但第一、第二产业增加值占国内生产总值的比例在逐年降低。相反，我国第三产业增加值占国内生产总值的比例逐年增加，2015年突破50%，2016年继续增加至51.56%。在"十三五"期间，第三产业将成为推动我国国民经济不断发展最重要的支柱产业。

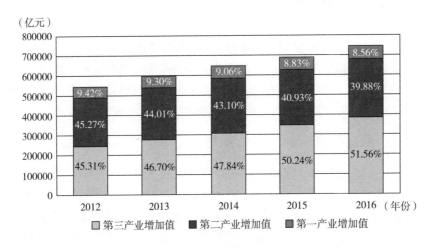

图1-1　2012～2016年三大产业增加值占GDP比重

健康服务业是第三产业的重要组成部分，一头联系着经济发展，另一头联系着人民福祉，是21世纪的朝阳产业，具有巨大的发展潜力，已经成为世界各国发展的重要产业。健康服务业的雏形健康管理服务最早出现在20世纪60年代的美国。是在控制医疗支出、保障医疗健康服务质量、提升健康水平的矛盾中发展起来的新兴服务产业。早在1969年美国政府就将健康管理添加到国家医疗保健计划中，并逐渐形成了健康维护组织（Health Maintenance Organizations，HMOs），即为特定地区主动参加保险的人群提供全面医疗服务的体系。1973年美国政府通过《健康维护组织法案》，从制度上确保了这种医疗保险形式的发展。在政策环境与市场的作用下，自20世纪80年代以来，健康管理服务逐渐兴起并发展成了一个十分庞大的产业，有效地改善提升了人们的健康水平，同时降低了慢性病引起的医疗费用开支。数据显示，截至2010年，由7700万美国人在大约650个健康管理组织中享受医疗服务，超过9000万美国人被纳入健康管理计划之中。

英国、德国等国家相继建立不同形式的健康管理组织；日本于 20 世纪 80 年代发布"健康管理法规"。我国长期坚持"预防为主、防治结合"的工作方针，本质上包含了健康管理的思想，但未上升到"产业层面"。

健康管理就是对个人和人群的各种健康危险和健康保护因素进行全面管理的过程，也是协调组织的过程。宗旨就是调动个人、集体和社会的积极性，有效地利用有限的物力资源来控制疾病、促进健康，达到最大的健康效果。美国之所以对健康管理如此重视，一方面是来自医疗健康需求的不断增长，而医疗资源有限。20 世纪人类比以往任何时候都渴望健康、长寿，并且希望更健康、更长寿；希望得到最好的医疗健康服务。而医学技术的突破代价高昂，导致医疗费用不断上升。另一方面为了让人人都享有健康，不得不改变当下的"诊断和治疗"系统（这与今天中国的情况类似）。在这个系统中，人群中最不健康的 1% 和患慢性病的 19% 占用了 70% 的医疗卫生费用；最健康的 70% 人口只用了 10% 的医疗费用。如果只关注不健康的 20% 的人口，忽视处在老龄化、传染病、环境恶化等一系列风险威胁下的 80% 的人口，将会导致不健康的人群持续增加，医疗系统会更难满足需求。健康管理服务业的发展是对美国整个医疗健康服务系统资源的整合，同时包括了医疗与非医疗服务，成功降低了美国的医疗费用，提升了人群健康水平。

由此可见，健康管理既注重了医疗资源配置的效率，又体现了资源配置的公平性，是健康服务业中一个不可或缺的重要部分。我国健康服务业与发达国家相比起步较晚，但发展迅速。2000 年我国开始成立健康管理公司；2004 年我国首家网上健康管理公司正式运营；2004 年 10 月中国人民健康保险股份有限公司经过国务院批准成立；2005 年 9 月首家健康管理中心在深圳成立；2005 年 10 月"健康管理师"成为一种新职业；2007 年中华医学会健康管理学分会成立，健康服务产业逐渐被公众所熟知。2013 年全国已有 10000 余家健康管理机构，从业人员近 50 万，年体检人次超过 4 亿。健康作为人类自身发展的基础及共同追求的目标，关系着国家、民族和社会的可持续发展，这使健康服务业在经济发展和社会保障体系中发挥着重要作用。随着我国人口老龄化和疾病谱的改变，健康服务业发展具有良好的基础。同时，居民健康观念的转变也为健康服务业提供了广阔的市场前景。发展健康服务业不仅有利于我国经济结构调整和转型升级，扩大内需，促进就业，还能有力地促进社会和谐，提高全民身体素质。因而，具有经济和社会的双重意义。

1.3 国内外健康服务业发展现状及经验

1.3.1 国外健康服务业发展现状及经验

随着经济社会的发展、生活方式的变化，人们对于健康服务的需求在逐年增加，各个国家政府也在积极改革医疗制度，以满足人们日益增长的健康服务需求。世界上几乎所有国家对健康服务的需求都呈现增长趋势。根据世界银行发布的各国发展指标数据，由图1-2可见，全球公共医疗支出在政府支出中的占比呈增长趋势。2008年世界政府医疗支出在政府支出的占比平均水平为14.85%，2013年为15.53%，以每年0.11%的速率稳定增长。以美国为代表的发达国家在公共医疗卫生支出占政府支出的比例方面高于世界平均水平。日本由于人口密度大，老龄化程度高，其政府卫生支出甚至超过其他发达国家，2014年超过了22%。以中国、印度为代表的发展中国家，其政府医疗卫生支出的绝对数额也在逐年增长，但占政府支出比重的增长速度低于发达国家。

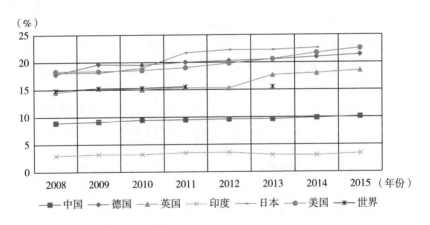

图1-2 全球主要国家公共医疗卫生支出占政府支出的比重

2007~2015年各国人均医疗支出均保持增长态势。由图1-3可知，发达国家如美国、英国和德国人均医疗费用支出增幅明显。其中，美国人均医疗支出处于世界领先水平。自2014年起，美国人均医疗卫生支出突破9000美元，并呈持续增长趋势。从图1-4可以看到，2015年美国人均医疗卫生支出为9536美元，是世界平均水平的 9 倍。以印度和中国为代表的发展中国家的增长更为迅速。从绝对数额看，由于经济发展阶段的差别，发展中国家人均医疗支出远低于发达国家，健康服务业发展普遍不足，存在巨大的发展空间。

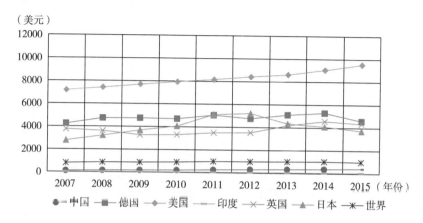

图 1-3　主要国家人均医疗卫生支出

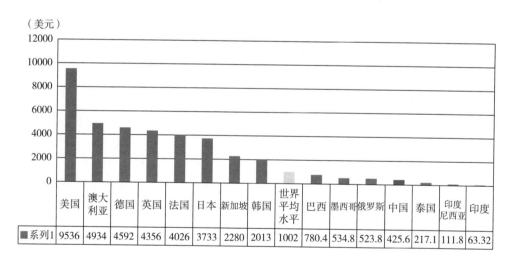

	美国	澳大利亚	德国	英国	法国	日本	新加坡	韩国	世界平均水平	巴西	墨西哥	俄罗斯	中国	泰国	印度尼西亚	印度
■系列1	9536	4934	4592	4356	4026	3733	2280	2013	1002	780.4	534.8	523.8	425.6	217.1	111.8	63.32

图 1-4　2015 年主要国家人均医疗卫生支出对比

2015 年中国的人均医疗卫生支出不到世界平均水平的一半。中国人口基数大，从而摊薄了人均医疗卫生支出。但自 2007 年后，中国人均医疗卫生支出大幅度增长，2015 年达到 425 美元，是 2007 年的近 4 倍。这是我国健康服务业发展投入巨大，人们对于个人医疗卫生的足够重视与关注的结果。这为我国健康服务业发展提供了巨大的内在动力。

发达国家健康服务业起步较早，其先进经验对我国发展健康服务业具有借鉴意义，这里选取美国和日本两个具有代表性的国家分析其健康服务业发展经验。

1.3.1.1 美国健康服务业发展经验

美国的健康产业已形成了较为完善的产业体系。目前，美国医疗健康产业产值占到美国国内生产总值的 17% 以上，是美国经济的支柱性产业，且体现了其高成长性和对抗经济周期的特点。健康管理、商业健康保险、医疗服务以及生物科技及医药产业等是美国健康产业发展的几个核心领域。

美国政府通过健康战略的制定、健康法案的颁布、健康理念的宣传等方式推动健康产业的发展，提升国民身体健康水平。在健康战略的制定方面，美国是世界上最早实施健康战略的国家之一。1979 年美国卫生与公共服务部发布的《人人健康：疾病预防与健康促进报告》中正式提出了健康战略这一概念，并在 1980 年、1990 年、2000 年、2010 年分别发布了《健康公民 1990：促进健康、预防疾病》《健康公民 2000：促进健康、预防疾病》《健康公民 2010：了解和改善健康》《健康公民 2020：健康促进目标》战略报告。以 10 年为一个周期，通过实施健康公民战略，形成了连续的健康促进政策和完善的实施机制。在《健康公民 2020》战略规划中，提出的健康总体目标是：实现高质量的生活方式，降低过早死亡率；促进健康公平；建立适宜健康的社会和物质环境；促进健康发展及改善人生不同阶段的健康行为，并制定了 42 个优先发展的健康领域、12 个主要的健康指标以及近 600 个可量化的健康目标。经过多年的发展，美国健康公民战略关注的重点从仅仅关注提高国民生活质量到重点关注健康环境的营造和健康行为的提升，强调"预防优先"的健康理念，注重健康管理与促进，战略内容不断完善，得到了社会的广泛参与和支持。

美国政府通过《健康维护组织法案》为健康管理与促进组织立法以规范其发展，建立《联邦食品、药品和化妆品法案》确保食品、药品、医疗器械、化妆品市场的规范化；通过反垄断法维护市场自由竞争秩序，通过专利保护法对创新产品和创新者的利益加以保护。通过制定健康产业的发展规划，例如《生命科学产业发展规划》等规范了生物科学与技术产业的发展目标和发展路径。此外，美国政府通过制定税收、融资等优惠政策，鼓励社会资本加大对健康产业的投资，并对生物科学研究给予经费支持。

美国是最早开展健康传播的国家。20 世纪 70 年代随着各种疾病和健康危机对人类身体及社会带来的负面影响，健康理念的宣传、健康知识的传播逐渐兴起。在健康传播的过程中，医疗成果通过传播过程转化成大众健康知识，并帮助受众建立起健康观念，从而达到预防疾病、促进健康的宣传效果，有效地提高了社会或国家的国民健康水准。美国的健康传播领域有两个分支，包括健康促进以及健康服务传递。前者主要指公共健康运动及知识普及，提升个人安全行为；后者主要指医生对其服务对象的健康服务传递，旨在提升病人满意度，强调医患沟通对健康和疾病的影响。两者相辅相成，共同完成改善社会整体健康状况的传播过程，实现健康理念的普及，提升全民健康素养。

1.3.1.2 日本健康服务业发展经验

健康产业是日本国民经济的支柱性产业之一。日本国内的经济因素、社会因素以及政策因素共同促进日本健康产业的发展。在其健康产业的发展过程中，逐渐形成了以健康管理为主导、以医疗保健服务为基础、以注重健康饮食等社会生活中的传统习惯作为保障性因素的健康产业格局。20 世纪 60 年代，日本的健康管理业逐渐兴起。当时日本社会经济得到较大发展，不良的生活作息习惯及忙碌的工作给人们带来许多健康问题，由此，健康管理中心相继成立。到 20 世纪 70 年代日本政府开始对国民健康进行管理，提出国民健康运动计划，向国民推行和宣传健康体检，增加相关从业人员数量。80 年代随着社会人口老龄化问题的加剧，政府又提出了确保老人健康体检的制度，规划地区保健中心，培养健康运动指导师等促进国民健康战略措施。进入 21 世纪以来，日本政府相继颁布了"健康日本 21 计划""新健康开拓战略"等，覆盖心理健康、体育运动、饮食教育等九个领域，旨在提高全民的健康素养。在政策实施期间，日本的健康管理成果显著，日本中小学生的身体素质有较大改善，健身俱乐部覆盖率达到 79%，国民的运动健身意识得到了明显提高，人口平均寿命逐年增加，达到 84 岁，排名世界第一。

日本的健康产业以医疗保健服务为基础，在国家整体医疗水平、医疗资源分配、医生诊治频率及药品管理等方面表现极佳，堪称全世界医疗条件最好的国家。从 20 世纪 50 年代开始，日本政府相继建立相关法律明确了日本的医院实行医药分离制度，不断提高医生薪资水平，成功解决了以药养医以及过度医疗的问题。2002 年日本政府颁布了《健康增进法》，为推动国民健康政策的颁布提供了立法依据。其中重要的一项举措就是为国民创造公平的医疗诊治环境。随着《健康增进法》的推行，日本各类专科医院分布在城市中的各个地区，方便城市居民就近诊治，获得医疗服务。除此之外，日本还拥有专业完善的社区医疗服务，其成本低于大型综合医院及专科医院，且覆盖面广，遍及日本包括村庄在内的各个地区，居民足不出户就可以获得医疗服务。日本对万人以下的医疗社区安排全科医生为居民提供医疗服务，对万人以上的社区安排全科医生和专科医生共同为居民提供医疗服务。完备的覆盖面广的医疗体系不仅吸纳了大量的医学人才就业，还推动了日本健康产业的不断发展。由此可见，日本完善的医疗服务体系为国家的医疗保障体系及健康产业的发展奠定了坚实基础。

除健康管理和医疗服务，日本还是全球第二大医疗器械生产国，其产值仅次于美国。2015 年日本医疗器械销售额达到 17493 亿日元，出口额超过 6000 亿日元，主要出口美国、中国等国家。根据日本统计局的统计数据显示，日本医疗器械产业中有 77.4% 的企业年销售额超过 10 亿日元，其中有 27% 的企业销售额超过 100 亿日元，5.4% 的企业销售额突破 500 亿日元。日本政府根据《药事法》对医疗器械进行管理，在药务局内设立医疗器械课进行行政管理，并会同监督指导课一起进行质量体系检查，在对医疗器械进行严格的审批流程后，才会批准上市。此外，在国立卫生检验所设疗品部，对医疗器械进行技术复核和相关研究工作。

日本在健康产业的发展及应对人口老龄化等人口问题方面有一些值得借鉴的经验及启示。第一，提升社区医疗机构在社会医疗体系中的地位。日本的社区医疗机构在健康产业中具有重要作用，社区医疗具有成本低、覆盖面广等优势。我国应借鉴日本社区医疗经验，结合中国国情发展具有中国特色的社区医疗服务，惠及社区居民，以较低的运营成本让更多的居民方便地享受到医疗服务。首先，提高政府对社区医疗的重视程度，提供政策导向及财政支持，培养全科医疗人员、更新医疗器械，改善社区就医环境。除此之外，在社区建立医疗保健中心，提高社区医疗服务的覆盖率，以预防为主、防治结合为工作方针，开展健康教育和健康管理的宣传，提高居民健康意识，优化医疗资源配置情况。第二，重视健康管理的宣传与推广，建立公民健康档案。20 世纪 80 年代日本将健康管理与信息技术结合研发出"个人健康管理系统"，使健康管理的效率得到了极大的提高。健康档案是记录每个人从出生到死亡的所有生命体征的变化，以及自身所从事过的与健康相关的一切行为与事件的档案，其作用可以为病人节省就诊时间、为医院疾病治疗方案的制订提供参考。健康档案的建立为公民健康管理带来了极大的方便，也可以使健康管理者系统了解公民的身体状况、健康问题及患病相关信息。

1.3.2 国内健康服务业发展现状及经验

改革开放以来，我国健康服务业的发展取得了长足进步。在 20 世纪 90 年代以前，健康体检还只包含在医院的服务范畴中，并且体检更多用于疾病检查而不是预防。90 年代以后，随着西方发达国家健康管理的理念传入以及国内市场需求的增长，国内健康管理机构得到快速发展，但在我国仍处于起步阶段。主要在健康体检中心和健康网站中以提供健康信息和推销医药信息为主，尚没有真正发展成为提供健康咨询、评估和干预的完整产业链。目前，我国健康服务业已经形成一个包括医疗服务、医药、保健品、健康管理、体育健身等各个方面的相对完整的产业体系。然而，我国的健康服务业仅占国内生产总值的5%左右，而美国2009年就达到17.6%的程度。与国民经济快速发展相比，我国健康服务业发展相对滞后，不能适应我国现阶段经济社会发展的形势要求。相比于我国 GDP 每年的快速增长，政府在医疗卫生领域的投入也逐年增长，但依然没有解决公众"看病贵，看病难"的问题。具体来讲，主要有以下几个方面：

1.3.2.1　医疗支出比重逐年增长

近年来，随着人民对健康重视程度的增加，我国卫生总费用支出逐年增长。从图1-5可以看出，2007年我国卫生总费用为11573.97亿元，到2016年底达到46344.88亿元，卫生总费用在10年间增长了4倍以上，增长趋势明显。

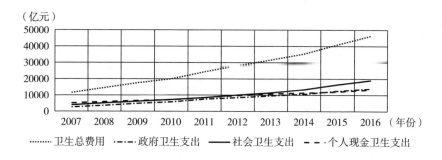

图 1 - 5　2007～2016年我国卫生费用支出变化趋势

资料来源：《中国统计年鉴》。

我国政府非常重视医疗卫生事业的发展。2007年我国政府卫生支出为2581.58亿元，2016年政府卫生支出为13910.31亿元，10年间增长了5.4倍。数据显示，截止到2016年，全国卫生费用支出总计46344.88亿元，其中政府支出13910.31亿元，占卫生总支出的30%；社会卫生支出19096.68亿元，占卫生总支出的41%；个人卫生支出13337.9亿元，占卫生总费用的29%，合计人均卫生费用3351.74元。

从图1-7可知，我国卫生支出总费用占国内生产总值的比重逐年增长，2016年底占 GDP 的比重为6.23%，比2007年增加了1.95个百分点。我国卫生支出的增长对国内生产总值的带动还存在很大的空间，应继续大力发展健康服务业，促进国民经济结构转型升级，实现又好又快发展。

1.3.2.2　医疗资源供给逐渐增加

从医疗卫生资源供给方面来看，在"十一五"到"十二五"期间，随着我国医疗投入的增长，医疗服务的硬件设施有了较大改善，服务能力和医疗保障能力不断加强。人们从医疗卫生资源不断增加的供给中得到了实实在在的好处。由

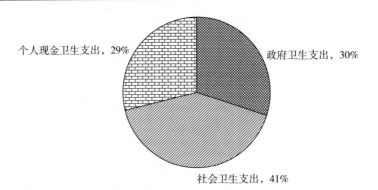

图 1 – 6　2016 年卫生支出费用占比

资料来源:《中国统计年鉴》。

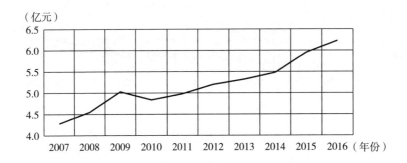

图 1 – 7　2007～2016 年我国卫生费用支出变化趋势

资料来源:《中国统计年鉴》。

表 1 – 3 中可知,从 2007 年至 2016 年,我国各类医疗卫生机构数量不断增加。截至 2016 年,我国卫生医疗机构共有 983394 个,其中医院 29140 个,基层医疗卫生机构 926518 个,专业公共卫生机构 24866 个。

表 1 – 3　我国医疗卫生机构数　　　　　　　　　　单位:个

年份	合计	医院	基层医疗卫生机构	专业公共卫生机构
2007	912263	19852	878686	11528
2008	891480	19712	858015	11485
2009	916571	20291	882153	11665
2010	936927	20918	901709	11835
2011	954389	21979	918003	11926

续表

年份	合计	医院	基层医疗卫生机构	专业公共卫生机构
2012	950297	23170	912620	12083
2013	974398	24709	915368	31155
2014	981432	25860	917335	35029
2015	983528	27587	920770	31927
2016	983394	29140	926518	24866

资料来源：《中国统计年鉴》。

　　随着医疗需求的增加以及医疗机构数量的增长，相应地，我国各类卫生工作人员的数量也在逐年增加。从表 1-4 中可以看出，卫生人员数量呈现增长趋势，2007 年我国卫生人员数为 6964389 人，2016 年我国卫生人员数为 11172945 人，卫生人员数在 10 年间增长了 1.6 倍，年均增长 16 个百分点。

表 1-4　我国医疗卫生人员数量　　　　　　　　单位：人

年份	合计	卫生技术人员	乡村医生和卫生员	其他技术人员	管理人员	工勤技能人员
2007	6964389	4913186	931761	243460	356569	519413
2008	7251803	5174478	938313	255149	356854	527009
2009	7781448	5535124	1050991	275006	362665	557662
2010	8207502	5876158	1091863	290161	370548	578772
2011	8616040	6202858	1126443	305981	374885	605873
2012	9115705	6675549	1094419	319117	372997	653623
2013	9790483	7210578	1081063	359819	420971	718052
2014	10234213	7589790	1058182	379740	451250	755251
2015	10693881	8007537	1031525	399712	472620	782487
2016	11172945	8454403	1000324	426171	483198	808849

资料来源：《中国统计年鉴》。

　　在医院数量以及卫生人员不断增加的同时，居民医疗条件逐渐得以改善。在"十一五"和"十二五"期间，每万人拥有执业（助理）医师数，每万人拥有床位数不断增长。在每万人拥有卫生人员数方面，如图 1-8 所示，2007 年每万人口拥有卫生技术人员数为 37.2 人，其中执业医师人数为 16.1 人，注册护士数为

11.8人；2016年每万人口拥有卫生技术人员数为61.2人，其中执业医师人数为23.1人，注册护士数为25.4人。相比于2007年，截至2017年末，每万人口卫生技术人员，每万人拥有执业医师数，每万人拥有注册护士数分别增长了64.52%、43.48%和115.25%，年均增长分别为6.45%、4.35%和11.53%。在每万人拥有医院、卫生院床位数方面，如图1-9所示，2007年每万人口拥有床位数为28.01张，2016年每万人口拥有床位数为53.59张，10年间增长了近2倍。表明我国医疗卫生条件不断改善、整体医疗水平不断提高。

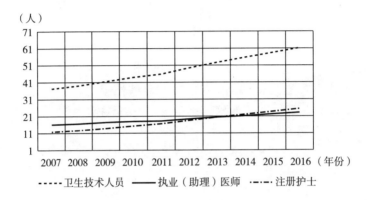

图1-8 2007～2016年每万人口卫生技术人员数

资料来源：《中国统计年鉴》。

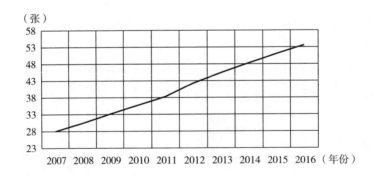

图1-9 2007～2016年每万人口床位数量

资料来源：《中国统计年鉴》。

1.3.2.3 医疗保险支出不断增加

居民参加医疗保险的人数在2007～2016年逐年增长。如图1-10所示，2007～2016年，城镇基本医疗保险参保人数由2007年的22311.1万人增长到了

74391.6 万人,增长了 230%,增长超过 2 倍。说明我国基本医疗保险规模有了很大提高,医疗保障水平正处于一个不断增长的阶段。

身体健康既是人一切生理和社会活动的根本,也是一种基础而又重要的人力资本形态;既是劳动者从事一切社会实践活动的基础,也是其他类型人力资本投资与发挥作用的首要条件。加快发展健康服务业,是深化医改、改善民生、提升全民健康素质的必然要求,是进一步扩大内需、促进就业、转变经济发展方式的重要举措,对稳增长、调结构、促改革、惠民生,全面建成小康社会有着重要作用。同时,健康服务业的发展不仅关系到整个服务业的水平,更对第三产业乃至国民经济发展水平有着至关重要的作用。因此,加大健康服务业的建设力度为大势所趋。

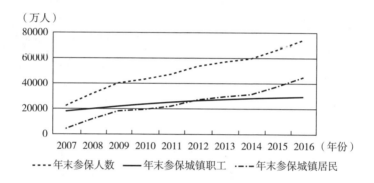

图 1 - 10 城镇基本医疗保险参保人数

资料来源:《中国统计年鉴》。

我国健康服务业发展和研究均处于初级阶段,尚未作为一个独立的行业大类进行统计和核算,通常用卫生总费用作为计算健康服务业规模的指标。当前我国发展健康服务业的挑战和问题主要有:尽管我国对医药卫生的投入无论在总量上还是在占 GDP 的比重上逐年增长,但仍然不能满足人们对健康和医药卫生保障及服务不断增长的需求,且医疗费用还在不断增长;卫生费用结构不合理。用于预防保健和健康管理与促进的费用明显偏低,从而影响了健康服务业和健康管理行业的发展进程;在个人健康档案管理方面,城市居民稍好于农村居民,但也没有实现标准化、规范化、信息化和网络化,无法实现居民健康状况的全程查询跟踪和信息交换共享;无论是政府医疗费用支出,还是医疗服务机构的建设和服务状况以及个人的健康维护和疾病治疗,都处于非理想状态;在健康行业相关领域的投资规模、服务模式、技术标准、操作规范、产品质量和效率效益方面与发达国家相比尚存在较大差距。由此可见,我国健康服务业尚有着巨大的发展空间与发展潜力。

北京、上海、杭州等城市的健康服务业起步相对较早，健康服务业产业集群已初步形成。作为全国综合实力较强的地区，上述城市拥有丰富的发展健康服务业的资金、技术与人力资源，辅之相关政策优势。因而，在发展健康服务业过程中积累了丰富经验。

（1）深化医疗卫生体制改革促进北京市健康服务业发展。北京市经济发展水平较高，居民消费能力高于全国平均水平，对健康服务的巨大需求促使健康服务业发展起步较早。在医疗保健服务方面，北京市集中了全国优质的医疗资源。统计数据显示，2016 年北京市医疗卫生机构数 10637 家，其中医疗机构 10491 家（含 113 家三级医疗机构、155 家二级医疗机构以及 649 家一级医疗机构），其他卫生机构 146 家。与 2015 年比较医疗机构增加 212 家。在疾病诊治方面，由图 1 - 11 和图 1 - 12 可见，2016 年全市医疗机构诊疗人次数达 24877.7 万人次，出院人数为 369.8 万人次，分别较 2015 年增长 5.86% 和 9.38%，表明全市医疗机构服务能力和服务效率在不断提高。

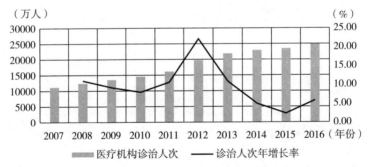

图 1 - 11　2007 ~ 2016 年北京市医疗机构诊治人次

资料来源：《北京市卫生事业统计公报》。

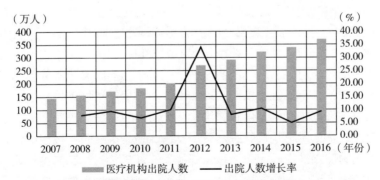

图 1 - 12　2007 ~ 2016 年北京市医疗机构出院人数

资料来源：《北京市卫生事业统计公报》。

早在 2009 年国务院就发布了《关于深化医药卫生体制改革的意见》（以下简称《意见》）。《意见》指出，医药卫生事业关系亿万人民的健康，关系千家万户的幸福，是重大民生问题。深化医药卫生体制改革，加快医药卫生事业发展，适应人民群众日益增长的医药卫生需求，不断提高人民群众健康素质，是贯彻落实科学发展观、促进经济社会全面协调可持续发展的必然要求，是维护社会公平正义、提高人民生活质量的重要举措，是全面建成小康社会和构建社会主义和谐社会的一项重大任务。同时，《意见》提出了医药卫生体制改革的总目标，即到2011 年基本医疗保障制度全面覆盖城乡居民，基本药物制度初步建立，城乡基层医疗卫生服务体系进一步健全，基本公共卫生服务得到普及，公立医院改革试点取得突破，明显提高基本医疗卫生服务可及性，有效减轻居民就医费用负担，切实缓解"看病难、看病贵"问题；到 2020 年覆盖城乡居民的基本医疗卫生制度基本建立。普遍建立比较完善的公共卫生服务体系和医疗服务体系、比较健全的医疗保障体系、比较规范的药品供应保障体系、比较科学的医疗卫生机构管理体制和运行机制，形成多元办医格局，人人享有基本医疗卫生服务，基本适应人民群众多层次的医疗卫生需求，人民群众健康水平进一步提高。

　　"十二五"期间，继 2009 年 4 月深化医药卫生体制改革启动实施以来，改革取得了明显进展和初步成效，实现了阶段性目标。2012 年国务院发布《"十二五"期间深化医药卫生体制改革规划暨实施方案》，继续对深化医药卫生体制改革做出了规划，在给出进一步深化医药卫生体制改革的主要目标后，还对具体实施方案做出了规划，包括加快健全全民医保体系，巩固完善基本药物制度和基层医疗卫生机构运行新机制，积极推进公立医院改革，建立强有力的实施保障机制等措施。

　　2015 年国务院颁布《国务院办公厅关于城市公立医院综合改革试点的指导意见》，加快了城市公立医院改革的步伐，提出城市公立医院综合改革的基本目标，即破除公立医院逐利机制，落实政府的领导责任、保障责任、管理责任、监督责任，充分发挥市场机制作用，建立起维护公益性、调动积极性、保障可持续的运行新机制；构建起布局合理、分工协作的医疗服务体系和分级诊疗就医格局，有效缓解群众"看病难、看病贵"问题。2015 年进一步扩大城市公立医院综合改革试点。到 2017 年城市公立医院综合改革试点全面推开，现代医院管理制度初步建立，医疗服务体系能力明显提升，就医秩序得到改善，城市三级医院普通门诊就诊人次占医疗卫生机构总诊疗人次的比重明显降低；医药费用不合理增长得到有效控制，卫生总费用增幅与本地区生产总值的增幅相协调；群众满意度明显提升，就医费用负担明显减轻，总体上个人卫生支出占卫生总费用的比例降低到 30% 以下。

北京市是全国优质医疗资源的集中地，市政府非常重视医药卫生体制改革。为深入贯彻落实《国务院办公厅关于城市公立医院综合改革试点的指导意见》和《北京市人民政府关于继续深化医药卫生体制改革的若干意见》要求，2016年3月北京市政府颁布了《北京市城市公立医院综合改革实施方案》，提出建立公立医院治理新体制，构建公立医院运行新机制，推进人事薪酬制度改革，完善医疗服务体系，强化人才培养、学科发展和信息化建设和强化组织实施等措施，其中包括实施分级诊疗制度，推进医药分开改革，降低药品和医用耗材费用，提高公立医院管理和服务水平以及京津冀医疗卫生协同发展等20项具体实施措施，具有较强的系统性和可行性。

作为17个国家公立医院改革试点城市之一，北京市积极响应国家提出的医改方案，从2012年起开始试点，北京友谊医院、朝阳医院、同仁医院等5家医院分三批率先开展了试点工作，实施了医药分开，管办分开，取消药品加成、挂号费和诊疗费，设立医事服务费等改革措施。2017年北京行政区域内3600余家医疗机构同步实施医药分开等措施，公立医院中全面展开了一场渐进式自上而下推动的医药卫生体制改革。

北京市城市公立医院医改方案围绕着"三医联动"所展开。所谓三医联动就是医保体制改革、卫生体制改革与药品流通体制改革联动。通俗地说，即医疗、医药、医保改革联动。具体改革措施如下。首先，医药分离的实施使医院的利益与药品销售彻底分开，医院通过服务收费和财政补助两个渠道来维持运营，让患者就医看病更有获得感，缓解了看病贵和过度医疗等问题，并让医护人员从事医疗服务更有价值感。其次，建立分级诊治制度方便群众看病就医，为群众提供了高质量的便捷服务，改善了过去患者有病乱投医的情况，合理地配置了医疗资源，使优质医疗资源下沉，从而发挥最佳效能，缓解了群众看病难的问题。最后，是医疗价格的调整，北京市医改设立了医事服务费，同时确立了不同级别医院的医事服务的不同价格，不同级别的医生医事服务的不同价格，取消了药品加成，提高医疗服务质量。政府采取了"总量控制、费用平移"的原则，医院将治疗费、手术费、床位费、护理费及中医中药费用上调，降低了大型设备如CT、核磁等检查项目的收费标准。由此，患者总体医疗费用负担并没有增加。

目前，北京市医疗体制改革已初见成效，逐渐达成了四大目标。第一，科学合理的补偿机制初步建立。以药补医机制全面破除，医疗服务价格逐步理顺。到2017年10月即医疗体制改革推进半年以来，医药费用增长不足2%，为2000年以来费用增幅最低，累计节约医药费用44亿元。药品阳光采购金额累计298亿元，共节省药品费用24.4亿元；药品阳光采购带来的药品价格平均下降8.2%，医疗机构对药品收入的依赖机制不复存在。第二，分级诊疗制度扎实推进。城市三级医院普通门诊就诊人次占医疗卫生机构总诊疗人次的比重逐步降低，基层首诊、双向转诊、急慢分治、上下联动的分级诊疗模式初步构建。数据显示，到 2017 年 10 月，与去年同期相比，三级、二级医院门诊量分别减少 11.5% 和 3.9%；一级医院及基层医疗卫生机构门诊量增加 14.7%；城区部分社区卫生服务机构诊疗量增加 20% 以上，大医院人满为患的状态有所缓解。第三，符合行业特点的人事薪酬制度确立，医务人员技术劳务价值得到合理体现。医改取消了挂号费和诊疗费，并设立了医事服务费。以三级医院为例，普通门诊医事服务费 50 元，副主任医师 60 元，主任医师 80 元，知名专家 100 元，急诊医事服务费 70 元，住院医事服务费 100 元/床日。其他诸如护理费、针灸费等服务价格明显低于劳动价值的项目也有所增加。第四，医患满意度均有效提升。改革卸掉了医患之间产生直接冲突的利益点，过度开药等不合理的现象基本消失，医疗行为更加规范，基本医疗服务更加公平公正，就医环境更加安全有序。

（2）家庭医生签约制度的上海模式。上海作为改革开放的先行者，中国最大经济中心城市。截至 2016 年末，上海市常住人口已经达到 2419.70 万人，其中户籍人口 1450 万人，上海户籍 60 岁及以上老年人口 457.79 万人，占全市总户籍人口的 30.5%，占总人口的 18.9%，且呈增长趋势。老龄化程度不仅在国内处于前列，与国际大城市相比也处于较高水平，具有巨大的健康服务需求。同时，上海市全民医保已基本实现，基本医疗卫生制度初步建立，拥有全面的网络化社区基层医疗覆盖，为加快发展健康服务业提供了坚实基础。

在完善的医疗卫生体系的基础上，上海市积极建立了具有上海特色的"家庭医生制"，有效地配置了医疗资源，并成功得到了公众的认可。所谓家庭医生制是指通过签约方式，具备家庭医生条件的全科医生与签约家庭建立起一种长期稳定的服务关系，以便对签约家庭的健康进行全过程维护的服务制度。家庭医生制度是在全科团队服务模式基础上逐步演化而来。相对于全科团队服务模式，家庭医生制度更加突出了家庭医生和服务对象之间基于双向选择基础上形成的长期稳定的签约服务关系，这种长期稳定的签约服务关系有助于塑造医患之间的信任和依存性。

早在 2011 年，国务院发布《国务院关于建立全科医生制度的指导意见》（以下简称《意见》）。《意见》明确指出要改革全科医生执业方式，其中一项就是推行全科医生与居民建立契约服务关系，即基层医疗卫生机构或全科医生与居民签订一定期限的服务协议，建立相对稳定的契约服务关系，服务责任落实到全科医生个人。参保人员可在医保定点服务机构或全科医生范围内自主选择签约医生，期满后可续约或另选签约医生。卫生行政部门和医保经办机构要根据参保人员的自主选择与定点服务机构或医生签订协议，确保全科医生与居民服务协议的落实，逐步将每名全科医生的签约服务人数控制在 2000 人左右，其中老年人、慢性病人、残疾人等特殊人群要有一定比例。2016 年国家卫计委发布了《关于推进家庭医生签约服务指导意见》，要求加快推进家庭医生签约服务，指出推进家庭医生签约服务的主要目标，即 2016 年在 200 个公立医院综合改革试点城市开展家庭医生签约服务，鼓励其他有条件的地区积极开展试点。重点在签约服务的方式、内容、收付费、考核、激励机制等方面实现突破，优先覆盖老年人、孕产妇、儿童、残疾人等人群，以及高血压、糖尿病、结核病等慢性疾病和严重精神障碍患者等。到 2017 年家庭医生签约服务覆盖率达到 30% 以上，重点人群签约服务覆盖率达到 60% 以上。到 2020 年力争将签约服务扩大到全人群，形成长期稳定的契约服务关系，基本实现家庭医生签约服务的全覆盖。

上海市从 2007 年开始成为我国实施家庭医生制度的试点城市，作为我国开放程度、经济发展、文化交流和政策实施都排名靠前的一线大城市，上海担负起探索家庭医生制度在中国发展的重任。从 2011 年 4 月起在长宁、闵行、徐汇、浦东等 10 个区县率先启动。2013 年发布《关于本市全面推广家庭医生制度的指导意见》，确定了上海市全面推广家庭医生制度的基本原则，即以深化医改为核心，以维护健康为中心，以服务关系为基础，以优化模式为重点，以政策引导为保障，确定了工作目标。自 2013 年起全市所有区县均开展家庭医生制度构建工作，逐步在市范围内基本建立起目标明确、内容清晰、服务规范、政策配套的家庭医生制度。经过分阶段推进，到 2020 年前实现每个家庭与一名家庭医生签约的目标；开展社区卫生诊断和健康促进为基础的居民健康管理服务；在基本医疗保障制度调整的基础上，实现家庭医生首诊和卫生经费有效管理；建立起与家庭医生制度相适应的社区卫生服务中心内部运行机制和外部支撑体系，并制定了分阶段的工作要求。

截至 2014 年第三季度，上海市共有 244 家社区卫生服务中心，其中 232 家全面开展家庭医生制度建设，占总数的 95%；试点社区卫生服务中心注册全科医师数量 5834 人，占医师总数的 59%；签约常住人口 936 万人，占试点社区常住人口的 42%。上海市卫生发展研究中心监测评估数据显示，全面推广家庭医生制度以来，制度覆盖区域范围不断扩大，社区卫生服务中心门诊人次、双向转诊人次和健康管理服务增长明显。从过程指标来看，第一阶段目标基本实现，即完善组织架构、扩大服务范围、明确服务内容、探索转诊渠道。

2015 年 11 月在家庭医生签约基础上，上海启动了"1 + 1 + 1"医疗机构组合签约试点（居民可自愿选择 1 名社区卫生服务中心的家庭医生签约，并可再在全市范围内选择 1 家区级医院、1 家市级医院进行签约），优先满足本市 60 岁以上老年人、慢性病居民、妇女、儿童等重点人群签约需求，着力打造家庭医生制度 2.0 版，力求通过进一步紧密签约服务关系，提升家庭医生初级诊疗能力与健康管理能力，逐步建立起分级诊疗制度，全面实现家庭医生守门人职能。2017年 6 月 19 日全市所有社区卫生服务中心均已启动"1＋1＋1"医疗机构组合签约试点，实现 100% 社区覆盖。截至 6 月 23 日，共签约"1＋1＋1"居民 201.63 万人，常住居民签约率达到 9.17%，其中 60 岁以上常住居民签约率达到 44.81%，签约覆盖稳中有升。2017 年以来签约居民门诊 77.09% 在签约医疗机构组合内，57.77% 在签约社区内，比 2016 年同期提升 0.29 个百分点，同时人均就诊频次同期下降 0.46 次，就诊下沉效应初步显现。

上海推行家庭医生签约服务能够取得有效进展，有如下主要原因：

利用大数据分析进行精准政策设计。在推行上海家庭医生制度之前，依托"上海健康网"，对 2013～2014 年期间 12 个月，全市所有医疗机构 1.92 亿次条的门诊就诊记录进行分析，发现上海市居民就诊人次中，60 岁以上老年人占比最高（57%），其门诊在社区卫生服务就诊占比最高（58%）。60 岁以上老人门诊就诊，虽然目前的医保报销制度允许自由就诊，但在市级医院就诊时，12 个月内固定选择同一家医院的比例接近 70%，在区级医院就诊时，固定选择同一家医院的比例超过 80%，社区卫生服务中心这一比例为 75%。由此，大数据揭示，现阶段上海就诊人群中，60 岁以上老年人是主体，对社区卫生服务中心有较好的利用度，且其就医习惯有一定规律可循，一般一年内 1 家市级医院、1 家区级医院和 1 家社区卫生服务中心就能够满足其就医的需求。因此，根据大数据分析的结果，设计了"1＋1＋1"医疗机构组合签约政策，即针对当前服务需求最大的老年人，同时也较容易让居民接受这样的签约方式。通过渐进式的改革方式，使大部分人群都能够接受家庭医生签约首诊服务，为签约居民提供更有针对性的卫生服务，构建起科学合理的就医秩序。

采用针对性服务，提升居民参与度。无论从制度设计方面，还是资源供给方面，给予家庭医生充分的服务资源，让签约居民从服务针对性、便捷度、有效性和全面性等方面充分感受到签约的好处，充分体会到签约的红利，增强签约的黏度与依从性。现阶段，在上海统一推行七方面的签约服务：一是由家庭医生对签约居民的健康状况进行评估，帮助签约居民明确主要健康需求，并制定实施有针对性的健康管理方案；二是提供基本诊疗、社区康复与护理等基本诊疗服务，为通过预约的签约居民在社区卫生服务中心内提供优先就诊服务；三是对签约居民优先转诊至上级医疗机构，试点期间市级医院门诊预约号源的 50%，在预约开放期的前 50% 时段，优先向家庭医生与签约居民开放，确保通过家庭医生转诊的签约居民可优先获得上级医疗机构专科资源；四是利用多种途径（健康咨询热线、网络咨询平台等）向签约居民提供健康咨询服务；五是为签约居民提供更便捷的配药政策，一方面对签约且纳入家庭医生慢性病管理的患者，可单次满足所需品种治疗性药物1~2个月的用量；另一方面对经家庭医生转诊，在上级医疗机构就诊后回社区的签约居民，家庭医生可延续上级医疗机构长期用药医嘱，开具与上级医疗机构相同的药品；六是对确有需求并符合要求的签约居民，优先建立家庭病床；七是协助签约居民开展医疗费用的管理，帮助签约居民合理控制医疗费用。

采用医疗信息化支撑服务的运行。结合"1+1+1"签约后配套的各项优惠服务政策，上海已经建立了完整的家庭医生服务的支持平台。一是全市签约信息平台。实现在家庭医生工作站上的电子签约，并在部分试点社区探索利用移动客户端更加多元场景的签约，签约信息在全市后台统一维护，确保签约身份的唯一识别，并通过签约信息平台实现签约期内解约、变更，以及签约期满后续约等服务。二是预约转诊平台。按照"两个50%"原则，即市级医院门诊预约号源的50%，在预约开放期的前50%时段优先向家庭医生与签约居民开放。上海建了全市预约号源管理平台，已介入36家市级医院7700余名专科医生，每天有1万多个市级医疗机构专家门诊号源优先预留给家庭医生。三是延伸处方配送平台。为满足签约居民在家庭医生处合理的用药需求，上海实施了延伸处方政策，所延伸的药品如果社区本地药库里没有，可通过信息化手段由第三方物流及时配送至社区卫生服务中心、站点、居民就近药房与居民家中，大大方便了签约居民的用药便捷性。

上海市依托优质的医疗服务系统，建立的特有的家庭医生签约模式，具有一定的借鉴意义。第一，家庭医生制度不仅是社区卫生服务模式的转变，而是为居民提供基本卫生服务制度的建立；分级诊疗不是单纯的诊疗秩序的理顺，而是整个医疗卫生服务体系的完善与重构。第二，分级诊疗不是不同级别医疗机构之间的分层，而是全科与专科之间的有序衔接，是预防与治疗之间的有机融合。第三，家庭医生签约首诊推动建立了分级诊疗，这不是对居民就医的限制，而是通过家庭医生的帮助让居民更便捷地获得更有针对性的医疗卫生服务。

（3）杭州市医疗信息化促进医疗服务体系完善发展。2015年国务院颁布《全国医疗卫生服务体系规划纲要（2015~2020年)》（以下简称《纲要》），《纲要》提出开展健康中国云服务计划，积极应用移动互联网、物联网、云计算和可穿戴设备等新技术，推动惠及全民的健康信息服务和智慧医疗服务，推动健康大数据的应用，逐步转变服务模式，提高服务能力和管理水平。加强人口健康信息化建设，到2020年实现全员人口信息、电子健康档案和电子病历三大数据库基本覆盖全国人口和信息动态更新。全面建成互联互通的国家、省、市、县四级人口健康信息平台，实现公共卫生、计划生育、医疗服务、医疗保障、药品供应、综合管理六大业务应用系统的互联互通和业务协同。积极推动移动互联网、远程医疗服务等发展。普及应用居民健康卡，积极推进居民健康卡与社会保障卡、金融 IC 卡、市民服务卡等公共服务卡的应用集成，实现就医"一卡通"。依托国家电子政务网，构建与互联网安全隔离，联通各级平台和各级各类卫生计生机构，高效、安全、稳定的信息网络。建立完善人口健康信息化标准规范体系。加强信息安全防护体系建设。实现各级医疗服务、医疗保障与公共卫生服务的信息共享与业务协同。

近年来，杭州市以信息化技术为基础，推出智慧医疗诊间结算，分时段预约诊疗、出院病人床边结算、"医信付"信用结算、医养护一体化签约服务、双向转诊合作医联体、专家远程会诊等多项信息化措施，为居民获得便捷的医疗服务做出了极大贡献。2011 年 11 月杭州市正式出台了杭州智慧城市总体规划，阐明了有关智慧医疗的建设规划。其主要内容包括建设智慧医疗专网；建设智慧医疗数据中心；建设基于居民的电子病历和健康档案的基础资源库；规范整合全市医疗机构和卫生监管单位的各类信息系统；建设一体化的智慧医疗信息平台；建设卫生信息业务应用平台；建立卫生惠民网站等。2012 年杭州市开启了构建一体化信息平台，使用兼备医保功能的杭州市民"一张卡"。同时构筑"一张网"（杭州市卫生专网），建好"两大库"（居民健康档案库、电子病历库）；搭好"两级平台"（市级卫生信息平台、区县级卫生信息平台）。通过平台建设，打造了数字化的基层医疗机构和数字化的医院。通过这个信息平台的建设，杭州市民的健康信息都收拢在内，无论去哪个医院就医，杭州市各级诊疗的医生都可以通过这个平台来查询患者既往病史和检查项目以及结果。数据显示，信息化平台累计节约了 4000 余万人的就医排队时间，平均每人在医院内停留的时间至少缩短 1 小时。可见，医疗信息化有效地缓解了居民看病难的问题。

杭州市医疗信息化建设主要包括以下几个方面：

建设全市电子健康档案系统。杭州市电子健康档案系统的建设思路是把健康档案管理与社区慢性病管理、特殊人群保健管理、周期性体检等卫生服务有机整合在一个信息系统中，并通过区域卫生信息平台获取在医疗机构的医疗活动过程中产生的健康信息，同时向区域卫生信息平台提供健康档案的结果记录，实现卫生信息的互联互通和信息共享。基于上述建设思路，按照《国家基本公共卫生服务规范》，建立全市统一的城乡居民电子健康档案系统，采用 B/S 结构部署在市级卫生数据中心，以 Web 浏览器方式提供给全市社区卫生服务机构和公共卫生机构使用。全科医生应用这个系统对签约居民开展基本公共卫生服务管理。

建设区域卫生信息平台实现区域信息互通共享。杭州市按照国家卫生和计划生育委员会卫生信息化"46312"要求，于 2012 年启动区域卫生信息平台建设。

目前平台接入杭州市所有市属医院以及 80% 以上的区、县（市）平台数据中心，实现诊疗数据动态采集。通过区域卫生信息平台，实现电子健康档案系统与全科医生诊间系统集成互通，支持全科医生基本医疗和基本公共卫生服务工作深入融合。基于杭州市区域卫生信息平台，实现了集中式的区域电子健康档案共享和分布式的区域医疗影像共享，医生工作站嵌入电子健康档案调阅模块，经授权的医生在医生工作站只要插入患者的市民卡，其个人的基本情况、疾病史、过敏史等信息以及诊疗数据都能实时调阅，医生通过共享系统可以查阅患者在本院及其他医院拍摄的影像资料，患者看病不需要再带着影像胶片。同时，市属医院医生开检查单时，如果患者此前已有同类检查将会发出提醒，在确保医疗安全的前提下避免重复检查，节约患者的医疗费用支出和时间成本。

建设远程会诊平台推动优质资源纵向流动。创新实施了市属医院对城区社区卫生服务中心的远程影像会诊、远程心电会诊和城市辐射县域的远程影像会诊、远程病理会诊。例如远程影像会诊，如遇疑难病例，即时向对口的市属医院提出会诊申请，会诊申检单和原始图像直接传送至对口市属医院的 RIS/PACS 系统中，市属医院影像会诊医生收到系统会诊通知和会诊短信通知后，及时完成疑难病例的专家判读，会诊意见及时返回提交申请的社区卫生服务中心。市属医院影像会诊医生出具的会诊意见，由社区卫生服务中心放射医生参考会诊意见并出具最终报告。市属医院 RIS/PACS 系统中保留会诊申请单和原始影像资料备查，社区卫生服务中心 RIS/PACS 中保留会诊意见及会诊医生备查。对于急诊会诊，会诊医院在收到疑难病例申请后，半小时内完成会诊并反馈结果；常规会诊时，会诊医院在收到会诊申请后，1.5 小时内完成会诊并反馈结果，如遇诊断有疑问时，双方应积极进行协商并做出诊断。

建设双向转诊平台以促进分级诊疗体系建立。2014 年杭州市推行医、养、护一体化全科医生签约服务，按照区域分级诊疗流程设计，建设了全市统一的连接所有市级医院和城区全部社区卫生服务中心的双向转诊平台，90% 以上的在杭省级医院也加入了这一平台。该平台具有医养护签约、移动签约、转诊备案、检查预约、电子病历上传下载、转诊满意度评价等功能。平台客户端与医院系统对接，实现与医生诊间完全整合；平台对接区域卫生信息平台，与电子健康档案系统交换签约数据，用于全科医生对签约居民的基本公共卫生跟踪服务；平台对接市医保平台，实现签约信息和转诊信息与医保系统的实时交互。按照区域分级诊疗运行规范，平台对接入医疗机构、科室（病区）、全科医生和上级医院专家医生、签约居民等基础医疗资源进行统一管理，建立号源池、检查池和床位池。目前接入 10 家省级医院、13 家市级医院、18 家区、县（市）医院，此外，还包括部队、厂矿医院各 1 家，以及 75 家社区卫生服务中心、300 多个服务站。2015

年 11 月起所有市属医院还直通京沪，与北京、上海 38 家知名医院实现跨省转诊预约。

1.4 江苏省健康服务业政策动态

江苏经济发展处于全国领先地位，人均 GDP 超过 1 万美元，但资源环境约束日益趋紧。在经济新常态下，转变经济发展方式、优化产业结构，是江苏实现经济可持续发展的必然要求。经济持续平稳增长带动江苏城乡居民健康需求总量迅速增加，需求范围日益扩大化、需求层次日益多样化、需求内容日益个性化。人的健康就是发展的动力，人对健康的需求转换为消费，因消费而改善健康状况，进而提高民生福祉和经济社会发展水平，健康服务业由此得到发展。这是一个周而复始的良性循环。

目前，健康服务业在我国现代服务业发展中仍属于薄弱环节。2014 年李克强总理在会见世界银行和世界卫生组织领导人时指出，中国产业结构最大的调整是发展服务业，医药卫生事业完全可以先行。2017 年江苏省发布《"健康江苏2030"规划纲要》，将人民健康放在优先发展的战略地位，旨在全方位、全周期保障人民健康，不断提高人民群众健康水平。江苏省市场活跃，资本充裕，城乡居民健康服务需求旺盛，社会基本投资健康服务业意愿强烈，健康产业发展空间巨大。因此，江苏省应抓住机遇，培养健康新业态，发展健康服务新模式，加快建立覆盖全生命周期、内涵丰富、形式多样、结构合理的健康服务业体系。本节总结了近年来江苏省政府对于健康服务业发展及相关产业的发展所提出的指导政策，在政策导向方面，主要做了如下工作：

1.4.1 制定健康服务业总体规划，促进产业健康发展

继 2013 年国务院发布《关于促进健康服务业发展若干意见》之后，江苏省政府高度重视，根据国务院的政策文件，结合江苏省实际情况，于 2014 年 6 月发布《省政府关于加快健康服务业发展的实施意见》（以下简称《实施意见》）。意见中给出了健康产业的明确界定，并对江苏省健康服务业发展提出了要求。到2020 年江苏基本建立覆盖全生命周期、内涵丰富、结构合理的健康服务业体系，打造一批具有知名品牌和良性循环的产业集群，实现增速明显加快、比重明显提高、集聚程度明显提升、竞争力明显增强，基本满足广大人民群众多样化健康服务需求，健康服务业规模发展、集聚发展和创新发展水平走在全国前列。

具体目标包括多元化办医格局初步形成，到 2020 年非公立医疗机构床位数和服务量达到总量的 20% 以上，每千名老年人拥有养老床位数达到 40 张以上；多样化健康服务业全面发展，中医医疗保健、健康养老以及健康体检、咨询管理、体质测定、体育健身、医疗保健旅游等健康服务加快发展，商业健康保险服务体系基本形成，商业健康保险支出占卫生总费用的比重大幅提高；产业规模显著扩大，到 2020 年建成一批省级健康服务业集聚区，产业规模达到 1 万亿元左右；发展环境不断优化，到 2020 年全省城乡居民电子健康档案规范化建档率达 90% 以上，健康知识知晓率达 80% 以上，健康行为形成率达 65% 以上。

《实施意见》全面系统地就现代市场体系建设作出部署，是江苏省经济体制领域改革先行一步的重要举措。其中特别强调政府引导与市场驱动的有机结合。强化政府在制度建设、规划和政策制定及监管等方面的职责，充分发挥市场在资源配置中的决定性作用，实现基本和非基本健康服务协调发展。例如，加快形成多元化办医格局，扶持非公立医疗机构加快发展，鼓励企业、慈善机构、基金会和商业保险机构等通过出资新建、参与改制、托管和公办民营等多种形式投资医疗服务业。也即表明医疗服务市场在政策指导下，充分发挥市场的作用，为居民提供多元化的医疗服务。

1.4.2　医疗卫生服务领域相关政策动态

医疗卫生服务是健康服务业的核心内容，是发展健康服务业的基础。2017年 5 月江苏省政府发布《江苏省卫生服务体系规划（2017～2020 年）》（以下简称《规划》），总结了江苏省卫生服务体系建设的基础，并指出江苏省医疗卫生服务体系建设存在一些体制性、结构性的问题和矛盾。主要表现为卫生资源总量相对不足，分布不均衡等问题较为突出；医疗卫生资源要素配置不合理；医疗服务供给与健康需求不相适应；医疗卫生服务体系分工协作机制不健全；政府对医疗卫生资源配置的宏观管理有待强化，资源配置需要进一步优化，规划的统筹作用和调控效力有待增强。《规划》提出了江苏省医疗卫生体系的机构设置，人力资源配置，卫生信息资源配置，医疗设备装备资源配置等具体要求及 10 多项具体指标，并提出构建功能整合与分工协作的运行机制。

2018 年 3 月江苏省政府根据《国务院关于印发"十三五"深化医药卫生体制改革规划的通知》和《"健康江苏 2030"规划纲要》，制定并发布了《江苏省深化医药卫生体制改革规划（2018～2020 年）》，要求到 2020 年，全省医疗卫生资源配置进一步优化，全民医疗保障制度运行效率进一步提升，药品供应保障机制进一步完善，公共卫生和基本医疗服务公平性可及性进一步增强，医务人员积极性和创造力进一步激发，人民群众对医疗卫生服务满意度进一步提高；基本建成医疗服务、公共卫生服务、全民医疗保障、药品供应保障、医疗卫生监管五位一体的现代医疗卫生体系，基本建立覆盖城乡居民的基本医疗卫生制度，实现人人享有较高水平的基本医疗卫生服务，个人卫生支出占卫生总费用的比重控制在28%左右；医疗卫生体制机制活力显著增强，医疗卫生事业发展整体水平位于全国前列，城乡居民健康主要指标接近或达到国际先进水平。2018年7月江苏省政府颁布《省政府办公厅关于支持社会力量提供多层次多样化医疗服务的实施意见》，作为深化医药卫生体制改革的一部分，旨在进一步调动社会办医积极性，支持社会力量提供多层次多样化医疗服务，实施意见包括拓宽社会办医发展领域、加大医疗市场开放力度、优化社会办医发展环境和加强社会办医全行业监管四个方面的内容以及28项具体措施。

1.4.3　健康管理与促进领域相关政策

健康管理与促进是健康服务业的重要内容。这里主要介绍康养产业及体育产业的政策动态。江苏省老龄化水平位居全国前三，康养产业具有巨大需求。2014年江苏省政府颁布《省政府关于加快发展养老服务业完善养老服务体系的实施意见》，提出到2020年全面建成以居家为基础、社区为依托、机构为支撑、信息为辅助，功能完善、服务优良、覆盖城乡的养老服务体系。具体目标包括服务网络更加健全。生活照料、医疗护理、精神慰藉和紧急救援等养老服务覆盖城乡所有老年人。基本服务全面保障。加大对养老服务的投入，统筹城乡和区域养老服务资源，促进基本养老服务均衡发展。产业规模显著扩大。推动以老年生活照料、老年产品用品、老年健康服务、老年体育健身、老年文化娱乐、老年教育、老年金融服务和老年旅游等为主体的养老服务业全面发展，养老服务业增加值在服务业中的比重显著提升。发展环境不断优化。建立养老服务准入、退出和监管机制，规范行业标准，健全养老服务业法规体系。体制机制充满活力。进一步转变政府职能，切实做到服务及时，监管有力。随着康养产业的不断发展，2017年《省政府关于全面放开养老服务市场提升养老服务质量的实施意见》颁布，全面放开了养老服务市场，并且在持续提升养老服务质量水平，创新发展养老服务产业，切实强化养老服务业发展要素保障，着力深化对标监管和宣传引导方面均提出了具体措施。

在体育产业方面，为充分发挥体育产业在满足人民群众多样化体育需求、保障和改善民生、培育新的经济增长点、增强国家凝聚力和文化竞争力等方面的重要作用，江苏省政府2015年发布《省政府关于加快发展体育产业促进体育消费的实施意见》（以下简称《实施意见》）。《实施意见》在体育产业体系、规模、服务业增加值、居民体育健身和消费意识方面提出了为期10年的发展目标；

2017 年省政府颁布了《省政府办公厅关于加快发展健身休闲产业的实施意见》，对体育产业中的重要组成部分健身休闲产业提出了发展意见，即提出到 2020 年基本建立结构合理、内涵丰富、功能完善、服务便捷和竞争力强的健身休闲产业体系，形成健身休闲产业供给侧和需求侧协同发展的格局，健身休闲产业总规模达到 3000 亿元，约占体育产业总规模的 60%；到 2025 年健身休闲产业总规模达到 4500 亿元的发展目标。

1.4.4 健康服务业人才培养相关政策

为了提升医疗卫生服务水平，为健康江苏建设提供坚实的人才保障，2017 年省政府颁布了《省政府办公厅关于深化医教协同推进医学教育改革发展的实施意见》（以下简称《意见》），《意见》包括提升医学人才培养质量，优化医学人才培养结构，完善医学人才培养使用政策，创新医教协同体制机制，并指出到 2020 年支撑全省卫生与健康事业发展的医学教育管理协调机制、医学人才培养供需平衡机制、医学人才使用激励机制、医学教育质量评估和效果反馈机制建立健全；到 2030 年建成院校教育、毕业后教育、继续教育紧密衔接的高水平医学人才培养体系，医学人才培养使用政策更加完善，医学人才队伍满足健康江苏建设需要。

全科医生是综合程度较高的医学人才，主要在基层承担预防保健、常见病多发病诊疗和转诊、患者康复和慢性病管理、健康管理等一体化服务，被称为居民健康"守门人"。为了满足全科医生人才缺口，发挥好全科医生作用，2018 年江苏省政府颁布《省政府办公厅关于改革完善全科医生培养与使用激励机制的实施意见》，提出进一步改革完善全科医生培养制度；不断增强全科医生职业吸引力；切实加强经济薄弱地区全科医生队伍建设等具体意见措施。

第 2 章 江苏省医疗卫生服务的供给侧分析

2.1 问题的提出

医疗服务是医疗机构以病人和一定社会人群为主要服务对象，以医学技术为基本服务手段，向社会提供能满足人们医疗保健需要，为人们带来实际利益的医疗产出和非物质形态的服务。医疗产出主要包括医疗及其质量，它们能满足人们对医疗服务使用价值的需要；非物质形态的服务主要包括服务态度、承诺、医疗机构形象、公共声誉等可以给病人带来附加利益和心理上的满足及信任感的服务。医疗卫生服务业是健康服务业的重要组成部分，并且在国民经济社会发展中具有重要的作用，其主要作用可以归纳为：一是不断提高居民健康素质是社会发展的重要目标，是居民生活质量改善的重要标志；二是健康是人力资本的重要组成部分，健康素质的提高可以促进经济的发展；三是预防和减少疾病可以减少社会资源的损耗减轻经济负担，从而提高社会资源的配置效率；四是医疗卫生行业作为重要的服务业，是安排就业的重要渠道；五是医疗服务业可以带动诸如医药产业、保健品产业、体育产业等相关产业的发展。

医疗服务作为一种特殊的产品，具有公共物品与私人物品的双重属性。一方面，公民具有享有基本医疗服务的权利，为保障公民生命安全和危重病得到及时的抢救医治，政府与医院有提供医疗服务的责任与义务，这些决定了医疗服务的公共产品属性，也决定了政府在提供医疗服务中的主导角色。另一方面，公共产品的供给不足、缺乏竞争、效率较低等特点不符合现代社会对医疗服务的需求，这些决定了医疗服务业改革和发展的必要性及其私人物品属性。实践证明，由政府和市场单一化提供医疗卫生服务，既无法同时保证效率和公平，也无法满足公众多样化的医疗卫生服务需求，此在医疗服务体系改革和发展的过程中，应充分发挥市场配置与政府监管的灵活性与有效性，例如，对公共物品的基本需求，以政府为主导向居民提供相关服务；对非基本需求，则采取市场化运作。

江苏医疗卫生服务业经过长期的发展，已经建立了由医院、基层医疗卫生机构和专业公共卫生机构等组成的覆盖城乡的医疗卫生服务体系。与经济社会发展和人民群众日益增长的服务需求相比，医疗卫生资源总量仍显不足，结构与布局不合理、服务体系碎片化等问题依然突出。2015 年国务院办公厅发布的《全国医疗卫生服务体系规划纲要（2015～2020 年)》中提出的 2020 年全国医疗卫生服务体系资源要素配置主要指标，为各地发展医疗卫生服务体系提供了参考依据。在深化供给侧结构性改革的大背景下，江苏需要进一步截长补短、优化卫生资源，以适应全省的经济社会发展，满足群众的健康需求。本章主要从供给侧角度，分析江苏医疗卫生服务业的发展现状，找出江苏省医疗卫生服务发展过程中所产生的问题，为后文对策研究提供参考。

2.2 医疗卫生服务资源基本状况

医疗卫生事业在提高居民健康水平，保障社会生产力发展，促进经济可持续发展中发挥着重要作用。目前，医疗卫生服务需求面临着人口老龄化趋势加快、人均期望寿命不断增加、慢性病发病率和死亡率逐年提高等挑战。因而，医疗卫生服务的供给侧面临着医疗技术革新带来成本的持续增加、医院数量和规模日益庞大等问题。供需双方均面临的新挑战使医疗问题成为民生的重大问题之一。

江苏省位于我国东部沿海，属于经济发达地区。多年来，江苏经济运行一直稳中有进，社会保持和谐稳定，各项工作都取得了较大成绩。江苏产业结构持续优化，高新技术产业快速发展，战略性新兴产业蓬勃发展，非公有制经济占比持续增加且发展势头强劲，区域经济处于较好的协调发展状态。2016 年江苏省全年实现地区生产总值 77388.28 亿元，比上年增加 10.37%；全省人均可支配收入 32070 元，比上年增加 8.57%。经济发展的同时，居民对医疗卫生服务的需求也明显增加。"看病难""看病贵"现象仍然困扰着各级政府和社区居民。解决"看病难""看病贵"问题的基本路径是提高各级医疗机构的卫生服务水平。面临居民健康需求增长，人口老龄化等医疗服务方面的民生问题，江苏省政府以民生为本，不断加大政府医疗卫生支出。由表 2－1 可以看到，江苏省政府医疗卫生支出逐年增长。从 2007 年至 2016 年，江苏省公共卫生医疗支出从 115.29 亿元增加到 712.77 亿元，年均增速 22.44%。但政府卫生医疗支出占财政收入的比例较低，2016 年医疗卫生支出仅占政府财政收入的 3.66%。

表 2 - 1　2007～2016 年政府财政收入及医疗卫生支出　　　单位：亿元

年份	财政收入	政府医疗卫生支出
2007	5591. 29	115. 29
2008	7109. 72	148. 61
2009	8404. 99	198. 21
2010	11743. 22	249. 69
2011	14119. 85	349. 86
2012	14843. 89	418. 14
2013	17328. 80	475. 86
2014	18201. 33	560. 93
2015	17841. 60	649. 31
2016	19464. 48	712. 77

资料来源：《江苏统计年鉴》。

由图 2 - 1 可知，在 2007～2016 年的 10 年间，江苏省政府医疗卫生支出随时间变化的轨迹基本上呈现线性递增趋势。这种线性趋势我们可以用如下估计回归方程表示。

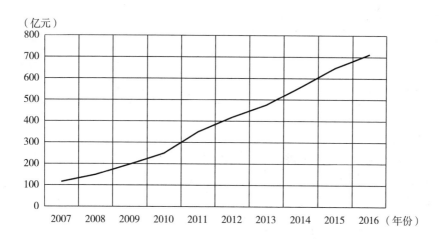

图 2 - 1　2007～2016 年政府医疗卫生支出

$$\hat{y} = -139107.95 + 69.35t, \quad R^2 = 0.9905$$
$$(P - value = 0)$$

y 表示政府医疗卫生支出这一变量的均值，t 为时间变量，取值分别为 2007，2008，…，2016。上述方程表明，如果按照目前这一趋势变化，在未来的近几年，江苏政府医疗卫生支出年均增加 69.35 亿元。

近年来，江苏省不断深化卫生事业改革，加大医疗卫生投入，全省卫生事业得到快速发展，居民健康水平明显提高。如表 2-2 所示，2016 年末，全省常住人口 7998.60 万人；人口出生率从 2007 年的 9.37‰增加为 2016 年的 9.76‰；死亡率从 2007 年的 7.07‰降低为 2016 年的 7.03‰；人口自然增长率从 2017 年的 2.30‰增加到 2016 年的 2.73‰。2016 年，全省人均期望寿命达到 77.51 岁。

表 2-2 2007～2016 年江苏省人口及健康指标数据

年份	全省常住人口数（万人）	人口出生率（‰）	人口死亡率（‰）	人口自然增长率（‰）	人均期望寿命（岁）
2007	7723.13	9.37	7.07	2.30	74.13
2008	7762.48	9.34	7.04	2.30	74.13
2009	7810.27	9.55	6.99	2.56	74.13
2010	7869.34	9.73	6.88	2.85	76.63
2011	7898.80	9.59	6.98	2.61	76.63
2012	7919.98	9.44	6.99	2.45	76.63
2013	7939.49	9.44	7.01	2.43	76.63
2014	7960.06	9.45	7.02	2.43	76.63
2015	7976.30	9.05	7.03	2.02	77.51
2016	7998.60	9.76	7.03	2.73	77.51

资料来源：《江苏统计年鉴》。

近年来，江苏省不断推进医药卫生体制改革，促进医学技术创新，以满足人民不断增长的医疗卫生需求，使全省卫生事业主要发展指标达到全国领先水平。以下是江苏省医疗资源配置的主要情况。

2.2.1 医疗机构数

江苏省医疗卫生服务体系主要由医院、基层医疗卫生机构、专业公共卫生机构以及其他卫生机构组成。其中，医院在医疗卫生服务体系中扮演着最重要的角色。按提供的医疗服务内容划分的医院有综合医院、中医医院、中西医结合医院、民族医院、各类专科医院和护理院。其中，各类专科医院包括口腔医院、眼科医院、耳鼻喉科医院、肿瘤医院等多种类型。基层医疗卫生机构为县级以下医疗卫生机构，主要包括社区卫生服务中心（站），卫生院，门诊部和村卫生室等。专业公共卫生机构主要包括妇幼保健院、专科疾病防治院和疾病预防中心等机构。

近年来，为了满足人们日益增长的医疗服务需求，江苏省医疗卫生机构数量不断增加。如表 2 - 3 所示，从 2007 年至 2016 年，全省医疗机构数总体呈增加趋势，从 2007 年的 31463 个增加至 2016 年的 32135 个。全省医院数量稳定增长，从 2007 年的 1087 个增加至 2016 年的 1679 个；全省基层医疗卫生机构数量略有波动，但总体呈下降趋势，从 2007 年的 29688 个降至 2016 年的 29116 个；专业公共卫生机构在 2014 年大幅增加，主要由计划生育技术服务机构大幅增加所致，从 2013 年的 6 个增加到 2014 年的 836 个。

表 2 - 3　2007 ~ 2016 年江苏省医疗机构总数　　　　单位：个

年份	合计	医院	基层医疗卫生机构	专业公共卫生机构
2007	31463	1087	29688	351
2008	30043	1093	28246	353
2009	30521	1112	28699	352
2010	30961	1157	29098	418
2011	31680	1283	29659	429
2012	31054	1426	28886	436
2013	31005	1490	28815	469
2014	32000	1524	28921	1295
2015	31925	1581	28841	1244
2016	32135	1679	29116	1059

资料来源：《江苏统计年鉴》。

2016 年末，全省医疗机构总数为 32135 个，较上年增加 210 个。全省医院共有 1679 个，较上年增加 98 个，其中，综合医院 1033 个，占医院总数的 61.52%；中医及中西医结合医院 138 个，占医院总数的 8.22%；专科医院 403 个，占比 24%；护理院 105 个，占比 6.25%。基层医疗卫生机构中，社区卫生服务中心（站）2660 个，占基层医疗卫生机构总数的 9.14%；卫生院 1041 个，占比 3.58%；村卫生室 15481 个，占比 53.17%；门诊部、诊所、卫生所和医务室 8634 个，占比 29.65%。专业公共卫生机构中，疾病防治中心 117 个，妇幼保健院（所、站）110 个，卫生监督所（中心）106 个。

表 2 - 4   2016 年江苏省各类医疗机构数   单位：个

医疗机构	2015 年	2016 年	增减数
总计	31925	32135	210
医院	1581	1679	98
综合医院	1013	1033	20
中医医院	104	111	7
中西医结合医院	25	27	2
专科医院	364	403	39
护理院	75	105	30
基层医疗卫生机构	28841	29116	275
社区卫生服务中心（站）	2782	2660	- 122
卫生院	1035	1041	6
村卫生室	15391	15481	90
门诊部	1100	1300	200
诊所、卫生所、医务室	8533	8634	101
专业公共卫生机构	1244	1059	- 185
疾病预防控制中心	120	117	- 3
专科疾病防治院（所、站）	44	42	- 2
健康教育所（站、中心）	5	6	1
妇幼保健院（所、站）	109	110	1
急救中心（站）	39	43	4
采供血机构	30	30	0
卫生监督所（中心）	108	106	- 2
计划生育技术服务机构	789	605	- 184
其他卫生机构	259	281	22

续表

医疗机构	2015 年	2016 年	增减数
疗养院	15	15	0
医学科学研究机构	8	9	1
医学在职培训机构	29	29	0
临床检验中心（所、站）	28	32	4
统计信息中心	3	4	1
其他	176	192	16

资料来源：《江苏统计年鉴》。

2.2.2　医疗机构床位数

医疗机构床位资源是卫生服务的重要物质基础之一，也是衡量一个国家或地区卫生资源发展水平的重要指标。近年来，江苏医疗机构床位总数不断增长，医疗卫生条件不断得到改善。表 2-5 显示，医疗机构床位数从 2007 年的 22 万张增加到 2016 年的 44.31 万张，年均增速 8.09%。2016 年末，江苏省医院床位 35.62 万张，占全省医疗机构床位总数的 80.39%；基层医疗卫生机构床位 7.75 万张，占全省医疗机构床位总数的 17.5%；专业公共卫生机构床位 0.65 万张，占全省医疗机构床位总数的 1.47%。由此可见，相较于基层医疗卫生机构而言，医院集中了绝大部分的床位资源。

表 2-5　2007~2016 年江苏省医疗机构床位数　　　单位：万张

年份	医疗机构床位总数	医院	基层医疗卫生机构	专业公共卫生机构	其他卫生机构
2007	22.00	15.15	6.28	0.27	0.00
2008	23.51	16.39	6.29	0.28	0.00
2009	25.15	17.76	6.85	0.31	0.00
2010	26.97	19.55	6.86	0.34	0.26
2011	29.64	22.17	6.81	0.40	0.26
2012	33.31	25.59	6.95	0.49	0.28
2013	36.83	28.62	7.41	0.54	0.25

续表

年份	医疗机构床位总数	医院	基层医疗卫生机构	专业公共卫生机构	其他卫生机构
2014	39.23	30.93	7.48	0.56	0.26
2015	41.36	32.85	7.61	0.65	0.24
2016	44.31	35.62	7.75	0.65	0.28

资料来源:《江苏统计年鉴》。

如图 2-2 所示,2007~2016 年,全省每万人拥有医院、卫生院床位数也在逐年增长,从 2007 年的每万人 27.8 张增加到每万人 51.9 张,2016 年比 2007 年增长 86.69%。可以看到,江苏每万人拥有医院、卫生院床位数在 2010 年的增幅较小,2011 年后年均增幅明显高于 2010 年的年均增幅。我们知道,江苏的人口数在不断增加,而每万人拥有医院、卫生院床位数在以较大增幅增加,这一现象表明江苏在医疗卫生基本供给方面的巨大投资,或者说江苏省政府在民生保障上做出的不懈努力。

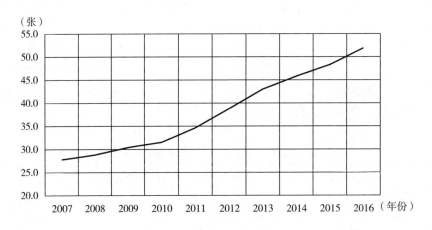

图 2-2　2007~2016 年江苏省医疗机构床位数及每万人拥有床位数变化趋势

2.2.3　医疗卫生人员数

近年来,随着江苏省医疗卫生条件的不断改善,医疗卫生工作人员数也在不断增加。江苏省卫生工作人员从 2007 年的 35.53 万人增加至 2016 年的 65.42 万人。其中,卫生技术人员从 2007 年的 28.62 万人增加至 2016 年的 51.71 万人。2016 年末,全省医疗卫生工作人员总数达 65.42 万人,卫生技术人员总数达

51.71 万人。其中，执业（助理）医师 20.47 万人，占卫生技术人员数的
39.59%；在岗注册护士 22.12 万人，占卫生技术人员数的 42.78%。

表 2 - 6　2007～2016 年江苏省卫生技术人员数　　　　单位：万人

年份	卫生工作人员	卫生技术人员	执业（助理）医师	注册护士	其他
2007	35.53	28.62	11.87	9.45	7.30
2008	36.13	29.16	11.97	10.09	7.10
2009	37.76	30.65	12.32	11.06	7.27
2010	45.93	32.84	12.90	12.26	7.68
2011	48.18	35.05	13.47	13.56	8.02
2012	52.02	39.61	15.80	15.53	8.28
2013	55.12	42.90	16.97	17.42	8.51
2014	58.96	45.85	17.86	18.88	9.11
2015	61.89	48.70	18.92	20.40	9.38
2016	65.42	51.71	20.47	22.12	9.12

资料来源：《江苏统计年鉴》。

图 2 - 3 显示，江苏每万人拥有医师数从 2007 年的 16.1 人增加至 2016 年的
25.6 人。另外，我们可以看到，江苏每万人拥有医师数随时间变化具有时段特
征，在 2011 年的变化平缓，其后则有明显的线性上升趋势。我们也可以通过拟
合这一变化趋势线性方程来预测稍后近几年的江苏每万人拥有的医师数。

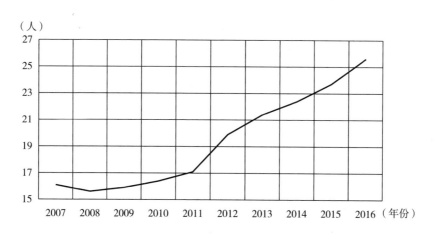

图 2 - 3　2007～2016 年江苏省每万人拥有医师数

2.2.4 医疗保险

医疗保险是由国家立法规范并运用强制手段，向法定范围的劳动者及其他社会成员提供必要的疾病医疗服务的一种社会化保险机制。健康服务业的发展联动着许多环节，医疗保险就是其中的重要一环。近年来，江苏省医疗保险覆盖率不断扩大，参保人数不断增加。如表 2－7 所示，江苏省城镇职工基本医疗保险参保人数从 2007 年的 1435.80 万人增长至 2016 年的 2490.53 万人，2016 年较 2007 年增长了 73.46%；医疗保险基金收入从 2007 年的 203.65 亿元增长到 2016 年的 869.39 亿元，10 年增长了 4 倍以上，但增长率呈逐年下降趋势，从 2007 年的 31.71% 下降到 2016 年的 11.01%；医疗保险基金支出从 2007 年的 133.83 亿元增长到 2016 年的 735.25 亿元，10 年增长了 5.5 倍，其年增长率总体来看，呈下降趋势，从 2007 年的 24.23% 下降至 2016 年的 10.24%；医疗保险基金累计结余逐年增加，从 2007 年的 224.57 亿元增加至 2016 年的 1111.79 亿元，10 年增长近 5 倍。

表 2－7　2007～2016 年江苏省医疗保险参保人数及收支数据

年份	参保人数（万人）	基金收入（亿元）	增长率（%）	基金支出（亿元）	增长率（%）	基金累计结余（亿元）
2007	1435.80	203.65	31.71	133.83	24.23	224.57
2008	1604.30	264.07	29.67	178.56	33.42	310.08
2009	1701.10	291.67	10.45	231.80	29.82	369.95
2010	1848.30	339.90	16.54	270.26	16.59	439.60
2011	2012.40	421.94	24.14	338.01	25.07	523.52
2012	2155.50	531.60	25.99	418.74	23.88	636.40
2013	2274.70	611.10	14.95	496.12	18.48	751.42
2014	2361.80	698.60	14.32	586.60	18.24	863.42
2015	2429.00	783.16	12.10	666.98	13.70	979.59
2016	2490.53	869.39	11.01	735.25	10.24	1111.79

资料来源：《江苏统计年鉴》。

2.3 医疗卫生资源利用情况

2.3.1 医疗卫生机构患者平均住院日

医疗机构出院者平均住院日是评价医疗机构工作效率和效益、医疗质量和技术水平的综合指标，可全面反映医疗机构的管理水平。在确保医院服务质量的前提下，有效缩短平均住院日能使在实现资源成本最小化的同时，减少患者的直接和间接费用，达到医院综合效益的最大化。在医疗机构出院者平均住院日方面，如表 2-8 所示，江苏省近年出院者平均住院日逐年下降，从 2007 年的平均每人住院 10.2 日下降至 2016 年的 9.3 日。其中，医院在各类医疗机构中下降最为明显，从 2007 年的 11.7 日下降至 2016 年的 9.6 日；在基层医疗卫生机构出院者平均住院日逐渐增加，表明医疗资源下沉初见成效。其中，社区卫生服务中心出院者平均住院日从 2007 年的 8.3 日上升至 2016 年的 9.0 日；卫生院出院者平均住院日从 2007 年的 6.6 日上升至 2016 年的 7.6 日。在专业公共卫生机构中，妇幼保健院平均住院日总体来说变化不明显，这由其特殊性所致。专科疾病防治院的平均住院日从 2007 年的 16.5 日增加至 2016 年的 32.4 日。

表 2-8 2007~2016 年江苏省医疗机构出院者平均住院日

年份	合计	医院	社区卫生服务中心	卫生院	妇幼保健院（所、站）	专科疾病防治院（所、站）
2007	10.2	11.7	8.3	6.6	7.4	16.5
2008	9.9	11.4	9.3	6.1	7.6	30.5
2009	10.2	11.5	8.7	6.5	7.5	30.4
2010	10.3	11.3	8.5	6.9	7.6	21.4
2011	10.1	10.8	9.4	7.1	7.3	24.4
2012	9.9	10.5	9.4	6.9	7.3	24.0
2013	9.8	10.3	9.5	7.3	7.3	26.8
2014	9.7	10.1	9.4	7.6	7.0	24.9

续表

年份	合计	医院	社区卫生服务中心	卫生院	妇幼保健院（所、站）	专科疾病防治院（所、站）
2015	9.5	9.8	9.3	7.6	7.3	30.1
2016	9.3	9.6	9.0	7.6	6.9	32.4

2.3.2 医疗机构病床使用率

在江苏省医疗卫生机构病床使用率方面，如表 2-9 所示，2016 年，江苏省医疗机构病床使用率 82.46%，相比于上年稍有下降。其中，医院病床使用率为 87.31%，基层医疗卫生机构病床使用率为 60.77%，专业公共卫生机构病床使用率为 84.34%，其他机构病床使用率为 52.26%。江苏省医疗机构病床使用率从 2007 年的 77% 增加至 2016 年的 82.46%。其中，医院的病床使用率在 2007~2013 年不断上升并保持在 90% 以上，2013 年至 2016 年，病床使用率略有下降，从 2013 年的 91.06% 降至 2016 年的 87.31%，总体仍保持较高水平。基层医疗卫生机构病床使用率从 2007 年的 46% 增长至 2016 年的 60.77%，并保持增长趋势。专业公共卫生机构病床使用率从 2007 年的 71% 增加至 2016 年的 84.34%，其整体病床使用率水平低于医院。

表 2-9　2007~2016 年江苏省医疗卫生机构病床使用率情况　　单位:%

年份	合计	医院	基层医疗卫生机构	专业公共卫生机构	其他机构
2007	77.00	89.50	46.00	71.00	39.00
2008	78.50	89.60	50.80	74.05	42.40
2009	82.20	92.70	54.95	63.50	40.50
2010	83.81	94.40	52.72	67.56	45.63
2011	84.16	92.92	54.32	77.62	53.33
2012	84.08	91.88	55.71	87.96	52.48
2013	84.22	91.06	57.98	83.28	56.44
2014	84.03	90.28	58.71	83.92	55.21
2015	83.07	88.60	60.12	78.01	57.79
2016	82.46	87.31	60.77	84.34	52.26

资料来源：《江苏统计年鉴》。

2.3.3 医生工作负荷情况

如表 2 - 10 所示，2007 年至 2016 年的 10 年间，江苏省医院每名医生日均担负诊疗人次逐年增加，从 2007 年的平均每天诊治 7.92 人次增加至 2016 年的平均每天诊治 9.31 人次。其中，省属机构医生日均担负诊疗人次从 2007 年的 10.66 人增加至 2016 年的 12.36 人；地级市属机构医生日均担负诊疗人次从 2007 年的 8.31 人增加至 2016 年的 9.13 人；县级市属机构医生日均担负诊疗人次从 2007 年的 7.66 人增加至 2016 年的 9.16 人；县属机构医生日均担负诊疗人次从 2007 年的 6.02 人增加至 2016 年的 7.77 人。

表 2 - 10 2007 ~ 2016 年江苏省医生日均担负诊疗人次   单位：人

年份	医生日均担负诊疗人次				
	合计	省属	地级市属	县级市属	县属
2007	7.92	10.66	8.31	7.66	6.02
2008	8.51	11.75	8.73	8.20	6.64
2009	8.90	11.90	9.10	8.60	7.30
2010	9.10	12.10	9.10	8.90	7.50
2011	9.50	12.30	9.40	9.20	8.40
2012	9.60	13.30	9.60	9.30	8.20
2013	9.80	12.90	9.80	9.60	8.00
2014	10.10	14.10	10.00	9.70	8.70
2015	9.90	14.80	9.60	9.70	8.00
2016	9.31	12.36	9.13	9.16	7.77

资料来源：《江苏省卫生事业发展统计简报》。

由表 2 - 11 可知，江苏省每名医生日均担负住院床日从 2007 年的 2.29 日增长至 2016 年的 2.7 日。其中，省属医疗机构医生日均担负住院床日从 2007 年的 2.25 日增加至 2016 年的 3.4 日；地级市属医疗机构及县级市属医疗机构医生日均担负住院床日分别从 2007 年的 2.45 日和 2.13 日增加至 2016 年的 2.6 日和 2.6 日。

表 2 – 11   2007~2016 年江苏省医生日均担负住院床日   单位：日

年份	医生人均每天担负住院床日				
	合计	省属	地级市属	县级市属	县属
2007	2.29	2.25	2.45	2.13	2.38
2008	2.47	2.71	2.58	2.25	2.70
2009	2.60	2.90	2.60	2.40	2.80
2010	2.80	3.10	2.80	2.70	3.10
2011	2.90	3.10	2.80	2.80	3.40
2012	2.90	3.20	2.80	2.70	3.40
2013	2.90	3.30	2.80	2.80	3.40
2014	2.90	3.60	2.90	2.70	3.50
2015	2.80	3.90	2.70	2.60	3.30
2016	2.70	3.40	2.60	2.60	3.20

资料来源：《江苏省卫生事业发展统计简报》。

总体来说，医生的工作负荷逐年增加，且医师日均担负诊疗人次随着医院级别的提高而增加，其中省属级别医疗机构的医生工作负荷最高，日均诊疗人数在10 人以上，最高达每日 14.8 人。由于居民生活水平不断提高，健康意识不断增强，对医院的医疗服务水平的需求不断提高，并且大型综合医院的医疗服务水平较高，综合实力较强，因此居民会选择到大型医院就医，因此加重了医院医生的工作负荷。

2.4   医疗卫生支出及费用情况

2.4.1   医疗机构患者医疗费用

从卫生部门综合医院的统计数据来看，江苏省门诊病人人均医疗费用从2007年的 144.18 元增加到 2016 年的 263.30 元，年均增长率为 6.92%；住院病人人均医疗费用从 2007 年的 6781.81 元增加到 2016 年的 12203.00 元，年均增长率为6.74%。2016 年，江苏省综合医院门诊病人人均医疗费用为 263.30 元，较上年增长 6.17%，药费为 113.7 元；综合医院住院病人人均医疗费用为 12203 元，较上年增长 3.15%，药费为 4421.7 元。

表 2-12　2007~2016 年江苏省综合医院患者医疗费用

年份	门诊病人人均医疗费（元）		住院病人人均医疗费（元）	
	合计	药费	合计	药费
2007	144.18	74.06	6781.81	3164.38
2008	156.36	80.30	7574.04	3568.42
2009	168.86	88.32	8393.66	3956.05
2010	181.62	91.52	8986.54	4151.66
2011	196.06	97.85	9647.20	4429.35
2012	207.10	103.10	10124.10	4577.30
2013	221.20	107.50	10864.30	4698.10
2014	232.90	109.80	11235.60	4626.30
2015	248.00	114.60	11830.80	4750.00
2016	263.30	113.70	12203.00	4421.70

资料来源：《江苏省卫生事业发展统计简报》。

从图 2-4 可见，2007 年以来，综合医院门诊和住院患者人均医疗费用中，药费所占的比重呈下降趋势，特别是自 2012 年这种下降趋势更为明显且幅度较大。这一数据趋势表明取消药品加成，试行药品统一采购等政策后，以药养医等现象逐渐好转，限制了药品费用的增加，但仍需加大费用控制力度，扭转看病贵的局面。

2.4.2　城乡居民医疗保健支出

2007~2016 年，城乡居民医疗保健支出逐年上升。如表 2-13 所示，江苏省城镇居民人均年消费支出由 2007 年的 15306.89 元上升到 2016 年的 26433.00 元，年均增速 6.26%；人均医疗保健支出由 2007 年的 689.37 元增加到 2016 年的 1624 元，年均增速 9.99%。江苏省农村居民人均年消费支出及医疗保健支出增长幅度高于城镇居民，其中人均生活消费支出由 2007 年的 4791.7 元增加至 2016 年的 14428 元，年均增速 13.03%；人均医疗保健支出由 2007 年的 263.90 元增加至 1148 元，年均增速 17.75%。

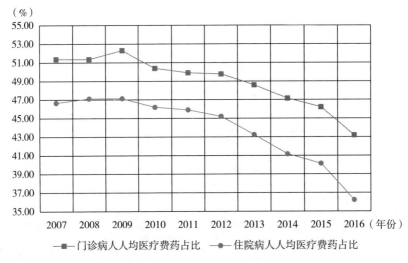

图 2 - 4　江苏省患者医疗费用药占比

资料来源：《江苏省卫生事业发展统计简报》。

表 2 - 13　2007 ~ 2016 年江苏省城乡居民生活消费支出和医疗保健支出情况

单位：元

年份	城镇居民		农村居民	
	人均生活消费支出	医疗保健支出	人均生活消费支出	医疗保健支出
2007	15306.89	689.37	4791.70	263.90
2008	16133.29	794.63	5328.40	290.90
2009	18992.92	808.37	5804.50	323.00
2010	20139.00	806.00	6543.00	362.00
2011	23191.00	962.00	7693.00	444.00
2012	26129.00	1058.00	8655.00	511.00
2013	22262.00	1449.00	10759.00	808.00
2014	23476.00	1617.00	11820.00	845.00
2015	24966.00	1594.00	12883.00	1088.00
2016	26433.00	1624.00	14428.00	1148.00

资料来源：《江苏统计年鉴》。

由图 2-5 可知，无论是城镇居民还是农村居民，医疗保健支出占人均生活消费支出的比重均逐年上升。其中，城镇居民医疗保健支出占总支出的比例从 2007 年的 4.5% 增加至 2016 年的 6.14%，上升了 1.64 个百分点；农村居民医疗保健支出占总支出的比例从 2007 年的 5.51% 增加至 2016 年的 7.96%，上升了 2.45 个百分点。从居民医疗保健支出占总支出比例时间序列折线图来看，两条折线在近 10 年未出现交叉情形，且农村居民这一指标始终高于城市居民的这一指标。由此表明，城乡二元制的改革还有许多工作要做。

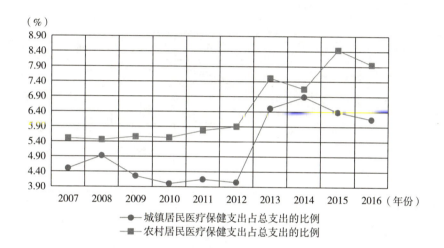

图 2-5 城乡居民医疗保健支出占消费支出的比例变化情况

资料来源：《江苏统计年鉴》。

2.5 医疗卫生服务需求分析

2.5.1 公共医疗卫生服务需求分析

2.5.1.1 妇女儿童需求情况

如表 2-14 所示，2012～2016 年，江苏省孕产妇产前检查率一直处于较高水平，均在 99% 左右；产后访视率处于 98% 以上；孕产妇住院分娩率持续保持 100%；孕产妇系统管理率稳定在 97% 左右；儿童保健方面，3 岁以下儿童系统管理率和 7 岁以下儿童保健管理率分别稳定在 97% 以及 98% 左右，2016

年分别为 96.23% 和 97.92%。新生儿访视率均保持在 98% 以上，2016 年为 98.41%；2012～2016 年，全省围产儿死亡率逐年下降，从 2012 年的 4.04‰ 下降至 3.16‰。

表 2－14　2012～2016 年江苏省妇女儿童保健数据

指标	2012 年	2013 年	2014 年	2015 年	2016 年
产前检查率（%）	99.21	99.16	99.03	99.84	98.93
产后访视率（%）	98.86	98.82	98.49	98.29	98.02
住院分娩率（%）	100	100	100	100	100
孕产妇系统管理率（%）	97.3	97.46	97.16	96.92	96.06
3 岁以下儿童系统管理率（%）	97.92	97.35	97.4	97.44	96.23
7 岁以下儿童保健管理率（%）	98.78	98.44	98.44	97.92	97.92
新生儿访视率（%）	99.06	98.95	98.95	98.41	98.41
围产儿死亡率（‰）	4.04	3.69	3.55	3.31	3.16

资料来源：《江苏省卫生计生年鉴》。

2.5.1.2　老年人口需求情况

从全国范围内来看，江苏省人口老龄化程度较高。2016 年，江苏省户籍人口为 7780.56 万人，其中 60 岁以上老年人口为 1719.26 万人，占全省户籍人口总数的 22.10%；65 岁以上老年人口为 1167.55 万人，占全省户籍人口总数的 15.01%。老年人由于身体机能不可避免地降低，同时自我保健意识和能力较为薄弱，因此受到各种慢性病的困扰。2016 年，江苏省慢性病老人数量达到 1222.3 万，占全省老年人口的 70% 以上。慢性病的高发病率使之成为老年人医疗卫生服务的主要对象。

在多种慢性病中，高血压最为常见，是心脑血管疾病最主要的危险因素，它是心肌梗死、心力衰竭以及慢性肾脏疾病等主要的并发症，致死率较高，且患病率随着年龄的增长而提高。全国范围内的 5 次大规模抽样调查结果显示，如表 2－15 所示，自 20 世纪 50 年代末以来，我国居民高血压患病率逐渐上升，从 1959 年的 5.11% 上升到 2012 年的 23.00%。2012 年我国 60 岁以上老年人口高血压患病率高达 58.9%，为老年人口医疗卫生服务带来了巨大挑战。

表 2 - 15　我国历次高血压患病率调查数据

年份	调查地区	年龄	调查人数	患病率
1958 ~ 1959	13 个省市	≥15	739204	5.11%
1979 ~ 1980	29 个省、市、自治区	≥15	4012128	7.73%
1991	30 个省、市、自治区	≥15	950356	13.58%
2002	30 个省、市、自治区	≥18	272023	18.80%
2012	31 个省、市、自治区	≥15	≈5000000	23.00%

资料来源:《中国卫生计生统计年鉴》。

2.5.2　医疗服务机构需求分析

2.5.2.1　医疗机构诊治人数

如表 2 - 16 所示,在 2007 ~ 2016 年,基层医疗机构承担的诊疗服务量最多,其次是医院和专业公共卫生机构。2016 年,江苏省医疗卫生机构总诊疗人次 55216 万人次,其中医院诊疗人次为 24754.7 万人次,约占总诊疗人次的 43.69%;基层医疗机构诊疗数为 29116.3 万人次,占总诊治人次的 52.73%;专业公共卫生机构诊治人次数为 1297.6 万人次,约占总人次的 2.35%。全省医疗机构总诊疗人次从 2007 年的 25357 万人次增加到 2016 年的 55216 万人次,年均增速 9.03%;医院总诊疗人次从 2007 年的 11656 万人次增加到 2016 年的 24754.7 万人次,年均增速 8.73%;基层医疗机构总诊疗人次从 2007 年的 14179 万人次增加到 2016 年的 29116.3 万人次,年均增速 8.32%;专业公共卫生机构总诊疗人次从 2007 年的 500 万人次增加到 2016 年的 1297.6 万人次,年均增速 11.18%,增速超过医院及基层医疗机构,但总诊疗人次数较少。虽然基层医疗机构诊治人次数超过医院,数量最多,但是优质的医疗资源主要集中在大型医院。为了建立完善的分级诊疗制度,实现分级诊疗格局的形成及医疗资源下沉,需要继续深化卫生体制改革,促进基层公共卫生服务发展,推进基层卫生人员队伍建设和提高基层医疗保障水平。

表 2 - 16　2007 ~ 2016 年江苏省医疗卫生机构诊疗人次数　　　　单位:万

年份	合计	医院	基层医疗机构	专业公共卫生机构	其他卫生机构
2007	25357.00	11656.00	14179.00	500.00	12.00
2008	25660.00	12828.00	16665.00	570.00	9.00

续表

年份	合计	医院	基层医疗机构	专业公共卫生机构	其他卫生机构
2009	28573.00	14184.00	18888.00	624.00	9.00
2010	38527.30	15045.90	26764.70	721.60	14.10
2011	40693.50	16702.30	27448.90	853.40	24.90
2012	45288.91	19370.37	24826.88	1022.57	69.09
2013	49420.23	21201.24	27071.57	1074.19	73.24
2014	52668.86	23003.13	28455.61	1135.16	74.97
2015	54628.18	24121.83	29201.60	1231.60	73.15
2016	55216.00	24754.70	29116.30	1297.60	47.30

资料来源:《江苏统计年鉴》。

2.5.2.2 医疗机构入院人数

在江苏省入院人数方面来看,如表2-17所示,江苏省医疗卫生机构入院人数从2007年的549.8万人增加至2016年的1309万人,年均增速10.12%。其中,全省医院总入院人数从2007年的391.8万人增加到2016年的1077.58万人,年均增速11.9%;基层医疗机构总入院人数从2007年的139.6万人增加到2016年的198.22万人,年均增速3.97%;专业公共卫生机构总入院人数从2007年的7.9万人增加到2016年的24.64万人,年均增长率为13.74%。其中,医院承担了最多的住院服务量,其次是基层医疗机构和专业公共卫生机构。2016年,江苏省医疗卫生机构入院总人数1309万人,医院的入院人数1077.58万人,占医疗卫生机构入院人数的比重为82.32%;基层医疗机构入院人数198.22万人,占医疗卫生机构入院人数的比重为15.14%;专业公共医疗卫生机构入院人数为24.64万人,占医疗卫生机构入院人数的比重为1.88%。

表2-17 2007~2016年江苏省医疗机构入院人数　　　　　　单位:万人

年份	合计	医院	基层医疗卫生机构	专业公共卫生机构	其他机构
2007	549.80	391.80	139.60	7.90	9.90
2008	620.20	438.60	164.80	8.40	8.20
2009	680.50	489.30	178.50	9.70	2.80
2010	741.06	557.21	168.28	10.79	4.00

续表

年份	合计	医院	基层医疗卫生机构	专业公共卫生机构	其他机构
2011	830.39	643.38	167.98	13.98	4.34
2012	952.52	759.92	167.89	18.02	6.68
2013	1052.72	850.46	177.31	17.97	6.97
2014	1152.04	942.58	183.44	19.82	6.20
2015	1217.58	998.07	190.48	21.75	7.28
2016	1309.00	1077.58	198.22	24.64	8.57

资料来源：《江苏统计年鉴》。

2.5.3 高端医疗服务需求分析

高端医疗服务既是社会办医的重要组成部分，也是我国健康服务业发展的重点方向之一。高端医疗服务是一个相对于基础医疗服务所提出的概念，尽管目前学界对于高端医疗服务的概念尚无统一界定，但从其性质来看，高端医疗服务是指医疗服务中具有高服务质量、高技术含量、高价格水平的那一部分，不同于基础医疗服务的满足居民基本医疗需求的作用和目的，高端医疗服务侧重于为部分人群提供个性化的高水平医疗服务。

2.5.3.1 社会办医需求情况

近年来，在鼓励社会办医的政策环境下，江苏省社会办医逐渐发展。2011~2016 年，江苏省民营医院数量逐年增加，从 2011 年的 772 家增长到 2016 年的 1154 家，年均增速 8.37%；民营医院床位数从 2011 年的 49579 张增长至 2016 年的 107547 张，年均增速 16.75%；民营医院诊治人次数从 2011 年的 2840.37 万人增长至 2016 年的 4972.36 万人，年均增速 11.85%。

表 2 - 18　2011~2016 年江苏省民营医院发展情况

年份	民营医院机构数（家）	民营医院床位数（张）	民营医院诊治人次数（万人）
2011	772	49579	2840.37
2012	901	60069	3604.82
2013	961	73601	4117.99
2014	997	82727	4511.47

续表

年份	民营医院机构数（家）	民营医院床位数（张）	民营医院诊治人次数（万人）
2015	1056	92373	4750.99
2016	1154	107547	4972.36

资料来源：《江苏省卫生和计划生育事业发展公报》。

由图 2 - 6 可见，民营医院占医院总数的比重逐年增加，从 2011 年的 60.17% 增加至 2016 年的 68.73%。尽管民营医院诊治人次数占医院总诊治人次数的比例逐年增加，但 2016 年民营医院诊治人数仅占医院总诊治人数的 20.09%，也即数量较少的公立医院仍然承担了大部分医疗服务需求。可见，江苏省城乡居民大多选择到公立医院就医，社会办医的发展仍然处于初级阶段。

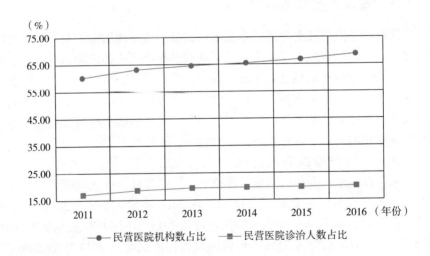

图 2 - 6　民营医院机构数占比及诊治人数占比情况

资料来源：《江苏省卫生和计划生育事业发展公报》。

图 2 - 6 还显示了一个重要信息，即民营医院占医院总数的比重较大且仍在增加，但民营医院的受众人数仅为公立医院的两成。这一现象由多种因素所致，一是公立医院的公信力强、医术高；二是人们的就医观念仍未发生根本性的改变。实际上，政府应指导人们树立科学合理的就医观，根据需求可以选择不同性质和层次的医疗机构，以使有限的医疗资源得以充分利用。

2.5.3.2　健康保险需求情况

《国务院关于促进健康服务业发展的若干意见》（以下简称《意见》）中明确

了健康服务业的发展目标，即 2020 年，基本建立覆盖全生命周期、内涵丰富、结构合理的健康服务业体系，其中就包括健康保险服务的进一步完善。《意见》将丰富商业健康保险产品作为发展健康服务业的主要任务，并鼓励发展与基本医疗保险相衔接的商业健康保险，推进商业保险公司承办城乡居民大病保险，扩大人群覆盖面。近 10 年来，江苏省人身保险收入逐年增加。其中，人身意外伤害保险收入从 2007 年的 15.85 亿元增加至 2016 年的 61.32 亿元，年均增速 16.22%；健康保险收入从 2007 年的 28.08 亿元增长至 388.53 亿元，年均增速 33.09%，是人身保险收入年均增速最高的保险种类；寿险收入从 2007 年的 375.61 亿元增长至 2016 年的 1506.96 亿元，年均增速 16.69%。

由图 2-7 可以看出，江苏省健康保险收入占保险总收入的比例逐年上升，从 2007 年的 4.87% 增加至 2016 年的 14.44%，年增长率达到 12.82%。另外，我们可以看到，江苏省健康保险收入占保险总收入的比例随时间变化的趋势呈现"U"形态势。可以预见，在未来的几年里，这一指标将有较大的增幅。表明江苏居民在健康保障上观念的转变，从而使健康保险成为保险公司一个具有绝对发展潜力的险种。

表 2-19　2007~2016 年江苏省商业保险行业保费收入　　单位：亿元

年份	保费收入	人身保险收入			财产保险收入
		人身意外伤害险	健康保险收入	寿险收入	
2007	577.08	15.85	28.08	375.61	157.10
2008	775.45	18.31	47.79	528.19	181.11
2009	907.73	20.40	39.45	619.49	228.39
2010	1162.67	25.96	44.39	780.41	311.91
2011	1200.02	31.08	47.93	741.09	379.92
2012	1301.28	35.20	59.29	765.87	440.92
2013	1446.08	41.88	76.41	809.17	518.61
2014	1683.76	48.47	112.27	916.72	606.29
2015	1989.91	54.22	179.58	1083.92	672.19
2016	2690.25	61.32	388.53	1506.96	733.43

资料来源：《江苏统计年鉴》。

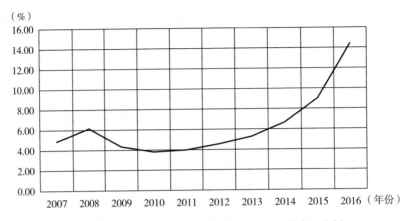

图 2 - 7   2007 ~ 2016 年江苏省健康险占保险收入比例

2.5.3.3   健康体检业需求情况

我国健康管理行业的发展处于起步阶段，国内健康管理机构多为医院和体检中心的附属部门，少有专业开展健康管理的独立机构。目前，我国健康管理主要侧重于健康体检业，其服务内容包括健康体检以及相关咨询服务等。健康体检既是健康管理的重要组成部分，也是发展健康服务业的重要环节。《国务院关于促进健康服务业发展的若干意见》中明确指出，支持发展多样化健康服务，其中就包括健康体检、咨询等服务。

截至 2016 年末，江苏省共有 189 个职业健康体检机构，其中苏南地区共有102 家职业健康体检机构，苏中地区共有 34 个职业健康检查机构，苏北地区共有53 个职业健康体检机构，重点职业病检测与职业健康风险评估工作县（市、区）覆盖率达到 100%。表 2 - 20 显示，2013 ~ 2015 年江苏省体检人数逐年增加，从2013 年的 1534042 人增加至 2015 年的 1838347 人，年均增速 9.47%。2015 年，公立医院职业健康体检人数为 290136 人，占体检总人数的 15.78%；疾病预防机构职业健康体检人数为 867103 人，占体检总人数的 47.17%；民营机构职业健康体检人数为 681108 人，占体检总人数的 37.05%。

表 2 - 20   2013 ~ 2015 年江苏省职业健康体检人数

机构	2013 年		2014 年		2015 年	
	体检单位数（个）	体检人数（人）	体检单位数（个）	体检人数（人）	体检单位数（个）	体检人数（人）
公立医院	5234	267833	5790	305740	5070	290136
疾病预防机构	13755	854689	15017	856771	14704	867103

续表

机构	2013 年		2014 年		2015 年	
	体检单位数（个）	体检人数（人）	体检单位数（个）	体检人数（人）	体检单位数（个）	体检人数（人）
民营机构	3340	411520	5429	564438	7338	681108
总计	22329	1534042	26236	1726949	27112	1838347

资料来源：《江苏省职业健康检查机构现状分析与对策探讨》。

2.6　医疗卫生服务存在的问题

2.6.1　医疗资源布局结构失衡

近些年，尽管医疗卫生资源配置公平性有所改善，但江苏省 13 个地市的卫生资源空间分布仍然存在明显差异。以医疗卫生人员为例，如表 2 - 21 所示，2016 年，苏南地区的平均每万人卫生技术人员数为 72.5 人，苏中地区的平均每万人口卫生技术人员数为 57.84 人，苏北地区平均每万人口卫生技术人员数为 60.17 人，存在明显差异。在医生数方面，苏南地区每万人口医师数为 27.5 人，苏中地区平均每万人口医师数为 24.17 人，苏北地区每万人口医师数为 24.45 人，区域差异较小。在在岗注册护士数方面，苏南地区每万人口拥有注册护士数为 31.62 人，苏中地区每万人口拥有注册护士数为 23.62 人，苏北地区每万人口拥有注册护士数为 25.62 人，其中苏南地区每万人口注册护士数达到 30 人以上。

表 2 - 21　2016 年江苏省各地区医疗卫生人员情况　　　　单位：人

地区	人口数（万人）	每万人拥有卫生技术人员数	每万人拥有医师数	每万人拥有注册护士数
南京市	823.59	85.49	30.59	38.81
无锡市	651.1	72.75	27.72	31.40
徐州市	866.9	63.72	25.03	27.90
常州市	470.14	66.27	26.34	28.67

地区	人口数（万人）	每万人拥有卫生技术人员数	每万人拥有医师数	每万人拥有注册护士数
苏州市	1061.6	67.81	26.02	28.83
南通市	730	59.71	24.65	24.92
连云港市	447.37	58.27	24.46	24.24
淮安市	487.2	64.42	25.36	29.24
盐城市	722.85	54.60	25.02	20.46
扬州市	448.36	56.33	23.16	23.16
镇江市	317.65	60.98	24.83	26.09
泰州市	464.16	56.18	24.32	21.96
宿迁市	485.38	58.20	21.11	26.23
苏南	3324.08	72.50	27.50	31.62
苏中	1642.52	57.84	24.17	23.62
苏北	3009.7	60.17	24.45	25.62

资料来源：《江苏统计年鉴》。

另外，苏南地区的每万人口卫生技术人员数（72.50）、每万人口医生数（27.50）和每万人口注册护士数（31.62）均高于全省平均水平，且高于苏中、苏北地区。从每万人口卫生技术人员来看，2016年江苏省平均为64.65人，苏南地区除镇江市（60.98）外均高于全省平均，苏中地区和苏北地区均低于全省平均水平。从每万人口医生数来看，2016年江苏省全省平均为25.59人，苏南地区除镇江外均高于平均水平，全省其他地区均低于平均水平，其中宿迁市21.11人距离平均水平差距较大。在每万人口注册护士数方面，也集中分布在苏南，苏中地区。由此可见，相比苏南地区，苏北地区等经济发展相对落后的地区其医疗卫生发展也相对落后，人均医疗卫生资源明显低于全省平均水平。

2.6.2 基层医疗卫生机构能力不足

目前，江苏省卫生服务需求呈现"正三角形"分布，但医疗卫生资源配置情况却恰恰相反，卫生资源多集中在较大的医疗机构，呈"倒三角形"分布，出现了卫生需求与资源配置不相符的状况。截至2016年，全省医疗机构床位总数为44.31万张，其中医院占总数的80.39%，基层医疗卫生机构占总数的

17.49%。就卫生人员而言，医院有 397939 人，占总数的 60.83%，基层医疗卫生机构有 212852 人，占总数的 32.54%。全省医院床位数从 2007 年的 22 万张增加到 2016 年的 44.31 万张，增长了 22.31 万张。其中，医院床位数增长了 20.47万张，占增长总量的 91.75%；基层医疗机构增长了 1.47 万张，占增长总数的6.59%。2007 年至 2016 年，全省卫生工作人员从 35.53 万人增加到 65.42 万人，增加了 29.89 万人。其中，医院工作人员增加了 19.71 万，占总数的 65.94%；基层医疗机构工作人员增加了 8.51 万，占总数的 28.46%。

在基层医疗资源利用方面，2016 年江苏省医疗机构总诊治人次中基层医疗机构约占 52.73%。住院情况方面，基层医疗机构入院人次占总数的 15.4%。全省医疗卫生机构诊治人次数从 2007~2016 年增长了 29859 万人次，其中医院增长了 43.87%，基层医疗机构增长了 50.03%。全省医疗卫生机构 2016 年比 2007年增长了 672 个，其中医院增加了 592 个，基层医疗机构减少了 572 个。2007~2016 年，医院病床使用率维持在较高水平，均处于 87% 以上，基层医疗卫生机构病床使用率虽然逐年上升，但仅处于 60% 左右。因此，基层医疗卫生资源的利用、服务能力和水平有待提高。

由上述数据可知，江苏省的医疗资源主要集中于医院，相比之下，基层医疗卫生机构，包括社区卫生服务中心（站）、卫生院和门诊部等，其医疗条件和医疗资源均较为有限，其医疗卫生服务能力和水平不高，这样的医疗资源格局既不利于引导居民选择到基层医疗卫生机构诊治，也不利于医疗资源下沉及分级诊疗格局的形成。

2.6.3 基层医疗人员队伍建设不完善

当前江苏省卫生人员队伍建设存在结构不合理情况。2007 年全省执业（助理）医师总数为 11.87 万，注册护士数为 9.45 万，医护比为 1:0.8；2016 年全省执业（助理）医师总数为 20.47 万，注册护士数为 22.12 万，医护比为1:1.08。图 2-8 显示，江苏省医疗卫生队伍医护比逐年增加，尽管医护比倒置的情况有所改善，2016 年达到 1:1.08，但距离国际上通常的医护比 1:2 尚有较大差距。

从 2007~2016 年江苏省卫生人力资源总数稳步上升，医护比例有所改善。其中每万人口卫技人员数、每万人口执业（助理）医师、每万人口注册护士数和医护比等主要卫生人力资源指标高于全国平均水平，并且每万人口执业（助理）医师数和每万人口护士数已达到我国《医药卫生中长期人才发展规划（2011~2020)》中规定的"到 2015 年每千人口执业（助理医师）和注册护士分别达到 1.88 人和 2.07 人"的指标要求，但 2016 年，就全国省市卫生人力资源分布来看，江苏每万人口执业（助理）医师、每万人口注册护士、医护比低于上海（27.00，32.73）和浙江（34.20，35.50）等地区。江苏作为一个经济社会发展水平处于全国领先的省份，理应在健康服务方面营造更为优质的环境，为民生提供更为便捷的服务。

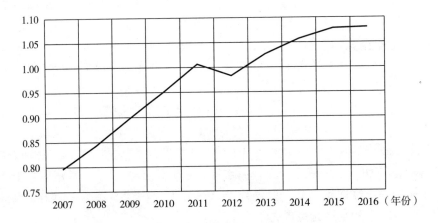

图 2 - 8　2007～2016 年江苏省医护比情况变化情况

第3章 江苏省养老服务发展现状

3.1 问题的提出

古人云"大道之行也，天下为公。选贤与能，讲信修睦，故人不独亲其亲，不独子其子，使老有所终，壮有所用，幼有所长，鳏寡孤独废疾者，皆有所养"，"百善孝为先"，养老问题自古就是人们关注的重要问题。习近平总书记在党的十九大报告中提出，要积极应对人口老龄化，构建养老、孝老、敬老政策体系和社会环境，推进医养结合，加快老龄事业和产业发展。

根据 1956 年联合国《人口老龄化及其社会经济后果》中划分的标准，当一个国家或地区 65 岁及以上老年人口数量占总人口比例超过 7% 时，则意味着这个国家或地区进入老龄化。1982 年维也纳老龄问题世界大会定义一个国家或地区 60 岁及以上老年人口占总人口比例超过 10% 时，这个国家或地区则进入严重老龄化。国家统计局发布的年度数据表明，2017 年我国 65 岁及以上人口为 15847 万人，占我国 2017 年末总人口 139008 万人的比例为 11.4%。江苏省民政厅发布的最新数据显示，2017 年末，江苏省户籍人口中 60 岁及以上的老年人口为 1756.21 万人，65 岁及以上的老年人口为 1199.91 万人，分别占 2017 年江苏省户籍人口数 7801.08 万人的比例为 22.51% 和 15.38%。其中，江苏省 65 岁以上老年人口占比比全国高约 4%。可见，中国已进入了严重老龄化，而江苏更是处于全国老龄化程度平均水平之上。江苏的"银发浪潮"似乎是迅猛来袭。

老龄化本质上是人口结构相对指标发生明显变化，即老年人口比例的增加。国家统计局发布的年度数据显示，中国的国民总收入从 1978 年末的 3678.7 亿元增长到 2017 年末的 824828.4 亿元，人均国内生产总值由 1978 年的 385 元增长到 2017 年的 59660 元，分别增加了约 224 倍和 155 倍；全国医疗卫生机构数从 1978 年末的 169732 个增加到 2017 年末的 986649 个。随着经济高速增长和医疗服务水平的不断提高，人们的生活水平不断提升，生活质量不断提高。国家统计局的人口普查数据显示，居民的平均预期寿命从 1981 年末的 67.77 岁提高到 2015 年末的 76.34 岁。

老龄化是经济社会发展的必然产物。我国近 40 年的高速发展取得了举世瞩目的成就。人口多，经济社会发展地区不平衡，"未富先老""未备先老"是我国面临的实际困难。

老龄化给江苏带来的首要问题就是养老问题，大量的老年人口形成了庞大的养老服务需求。家庭养老、社区居家养老和机构养老是中国目前的三大基本养老模式。家庭养老是我国传统的养老模式。随着计划生育基本国策的实施，以及经济社会的转型，家庭规模日趋小型化，"4-2-1"家庭结构日益普遍，"空巢"家庭不断增多，家庭养老模式越来越不适应家庭规模的缩小和家庭结构的变化。从而使专业化养老机构和社区服务的需求与日俱增。利用江苏省养老服务建设情况的追踪数据，本章主要分析近年江苏省社区居家养老、机构养老服务的建设情况与养老保险变化情况。

3.2　江苏省养老服务政策文件历程

对于江苏省养老服务建设现状的研究，可以从江苏省关于养老工作的政策文件梳理开始。通过政策文件梳理来厘清养老建设的发展脉络。《社会学辞典》将老龄事业定义为旨在提高老年人生活生命质量的事业。这一定义与国务院在《社会养老服务体系建设规划（2011~2015 年）》中提到的建设社会养老服务体系目标，即满足老年人养老服务需求、提升老年人生活质量不谋而合。老龄事业与养老事业密不可分。所以，研究养老服务自然可以扩展到研究老龄事业。

江苏省民政厅官网公布的以"老龄事业"为主题分类的政策文件显示，有关养老服务的第一个政策文件在 2000 年发布。我们大致以 5 年为一个时间区间，分析江苏省有关养老服务政策文件蕴含的信息。

2000 年江苏省发布了成立老龄工作委员会的通知。自此，江苏省政府正式成立老龄工作组织机构，人员均从各相关部门抽调而来。从通知内容来看，该工作委员会成员基本涵盖了江苏省政府各个重要部门。主任由省委常委担任，委员则来自宣传部、省发展和改革委员会、省教育厅、省委教育工委、省民族事务委员会、省宗教局、省民政厅、省司法厅、省财政厅、省人事厅、省建设厅、省文化厅和省卫生厅等政府部门。老龄工作委员会组织机构的建立，标志着江苏省老龄事业建设迈入正确的轨道。总体上看，2000~2005 年，江苏省老龄事业尚处于起步阶段。从 2003 年发布的《江苏省关于理顺地县级老龄工作机构的情况报告》中可以看出，主要工作是建立江苏省各地区的老龄工作机构。这一阶段的其他文件更多的是关于老年教育和老年文化的内容，对于社区居家养老和机构养老服务建设未涉及。

表 3 - 1　2000～2005 年江苏省老龄事业发展政策文件汇总

序号	文件标题	发文日期	文号
1	关于成立省老龄工作委员会的通知	2000/9/7	苏委〔2000〕309 号
2	省老龄工作委员会关于授予程秉文等 57 位同志为江苏省 2001 年健康长寿之星的决定	2001/10/24	苏老工委发〔2001〕2 号
3	关于呈送《江苏省特困老人生活状况调查报告》的报告	2002/12/9	苏老工办〔2003〕5 号
4	江苏省关于理顺地县级老龄工作机构的情况报告	2003/1/20	苏老工办〔2003〕4 号
5	关于表彰 2002～2003 年度江苏老龄工作先进单位、敬老先进个人的决定	2003/9/28	苏老工委〔2003〕1 号
6	关于调整省老龄工作委员会委员的通知	2004/1/2	苏老龄委〔2004〕1 号
7	关于印发开展全国老龄工作先进县（市、区）评选考核程序及标准的通知	2004/5/14	苏老龄办〔2004〕8 号
8	关于与云南曲靖、临沧市结对开展"银龄行动"试点的通知	2004/6/4	苏老龄委〔2004〕2 号
9	关于表彰 2003～2004 年度江苏省老龄工作先进县（市、区）的决定	2005/1/12	苏老龄委〔2005〕1 号
10	关于转发《全国敬老爱老助老主题教育活动组委会关于表彰中华孝亲敬老之星和优秀组织者的决定》的通知	2005/1/26	苏老龄办〔2005〕4 号
11	关于全国青少年敬老爱老助老主题教育活动更名等事项的通知	2005/7/11	全国组委会发〔2005〕2 号
12	关于同意成立"江苏省老年女子大学"的批复	2005/12/31	苏老龄办〔2005〕18 号

　　2006 年江苏省民政厅转发了苏州市人民政府《关于印发苏州市加快发展养老服务事业的意见的通知》和《关于转发城区养老政策扶持三个操作办法的通知》，认为这两个文件制定的各项扶持政策明确具体，扶持力度大，可操作性强，遂转发供各地学习、借鉴。截至 2006 年 1 月 12 日，江苏省仅有 5 个市发布了类似文件，可见苏州养老服务事业发展走在全省前列，且有示范作用。2006 年，江苏省加大了养老服务事业发展力度，组织了全省养老服务社会化示范单位评审并参与全国养老服务社会化示范单位的申报工作。2010 年江苏省发布了建立全

省高龄津（补）贴制度的情况通报。通报显示，2010 年江苏省已经全面建立了 100 岁以上老人高龄津（补）贴制度，除泰州、盐城两市的津（补）贴标准略低外，其他各省辖市均达到 300 元/月。苏南、苏中大部分市县和苏北部分市县建立了 90 周岁以上老人高龄津（补）贴制度。然而，面向江苏省所有 80 岁以上老年人的高龄津（补）贴制度建设尚只涉及部分市县。2006～2010 年，出台的江苏省各类养老服务事业发展政策文件为其老龄事业的快速发展提供了基础。

《江苏省"十二五"老龄事业发展规划》披露的数据显示，"十一五"期间，企业退休职工月平均养老金达到 1466 元，比"十五"期末增长了 75%；新型农村社会养老保险在全国率先基本实现全覆盖，760 多万农村老年人领取了养老金。城市开展了多种形式的养老服务，农村敬老院建设取得显著成效。全省各类养老机构床位数达到 28 万多张，兴办社区居家养老服务中心 6700 多个。

表 3-2　2006～2010 年江苏省老龄事业发展政策文件汇总

序号	文件标题	发文日期	文号
1	关于转发苏州市人民政府《关于印发苏州市加快发展养老服务事业的意见的通知》的通知	2006/1/12	苏民福〔2006〕1 号
2	关于转发苏州市人民政府办公室《关于转发城区养老政策扶持三个操作办法的通知》的通知	2006/6/6	苏民福〔2006〕21 号
3	关于表彰全省基层先进老年人协会和先进老年人协会会长的决定	2006/9/7	苏老龄委发〔2006〕2 号
4	关于表彰"江苏省孝亲敬老之星"的决定	2006/9/7	苏老龄委发〔2006〕3 号
5	关于进行全省养老服务社会化示范单位评审工作的通知	2006/11/13	苏民电〔2006〕64 号
6	关于命名江苏省养老服务社会化示范区（市）江苏省养老服务社会化示范机构的决定	2006/12/29	苏民福〔2006〕51 号
7	关于做好"蓝天图书室""夕阳红图书室"	2007/7/25	苏民福〔2007〕23 号
8	关于申报"蓝天图书室"和"夕阳红图书室"援建项目的请示	2007/8/21	苏民福〔2007〕28 号
9	关于表彰 2005～2006 年度江苏老龄工作先进单位和江苏省老龄工作先进工作者的决定	2007/10/9	苏老龄委发〔2007〕2 号
10	关于推荐全国养老服务社会化示范单位和典型经验的请示	2007/11/9	苏民福〔2007〕34 号
11	关于全省建立高龄津（补）贴制度情况的通报	2010/9/28	苏民福〔2010〕21 号

2011～2015 年的 5 年间，江苏省颁发了多个关于促进养老服务事业发展的政

策文件。2011 年发布的《江苏省老年人权益保障条例》，是在江苏省进入人口老龄化加速发展阶段的历史背景下，制定的一部涉及全省老年人合法权益保障的重要法规。该"条例"对于江苏老龄事业发展具有积极的指导作用。2012 年 8 月 20 日，江苏"安康关爱行动"正式实施，主要涉及老年人意外伤害综合保险事宜。针对 60 ~ 80 周岁，持有《老年人优待证》的人员，保险期限为一年，最低保费每份 10 元，保费标准和保险金额则由各市自行确定。以此来发挥商业保险在养老保障中的作用，拓宽养老保障渠道，减轻政府和个人的负担。与此同时，关于老年精神关爱、老年教育等也有相关政策文件出台。2015 年江苏提出了加快养老服务产业发展，以及颁发的《江苏养老服务条例》都显示了江苏加快养老服务事业的建设进程，且呈现从单一、粗犷式的发展到系统化、精准化的高质量的发展特点。

《江苏省"十三五"养老服务业发展规划》显示，"十二五"时期是江苏省老龄事业快速发展、成果丰硕的五年。截至 2015 年底，全省共有各类养老床位 58 万张（其中养老机构床位 44.5 万张），按户籍人口测算，千名老年人拥有养老床位数达到 35.2 张。全省共建成城乡社区居家养老服务中心 1.9 万多家，实现城市社区居家养老服务中心基本全覆盖，苏南、苏中和苏北农村社区居家养老服务中心覆盖率分别达到 90%、80% 和 70%。

表 3 - 3　2011 ~ 2015 年江苏省老龄事业发展政策文件汇总

序号	文件标题	发文日期	文号
1	江苏省老年人权益保障条例	2011/1/21	
2	关于开展全省"百佳孝星"评选活动的通知	2011/6/23	苏民老龄（2011）5 号
3	省政府关于印发江苏省"十二五"人口发展规划的通知	2012/2/1	苏政发〔2012〕17 号
4	民政部关于鼓励和引导民间资本进入养老服务领域的实施意见	2012/7/24	民发〔2012〕129 号
5	关于实施"安康关爱行动"的通知	2012/8/20	苏老龄办〔2012〕12 号
6	关于推进老年精神关爱工作的指导意见	2012/9/10	苏老龄办〔2012〕18 号
7	关于印发《江苏省"敬老文明号"创建活动实施方案》的通知	2012/12/12	苏老龄办〔2012〕24 号
8	关于做好江苏省"敬老文明号"推荐申报工作的通知	2013/2/4	苏老龄办〔2013〕3 号
9	江苏 8 个部门《关于进一步加强老年教育工作的意见》	2013/12/25	苏老龄办〔2013〕27 号

续表

序号	文件标题	发文日期	文号
10	关于做好第六届全国敬老爱老助老主题教育活动评选表彰申报工作的通知	2014/3/28	省组委会发〔2014〕1 号
11	关于切实做好社区居家养老服务场所安全管理和防暑降温工作的通知	2014/6/24	苏民老龄〔2014〕3 号
12	关于加快养老服务产业发展的若干意见	2015/1/29	苏发改服务发〔2015〕108 号
13	关于做好我省第四次中国城乡老年人生活状况抽样调查的通知	2015/3/9	苏民老龄〔2015〕1 号
14	省政府办公厅关于开展适宜养老住区建设试点示范工作的通知	2015/11/24	苏政办发〔2015〕120 号
15	江苏省养老服务条例	2015/12/4	

在"十二五"的基础上,江苏进一步发展高质量的养老服务。2018 年在南京举办了由江苏省民政厅、江苏省老龄办、江苏省贸促会共同主办的江苏养老服务业博览会。南京、无锡、苏州、常州、盐城、淮安和南通等地首次作为地市团亮相老博会,现场为全国各地的观展市民展示当地养老服务风貌。南京老博会展示了江苏省多年来养老服务事业发展的成果,具有较好的示范效应。全面开放养老服务市场,吸引社会资本,使社会力量成为养老服务业发展的主力军已成共识,但需要政策指导。江苏省发布的《省政府关于全面放开养老服务市场提升养老服务质量的实施意见》中明确规定允许外资进入,这对江苏养老服务事业高速、健康稳定和高质量发展提供了强有力的政策支持。

表 3-4 2016~2018 年江苏省老龄事业发展政策文件汇总

序号	文件标题	发文日期	文号
1	关于印发 2016 年全省老龄工作要点的通知	2016/2/2	苏老龄办〔2016〕1 号
2	关于做好第二届江苏省"敬老文明号"推荐申报工作的通知	2016/4/1	苏老龄办〔2016〕2 号
3	转发《关于开展老年人意外伤害保险工作的指导意见》的通知	2016/5/23	苏老龄办〔2016〕3 号
4	关于进一步加强重点空巢独居老人关爱工作的通知	2016/5/25	苏民老龄〔2016〕3 号
5	关于做好第二届省级"敬老文明号"检查验收工作的通知	2016/6/22	苏老龄办〔2016〕5 号

续表

序号	文件标题	发文日期	文号
6	省政府办公厅关于印发江苏省"十三五"养老服务业发展规划的通知	2016/9/8	苏政办发〔2016〕99 号
7	省政府办公厅关于印发江苏省"十三五"老龄事业发展规划的通知	2017/3/15	苏政办发〔2017〕39 号
8	关于印发 2017 年度提升养老院服务质量工作实施方案的通知	2017/3/30	苏民福〔2017〕5 号
9	省政府关于全面放开养老服务市场提升养老服务质量的实施意见	2017/8/25	苏政发〔2017〕121 号
10	关于开展 2018 年全省"敬老月"活动的通知	2018/9/11	苏老龄委〔2018〕2 号

从 2000 年建立老龄工作机构到 2018 年全面放开养老服务市场,江苏省养老服务事业取得了可喜的成绩,某些方面走在全国的前列,起到了一定的示范作用。其中,历年出台的各类指导、引导、规范、促进和保障等方面的政策文件,是江苏养老服务事业健康和可持续发展的基石。它们牵引着江苏健康服务业走出一条适合江苏特点的道路。为江苏民生工程建设做出了积极贡献。

3.3 江苏省人口老龄化现状及趋势

3.3.1 总体趋势

要研究江苏省近年的养老服务状况,首先要厘清江苏省的老年人口情况。对人口老龄化现状及趋势的分析,有利于我们了解江苏省养老服务的需求,从而有助于科学配置养老服务资源,提高服务效率。

江苏省先于全国 13 年于 1986 年进入老龄化社会,是全国较早进入老龄化的省份,也是全国老龄化程度最高的省份。下面我们来分析江苏省近年来的老年人口数量及结构变动情况。

《江苏统计年鉴》从 2007 年开始抽样统计调查全省人口年龄构成情况,每一年的数据均截至当年的 11 月 1 日。根据《江苏统计年鉴》中的"全省人口年龄构成"部分的数据,加工整理得到表 3 - 5 中的数据,其中在计算 2010 年的 60 岁及以上人口占总人口比例和 80 岁及以上人口占 60 岁及以上人口比例时,由于统计数据缺失,为便于分析趋势,我们采用2009年和2011年的平均值代替2010年相应的缺失数据。

表3-5 2007~2017年江苏省老年人口结构变化 单位:%

年份	60岁及以上人口占总人口比例	65岁及以上人口占总人口比例	80岁及以上人口占60岁及以上人口比例
2007	16.42	11.37	12.03
2008	16.81	11.51	12.50
2009	17.61	11.94	12.66
2010	17.24	11.66	12.93
2011	16.87	11.39	13.20
2012	17.69	11.77	12.97
2013	18.92	12.60	13.13
2014	19.87	13.24	13.29
2015	19.17	12.69	12.86
2016	21.37	14.04	12.72
2017	22.76	15.12	12.69
平均增长速度	3.31	2.89	0.54

为直观起见,将表3-5中的数据做成时间序列散点图。由图3-1可知,近10年来,江苏省60岁及以上老年人口比例有明显递增的趋势,2007~2017年平均增长速度为3.31%;2015~2017年增长速度明显加快。65岁及以上的老年人口也有同样的变化趋势,2007~2017年平均增长速度为2.89%。80岁及以上的老人属于高龄老人。由图3-1可见,80岁及以上的老人数占60岁及以上的老年人口的比例波动不大,尽管在2007~2017年平均增长速度为0.54%,但趋势不明显。

联合国对人口年龄类型的划分提出了一套标准,作为判断一个国家或地区是否进入老年社会的一个重要依据。它规定65岁及以上的人口数超过7%的国家或地区就称之为人口老年型国家或老年型社会;4%~7%为成年型社会;4%以下为年轻型社会。按照国际上通用的标准,60岁及以上人口数占总人口数的比重达到10%以上,或者65岁及以上人口数比重达到7%以上,则人口年龄结构进入老年型。可以看到2017年,江苏省的老年人口比例已经是联合国划分标准的2倍之多。严峻的人口老龄化态势,是江苏省养老服务事业面临的重要课题。

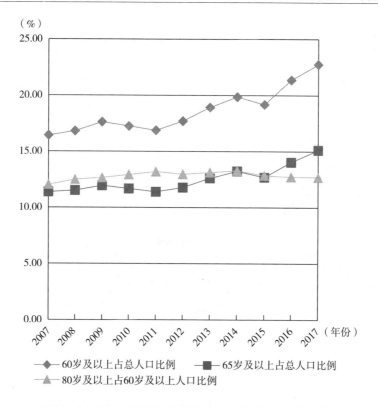

图 3-1　2007~2017 年江苏省老年人口结构变化散点图

图 3-1 是关于人口结构的分析，是一种相对数值的分析。关于人口老龄化趋势的考察，还需要结合绝对指标来分析，毕竟养老服务最终要落实到每一个个体。表 3-6 的数据是由《江苏统计年鉴》中的"全省人口年龄构成情况"部分，根据每一年的抽样数据和给出的抽样比计算得到。特别说明，由于是抽样统计，且时间是截至当年的 11 月 1 日，故可能与实际数值有所偏差。

表 3-6　2007~2017 年江苏省老年人口数　　　　　　单位：万人

年份	60 岁及以上	65 岁及以上	80 岁及以上
2007	1250.03	865.88	150.35
2008	1290.26	883.85	161.29
2009	1361.58	923.31	172.31
2010	1356.05	917.50	175.30
2011	1332.97	899.76	175.95

续表

年份	60 岁及以上	65 岁及以上	80 岁及以上
2012	1400. 50	931. 93	181. 61
2013	1502. 38	1000. 47	197. 33
2014	1582. 53	1054. 89	210. 35
2015	1539. 34	1018. 93	197. 90
2016	1723. 93	1133. 04	219. 33
2017	1786. 26	1186. 61	226. 70
平均增长速度	3. 63%	3. 20%	4. 19%

为直观起见，将表 3 - 6 中的数据做成时间序列散点图 3 - 2。可以看到，60
岁及以上的人口数呈现出明显递增趋势，2007 ~ 2017 年平均增长速度达到
3. 63%。65 岁及以上的人口数也有明显的递增趋势，2007 ~ 2017 年平均增长速
度为 3. 20%，变化趋势和 60 岁及以上的老年人口数变化趋势一致。80 周岁及以
上的老年人口数有缓慢增长趋势，2007 ~ 2017 年平均增长速度为 4. 19%，高于
60 岁及以上和 65 岁及以上的老年人口数平均增长速度。

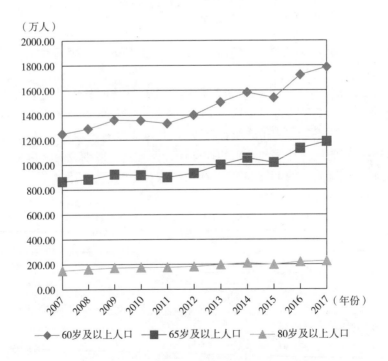

图 3 - 2　2007 ~ 2017 年江苏省老年人口数散点图

综合人口结构和人口数量的变化分析，可以看到江苏省老年人口数不仅在持续增长，而且江苏省老年人口比例也在扩大，近年来有加速的趋势。表明江苏省养老服务需求不仅逐年增加，而且近年来增速也在提高。

3.3.2　城乡趋势

城市与乡村的二元制发展不均衡是客观事实。乡村由于青年外出务工等原因，乡村的老龄化更为严重。通过分析城乡差异，有利于我们了解城乡老年人口的现状，对于养老服务建设更具有政策参考价值。表 3－7 的数据是由《江苏统计年鉴》中的"全省人口年龄构成情况"部分，根据每一年的抽样数据和年鉴给出的抽样比，计算得到表 3－7 中的数据，由于是抽样统计，且时间是截至当年的 11 月 1 日，故可能与实际数值有所偏差。

表 3－7　2007～2017 年江苏省城乡老年人口结构数据　　　单位：%

年份	城镇			乡村		
	60 岁及以上	65 岁及以上	80 岁及以上占 60 岁及以上	60 岁及以上	65 岁及以上	80 岁及以上占 60 岁及以上
2007	14.76	10.11	11.76	18.77	13.16	12.32
2008	15.14	10.26	12.29	18.84	13.04	12.71
2009	15.87	10.64	12.70	19.77	13.55	12.61
2010	15.65	10.49	12.81	20.82	10.89	13.24
2011	15.42	10.33	12.92	21.88	15.04	13.88
2012	15.83	10.46	12.78	22.29	15.02	13.30
2013	17.11	11.33	12.87	23.29	15.65	13.61
2014	18.13	11.98	13.05	23.76	16.09	13.70
2015	16.47	10.81	12.72	24.46	16.37	13.03
2016	18.85	12.25	12.32	26.38	17.62	13.29
2017	20.05	13.17	12.52	28.45	19.22	12.94
平均增长速度	3.11	2.68	0.63	4.25	3.86	0.49

为直观起见，将表 3－7 中的数据做成时间序列的散点图，如图 3－3 所示。从总体上来看，城乡差异比较明显，乡村 60 岁及以上的老年人口占乡村总人口的时间序列折线完全在城镇折线的上方，乡村 60 岁及以上的老年人口占乡村总人口的比例增长速度达到了 4.25%，比城镇多了 1.14%。乡村 80 岁及以上占 60 岁及以上人口比例折线完全在城镇 65 岁及以上人口比例和 80 岁及以上占 60 岁

及以上人口比例这两条折线之上，说明乡村高龄老年人口比例较大，乡村养老服务的建设需要投入更多资源。

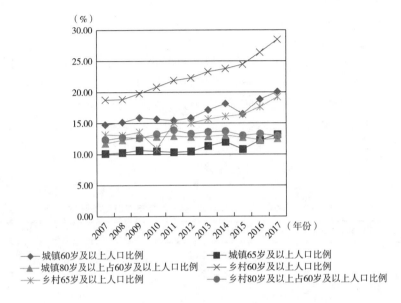

图 3－3　2007～2017 年江苏省城乡老年人口结构散点图

城镇 60 岁及以上的老年人口比例从 2007 年的 14.76% 增长到 2017 年的 20.02%，10 年增加了 5.26%，事实上，随着国家城镇化的建设，这个比例结构的变化意味着增加更多的城镇老年人口，这在下文中会有所体现。而城镇高龄老年人口比例即 80 岁及以上占 60 岁及以上人口比例变化则不大，但是同样要考虑基数的问题，实际上这类人口基数还是庞大的。乡村 60 岁及以上的老年人口比例从 2007 年的 18.77% 增长到 28.45%，10 年增加了 9.68%。可见，乡村老年人口比例增长速度较快，且大于城镇老年人口比例的增长速度。另外，农村的高龄老年人口比例较大，对于这类老人，不仅行动不便，且乡村医疗条件与城镇相比，客观上存在不平衡的情况。而乡村由于外出务工人员较多，"空巢"老人基数大。可见，乡村的养老服务建设任重而道远。

图 3－3 是 2007～2017 年江苏省城乡老年人口结构的变化情况，下面再结合城乡的老年人口数量进行分析。表 3－8 的数据是由《江苏统计年鉴》中的"全省人口年龄构成情况"部分，根据每一年的抽样数据和给出的抽样比，计算得到表中的数据。特别说明，由于是抽样统计，且时间是截至当年的 11 月 1 日，故可能与实际数值有所偏差。

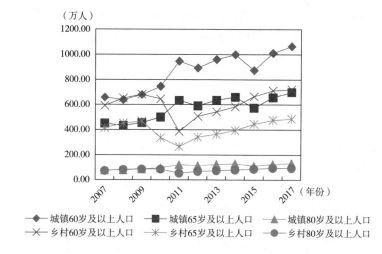

图 3-4 2007~2017 年江苏省城乡老年人口数散点图

表 3-8 2007~2017 年江苏省城乡老年人口数 单位：万人

年份	城镇			乡村		
	60 岁及以上	65 岁及以上	80 岁及以上	60 岁及以上	65 岁及以上	80 岁及以上
2007	658.21	450.89	77.41	591.82	414.99	72.94
2008	638.12	432.45	78.42	652.14	451.40	82.87
2009	679.55	455.60	86.31	682.03	467.71	86.00
2010	745.94	499.89	95.57	645.31	337.50	85.47
2011	946.03	633.69	122.24	386.93	266.07	53.71
2012	893.04	589.98	114.12	507.46	341.95	67.48
2013	959.73	635.81	123.49	542.65	364.66	73.84
2014	999.25	660.04	130.43	583.28	394.85	79.92
2015	874.28	573.83	111.23	665.06	445.10	86.67
2016	1011.43	657.22	124.63	712.50	475.83	94.70
2017	1065.52	699.70	133.43	720.74	486.91	93.26
平均增长速度	4.93%	4.49%	5.60%	1.99%	1.61%	2.49%

为分析变化趋势，我们将表 3-8 中的数据做成时间序列散点图 3-4。可以

看到，城镇老年人口数随时间变化有明显的递增趋势，60 岁及以上的老年人口数从 2010 年开始明显增大。城镇 60 岁及以上老年人口数 2007～2017 年增加了 407.31 万人，年平均增长速度达到 4.93%。在 2007～2009 年城镇和乡村老年人口数相差不大，2009 年后城乡老年人口数差距逐渐增加，且保持城镇老年人口数一直领先乡村老年人口数的态势。乡村 60 岁及以上老年人口数在 2007～2017 年增加了 128.92 万人，年平均增长速度为 1.99%。另外，我们发现，尽管乡村老年人口数没有城镇老年人口多，但是乡村高龄老年人口比例大，由于城乡发展的差异，农村的养老环境实际上比城镇还是有许多不足。

另外，城镇老年人口基数更为庞大，养老服务建设并不轻松。可见，无论是城镇还是乡村，养老服务需求都很庞大。

3.3.3 总结

通过上文中 3.3.1 和 3.3.2 的分析，得到以下结论：

（1）江苏省老年人口比例有明显递增的趋势。老年人口比例 2015～2017 年增长速度明显加快。且 60 岁及以上的人口数量呈现出明显递增的趋势，2015～2017 年增长速度明显加快。

（2）江苏省城乡老年人口比例差异明显。乡村 60 岁及以上的老年人口比例增长速度大于城镇 60 岁及以上的老年人口比例增长速度，乡村老龄化更为严重。

（3）江苏省城乡老年人口数量差异明显。城镇 60 岁及以上老年人口从 2007 年的 658.21 万人增长到 2017 年的 1065.52 万人，乡村 60 岁及以上老年人口从 2007 年的 591.82 万人增长到 720.74 万人。乡村人口基数少，老年人比例高。

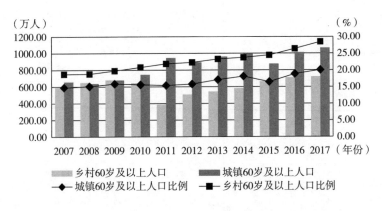

图 3-5　2007～2017 年江苏省城乡老年人口及其结构对比

3.4　江苏省养老服务事业发展状况

3.4.1　社区居家养老服务状况

社区居家养老服务是指依托社区养老服务资源，为 60 周岁及以上有生活照料需求的社区居家老年人提供或协助提供家政、助餐、助医、康复辅助、精神慰藉、日间照料和休闲娱乐等服务。传统的家庭养老是以家庭为单位，主要依靠子女等照顾的一种养老模式。社区居家养老服务则是将家庭与社区相结合的一种养老模式。"落叶归根"是我国的传统文化。老年人大多习惯生活在子孙满堂祥和的家庭环境中，而不愿到相对陌生的环境中如养老院、老年公寓机构等享受养老服务。社区居家养老既体现了家庭养老的原始功能，又充分利用社区的资源与设施；既降低了养老成本，又是社会机构养老功能的有益补充。《江苏省"十三五"养老服务业发展规划》中提出到"十三五"末，全面实现以居家为基础、社区为依托、机构为补充、医养深度融合，功能完善、服务优良、监管到位、覆盖城乡的养老服务体系的目标。《江苏省 2016 年老年人口信息和老龄事业发展报告》数据显示，2016 年末江苏省 60 岁及以上老年人口数为 1719.26 万人，占人口总数的 22.10%；空巢老人达到 872.8 万人，占 60 岁及以上老年人口的 50.77%，其中愿意在家中养老的老人占比 80%。可见，社区居家养老服务比较符合当下国情。

表 3-9 是近年社区居家养老服务中心的建设情况，数据由《江苏省"十三五"养老服务业发展规划》和 2014~2017 年的《江苏省老年人口信息和老龄事业发展报告》加工整理而来，由于材料中部分数据没有给出具体数值，故采用和报告中相同的表述。由表 3-9 可知，2014~2017 年江苏省的社区居家养老服务中心数量和规模均发展迅速。

虽然近年来江苏社区居家养老服务中心数量一直在增加，但仍存在不少问题。根据《江苏省 2015 年社会养老服务体系建设项目绩效评价报告》中对于社会居家养老服务中心的运营情况调查来看，2015 年，居家养老服务中心正常运行率普遍不高。2015 年江苏省城市居家养老服务中心正常运行率 81.13%，农村居家养老服务中心正常运行率 71.99%。从地区分布情况看，经济发达地区比经济欠发达地区正常运行率要高。苏北地区农村居家养老服务中心正常运行率最低，仅为 71.90%。从评价组抽样调查情况看，徐州市铜山区、邳州市、宿迁市宿城区以及泗阳市，农村地区居家养老服务中心（站）只能满足固定办公场所要求，仅为附近老人提供打牌娱乐服务，工作人员也由乡镇街道人员兼职管理。这表明要提高社区居家养老服务中心的运行效率，减小城乡差异，需要政府建立有效的监管制度。

表3-9   2014~2017年社区居家养老服务中心建设数据

年份	建设情况
2014	新建2000个社区居家养老服务中心，总数达到1.7万多个 苏南、苏中、苏北农村社区居家服务中心覆盖率达到77%、68%、60%
2015	新建2000个社区居家养老服务中心，总数达到1.9万多个 苏南、苏中、苏北分别达到90%、80%、70%
2016	已建成城乡社区居家养老服务中心20000多个
2017	新建或改建城乡社区居家养老服务中心1200个

江苏省2015年开始建设社区老年人助餐点，以满足老年人就餐、配餐和送餐需求。2016年开始建设老年人日间照料中心，为生活不能完全自理、日常生活需要一定照料的半失能老年人为主的日托老年人提供膳食供应、个人照顾、保健康复、娱乐和交通接送等日间服务。表3-10是老年人助餐点和日间照料中心近年的建设情况。

表3-10   江苏省老年人助餐点、日间照料中心建设数据

年份	建设情况
2015	新建了2000个社区老年人助餐点
2016	社区老年人助餐点达到4097个；新建112个街道老年人日间照料中心
2017	新建2007个社区老年人助餐点，达到6104个；全省新建127个街道老年人日间照料中心，总数达到239个

资料来源：《江苏省老年人口信息和老龄事业发展报告》。

虽然助餐点建设较晚，但发展速度较快。自2015年开始建设以来，仅用3年时间助餐点就达到6000余个。老年人日间照料中心近年也在加快建设。

2007年，全国第一家虚拟养老院在苏州市姑苏区诞生，为高龄、空巢和特困老人提供上门居家生活照料服务。即政府建立一个信息服务平台，当老年人有服务需要时，只要拨一个电话，信息服务平台就会按照老年人的要求，安排服务企业员工上门提供服务，平台同时对服务质量进行监督。2016年，全国老龄办

为此专门发了一份简报，在全国范围内推广苏州模式。至 2017 年末，江苏省已建成 95 个"虚拟养老院"，基本保障全省信息化养老服务"县县通"。

《江苏省 2015 年社会养老服务体系建设项目绩效评价报告》数据显示，江苏省老年人居家养老服务总体满意度 74.09%。其中，老年人对养老补贴发放（81.17%）和老年生活总体情况（79.11%）的满意度较高，对居家养老服务中心提供服务种类健全性（65.81%）、养老服务水平和质量（65.32%）的满意度较低。问卷调查反映的主要问题有：一是认为养老金收入两极分化较为严重，农村老年人补贴较低。二是希望能进一步完善居家养老服务中心健身、康复等硬件设施。三是希望增加居家养老中心服务种类，多开展一些低偿上门服务，如家政服务、上门诊疗、陪同就医、助浴和节日关怀等。四是希望进一步提高居家养老服务质量。另外统计结果显示，2015 年底占江苏省居家养老服务中心数量 74% 的普通型居家养老服务中心绝大部分只能提供打牌娱乐服务，远未达到建设标准。同时，由于受消费观念和生活习惯的影响，依托居家服务中心建立的助餐点每天实际服务人数较少，还有一些助餐点处于时关时停状态，无法提供及时有效的助餐服务。由于受乡镇财政和村（社区）集体经济能力所限，很多居家养老服务中心缺乏正常运营资金，建成之后者闲置较多。2015 年江苏省全省城市居家养老服务中心正常运行率为 81%，农村居家养老服务中心正常运行率为 80%。其中，苏北农村居家养老服务中心正常运行率仅为 72%。农村居家养老服务实际覆盖面较小。农村居家养老服务中心一般设在行政村村委会附近，由于行政村地理范围广，实际上养老中心接受服务的只是行政村周围的少量老人。由于农村居家养老服务网络尚未建立，大部分老人实际上没有享受到相应的居家养老服务。

3.4.2　机构养老建设

机构养老是指依据养老机构为老年人提供集中居住和照料服务的养老模式。数据显示，2017 年，江苏省的空巢老人占全省老年人口的 52%，高出全国 0.7%。随着家庭功能的变化，使传统的子女保障与家庭亲属保障在不同程度上逐渐失去了存在的基础。养老机构作为社会化养老的重要载体，无疑可以在老年人生活照料中扮演着重要的角色。尤其对于那些失能的孤寡老人，没有亲人照料，只有依靠养老机构提供专门的护理和照料。对于那些不想增加子女负担的老人，养老机构同样能够提供很好的服务，且老年人在养老机构中能够与年龄相仿的同伴沟通交流，满足社会交往的需要，有益于老人的身心健康。因此，养老机构需求将不断增加且将成为养老产业的重要组成部分。

图 3-6 展示了 2014~2017 年江苏省用于城乡养老服务体系建设的专项补助情况，用于社区居家养老、养老机构扶持、信息建设和其他建设。数据来源于对

应年份的《江苏省老年人口信息和老龄事业发展报告》。由于该《报告》将补助资金情况放在机构养老服务下，故本章也将资金情况放在机构养老建设中。可以看到，2014 年补助资金为 6.2 亿元，2015 年跃增到 31.3 亿元，增长量达到 25.1亿元，增幅达到 404.8%。2016 年补助资金有所下降，但超过 20 亿元，2017 年有所上涨。可见，2015 年是江苏省开始大力建设养老服务体系的起点，之后每年补助资金都维持在较高水平。

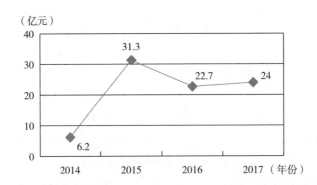

图 3 - 6　2014~2017 年江苏省用于城乡养老服务体系建设的专项补助资金散点图

表 3 - 11 中的数据根据《江苏省老年人口信息和老龄事业发展报告》加工整理而来。该报告将江苏省的养老机构分成三类：公办、社会办和农村"五保"供养服务机构。公办是指由政府出资开办的养老机构。社会办是指由社会资金开办的非公办养老机构。农村"五保"供养服务机构是指由县级人民政府或者乡、镇人民政府举办的，为农村"五保"供养对象提供供养服务的公益性社会救助机构。服务的对象是指无劳动能力、无生活来源又无法定赡养、抚养、扶养义务人，或者其法定赡养、抚养、扶养义务人无赡养、抚养、扶养能力的老年、残疾或者未满 16 周岁的村民。

表 3 - 11　2014~2017 年养老机构分类数据　　　　　　单位：个

年份	养老机构数			合计
	公办	社会办	农村"五保"供养服务机构	
2014	245	858	1138	2241
2015	223	1226	1119	2568
2016	245	1011	1049	2305
2017	198	1130	1135	2463
总增长量	-47	272	-3	222
平均增长速度	-6.85%	9.61%	-0.09%	3.20%

由表 3 - 11 可知，2014 ~ 2017 年公办养老机构数年平均增长速度达到 - 6. 85%，增长量为 - 47 个；社会办养老机构数年平均增长速度达到 9. 61%，增长量为 272 个。这和江苏省在 2015 年发布的《关于加快养老服务产业发展的若干意见》中制定的要支持社会力量发挥主体作用，引导各类所有制投资主体进入养老服务业的目标一致。2017 年农村"五保"供养服务机构数与 2014 年相比基本没有变化。从每年的养老机构总数来说，2015 年比 2014 年增加了 327 个，达到了 2568 个，而 2016 年却比 2015 年下降了 263 个，到 2017 年又有所上涨，这主要是由于 2015 年社会办的养老机构大量增加，这可能是 2015 年发布的《关于加快养老服务产业发展的若干意见》的政策效应。

为直观起见，将表 3 - 11 中的分类数据制作成柱状图 3 - 7。

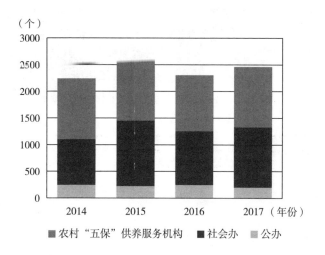

图 3 - 7　2014 ~ 2017 年各类养老机构数柱状图

《江苏省 2017 年老年人口信息和老龄事业发展报告》显示，2017 年江苏省实施了养老机构服务质量提升工程，全省 2463 家养老机构已全部对照国家规范标准完成了整改任务，其中有 1200 余家机构通过查漏补缺，评定等级从"督促整改"转变为"鼓励进一步提升"。对 138 家不具备整改条件的养老机构实行关停。可见，江苏省对于养老机构不仅注重"数量"还注重"质量"。养老服务事业发展不仅仅靠数量支撑，关键应以"老年人的满意度为主"。

表 3 - 12 由对应年份的《江苏省老年人口信息和老龄事业发展报告》计算整理得到。

表 3 – 12　2014 ~ 2017 年江苏省养老床位数

年份	养老床位总数（万张）	每千名老人拥有养老床位数（张）
2014	53	33. 5
2015	58	35. 2
2016	62	36. 06
2017	63. 7	36. 27
总增长量	10. 7	2. 77
平均增长速度	6. 3%	2. 7%

　　为直观起见，将表 3 – 12 中的数据做成时间序列散点图 3 – 8。可以看到，2014 ~ 2017 年养老床位总数在稳定增加，在 2014 ~ 2017 年增加了 10. 7 万张，年平均增长速度为 6. 3%。每千名老人拥有养老床位数也在逐年增加，2014 ~ 2017 年年均增速达到 2. 7%。事实上，由于江苏省老年人口基数庞大且增速较快，故人均养老床位数增速不大。2017 年养老床位总数仅占老年人口总数的 3. 6%，低于发达国家 5% ~ 7% 的水平。但对于一个发展中国家经济相对发展较快的省份来说，成绩是显著的，尽管还有较大的提升空间。

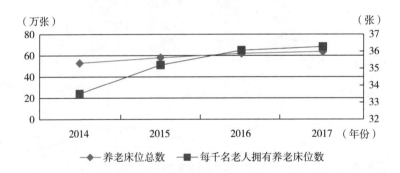

图 3 – 8　2014 ~ 2017 年江苏省养老床位数散点图

　　《江苏省 2015 年社会养老服务体系建设项目绩效评价报告》中对于机构养老服务满意度的抽样调查结果显示，江苏省老年人对于机构养老服务总体满意度 81. 67%，其中，老年人对养老机构的总体服务质量（84. 89%）、服务种类（84. 32%）满意度较高，但对养老机构服务人员服务水平和质量（69. 93%）、收费水平（79. 13%）的满意度较低。从问卷调查反映的情况来看，主要包括：一是希望能够提高机构医疗护理水平，尽快将养老机构纳入医保报销范围，为老人看病买药提供便利。二是部分老人反映机构无专门的护理人员，工作人员素质较低、服务意识不强，老人只能自己照顾自己。希望能够提高工作人员素质、增加护理员数量，满足老人需求。三是部分老年人希望机构工作人员能够多与老人沟通交通，倾听老人需求，同时设立老年人精神生活交流平台，给老年人更多心理关怀。四是部分老年人反映机构设施不健全、附近交通不便利，如未安装空调、电梯等，老年人无法外出活动、子女探望不方便，希望能够进一步改善相关条件，提升老年人幸福感。

抽样调查数据还显示，养老床位使用率较低。2015 年末，全省共有养老机构床位 48 万张，使用率 48%，特别是公办的 1128 家农村敬老院，拥有 20 万张床位，使用率普遍不高。另外，投资大、设施好、服务优，但收费相对较高的民营养老机构床位使用率也较低，部分床位数超过 400 张，甚至 1000 张以上的民营养老机构，入住老人数不超过 50 人，大量资源闲置。

尽管是 2015 年的调查结果，但存在的问题从某些方面能够反映江苏省在机构养老服务发展过程中亟待努力的方向。

3.4.3 服务队伍建设

养老服务事业发展的另一关键是养老服务队伍的建设。养老服务队伍建设的跟进才能支撑起养老机构和社区居家养老服务中心的持续良性发展。老年人不仅需要衣食住行的照料，更需要精神关爱。这种精神关爱需要通过具有高素养的养老服务人员来实现。

表 3 - 13 是根据 2014~2017 年的《江苏省老年人口信息和老龄事业发展报告》中养老服务视野发展的追踪情况整理而来。可以看到，近年来养老服务队伍规模不断壮大。2014 年与 2015 年培训养老护理员数量相差不大。2016 年相比 2015 年增加了 2906 名，总数接近 10000 人；专职养老服务人员达到了 49084 万人。根据 2016 年江苏养老机构总数和老年人口数量计算可知，2016 年江苏养老机构人均养老服务人员达到 21 人，但每千名老人拥有养老服务人员仅有 2.85 人。可见，养老服务人员数量还不能很好地满足老年人口数不断增加所形成的不断增长的养老服务需求。

表 3 - 13 2014~2017 年江苏省养老服务队伍建设数据

年份	服务队伍建设情况
2014	共培训养老护理员近 7000 名，养老机构负责人 558 名。其中省级层面培训中高级护理员 510 名，鉴定合格率达到 96%
2015	共培训养老护理员 7000 名，养老机构负责人 1000 名。其中省级层面培训中高级护理员 988 名，鉴定合格率达到 95%

年份	服务队伍建设情况
2016	共培训养老护理员9906名。全省养老机构、组织中专职从事养老服务人员49084名,其中养老护理员26814名
2017	分期、分级、分类举办养老护理员、中级营养配餐师、养老机构负责人等培训班180余期,培训各类养老服务人员10000余人次。举办养老服务人才交流对接会。组织国内外40多所院校与养老机构、社区居家养老服务中心、护理院、日间照料中心等交流对接

养老护理人员经过培训后持证上岗,有利于提高护理人员专业护理知识和技能、文化素质,对于提升机构养老服务质量有重要的保障作用。表3-14是2016年与2017年江苏省养老护理员持证上岗人数和比例情况,数据来源于《江苏省2017年老年人口信息和老龄事业发展报告》。

表3-14　2016~2017年江苏省养老护理员持证上岗人数和比例数据

年份 地区	2016		2017	
	持证上岗人数(个)	持证上岗率(%)	持证上岗人数(个)	持证上岗率(%)
南京	3377	93.47	3576	93.54
无锡	1941	80.21	2530	82.9
徐州	1477	64.78	2522	83.34
常州	2035	91.5	2961	92
苏州	8887	89.1	9037	87.9
南通	2882	80.66	3085	90.1
连云港	1366	87.01	2055	91.99
淮安	1355	82.98	1771	88.59
盐城	2649	85	2670	86
扬州	798	88	942	92
镇江	1092	85.98	1251	87
泰州	1499	56.29	1784	65.59
宿迁	1280	91.6	1489	89.3
全省	30638	83.62	35673	86.99

直观起见,将表3-14数据做成柱状折线的组合图3-9。

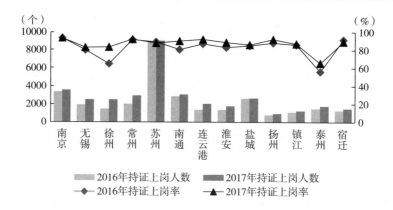

图 3 - 9 2016 ～ 2017 年江苏省各地区养老护理员持证上岗人数和比例

可以看到，2017 年全省养老护理人员持证上岗人数增加 5035 人，持证上岗率提高了 3.37%，达到 86.99%。

2017 年苏州市养老护理人员持证上岗率有所下降，其余地区养老护理人员持证上岗率均有所提高。其中，徐州市养老护理人员持证上岗率增长幅度最大，2017 年比 2016 年提高了 18.56%。2016 年和 2017 年南京市养老护理人员持证上岗率分别为 93.47% 和 93.54%，在江苏 13 个省辖市中最高。从养老护理人员持证上岗人数来看，苏州市稳居江苏第一。2016 年苏州市养老护理人员持证上岗人数占到江苏省养老护理人员总持证上岗人数的 29%，2017 年则为 25%。虽然 2017 年苏州市这一比例有所下降，但是持证上岗人数仍在增加，可见苏州市养老服务队伍建设走在全省前列。扬州地区养老护理人员较少，2016 年和 2017 年分别为 798 人和 942 人，为江苏省养老护理人员最少的地区，但也在稳步增加。

综上所述，江苏省近年养老服务队伍建设成绩显著，但地区建发展不平衡现象突出。如何发挥苏州市的示范作用，进一步加大各地区的养老护理人员的培养力度，不断提高养老护理人员的持证上岗率，是相关部门需要认真思考的问题。

3.4.4 养老保险

养老保险是养老服务事业的重要组成部分，是老年人生活品质的重要保障。本节主要讨论江苏省的企业职工基本养老保险、城乡居民基本养老保险和机关事业单位基本养老保险的实施情况。数据由对应年份的《江苏省人力资源和社会保障事业发展统计公报》中的数据计算整理得到。

3.4.4.1 企业职工基本养老保险

表 3 - 15 是 2009 ～ 2017 年江苏省企业职工基本养老保险相关情况的汇总。这里，总参保人数 = 参保职工人数 + 参保离退休人员数。2009 年全省企业退休

人员月平均养老金由于数据缺失，没有给出，故平均养老金的总增长量和平均增长速度均以 2010 年为基期。

表 3 – 15　2009~2017 年江苏省企业职工基本养老保险相关数据

年份	总参保人数（万人）	职工（万人）	离退休人员（万人）	农民工人数（万人）	企业职工基本养老保险基金总收入(亿元)	企业职工基本养老保险基金总支出(亿元)	全省企业退休人员月平均养老金（元）
2009	1771.75	1386.05	385.7	358.47	865.28	617.65	—
2010	1921.82	1503.36	418.46	388.22	999.8	737.91	1466
2011	2110.5	1659.6	450.9	409.8	1269.2	884.2	1622
2012	2308.1	1796.7	511.3	431.3	1566.2	1078.1	1815
2013	2458.1	1901.8	556.2	440.9	1674.8	1309.6	2027
2014	2566.51	1968.4	598.11	455.35	1742.04	1406.7	2236
2015	2653.58	2013.49	640.09	465.69	2114.01	1792.82	2460
2016	2725.94	2046.42	679.52	471.2	2259.27	2006.7	2635
2017	2818.2	2097.3	720.9	480.41	2509.03	1984.79	2735
总增长量	1046.45	711.25	335.2	121.94	1643.75	1367.14	1269
平均增长速度	5.97%	5.31%	8.13%	3.73%	14.23%	15.71%	9.32%

我们先来分析参保人数。为直观起见，将相关数据用时间序列散点图 3 – 10 表示。可以看到，2009~2017 年，江苏省企业职工基本养老保险总参保人数呈明显的线性递增趋势，9 年总增长量为 1046.45 万人，年平均增长速度为 5.97%。为了分析江苏企业职工基本养老保险总参保人数的变化规律，我们拟合一条回归直线描述之。

$$\hat{y} = 1708.61 + 132.38t,\ R^2 = 0.9697$$

$$(P - value = 0)$$

其中，y 表示江苏省企业职工基本养老保险参保人数这一变量的均值，t = 1，2，3，…，9，分别对应 2009，2010，…，2017。

此估计回归方程可以预测，在未来的近几年每过一年，江苏省企业职工基本养老保险参保人数平均将增加 132.38 万人。

由图 3 – 10 可见，职工参保人数随时间也呈明显的增长趋势，2014~2017 年增长速度有所缓和。离退休人员参保人数在近 9 年里也在逐年递增。农民工是城市建设的一分子，为城市发展做出了重要贡献。因此，农民工的养老保险问题也是民生问题的重要内容。由于农民工数量相比总参保人数而言较小，所以在图3-10中只能看到缓慢的增加趋势，但表3-15则显示农民工参保人数由2009年的358.47万人到2017年的480.41万人，增长了121.94万人，年平均增长速度达到3.73%。

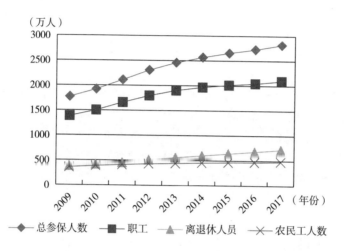

图3-10　2009~2017年企业职工基本养老保险参保人数散点图

下面分析2009~2017年江苏省企业职工基本养老保险的收入和支出，以及全省企业退休人员的月平均养老金变化情况。直观起见，江苏省企业职工基本养老保险的收入和支出用柱状图3-11表示，江苏企业退休人员的月平均养老金用时间散点图3-12表示。

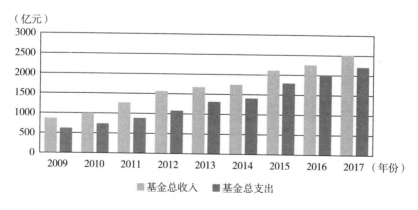

图3-11　2009~2017年江苏省企业职工基本养老保险基金总收入和总支出柱状图

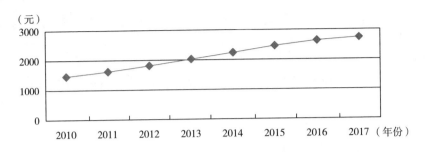

图 3 - 12 2009 ~ 2017 年江苏省企业退休人员月平均养老金散点图

从图 3 - 11 可以看到，2009 ~ 2017 年江苏省企业职工基本养老保险总收入呈明显的递增趋势，9 年共增加了 1643.75 亿元，年均增长速度达到 14.23%，这与参保人数快速增加有关。2009 ~ 2017 年江苏省企业职工基本养老保险总支出也呈现了明显的递增趋势，9 年共增长了 1367.14 亿元，年均增长速度为 15.71%，总支出的年均增长速度大于总收入的年均增长速度。另外我们看到，分析期内江苏省企业职工基本养老保险每年的总收入均大于总支出，表明养老保险基金运行正常。

从全省企业退休人员的月平均养老金的变化情况来看，2010 ~ 2017 年平均养老金呈现明显的线性递增趋势。为反映这一时间序列的变化趋势，我们拟合一条回归直线描述之。

$$\hat{y} = 1262.48 + 191.55t, \quad R^2 = 0.9950$$

$$(P - value = 0)$$

其中，y 表示江苏省企业退休人员月平均养老金这一变量的均值，$t = 1$，2，3，…，8，分别对应 2010，2011，…，2017。

此估计回归方程表明，在未来的近几年每过一年，江苏省企业退休人员月平均养老金平均将增加 191.55 元。

虽然全省企业退休人员的月平均养老金逐年增加，但这是平均养老金的变动情况，不能很好地反映总体的变动情况。如果有相关的统计数据，可以进一步分析江苏省企业退休人员养老金的中位数、方差等其他统计指标，以便能够了解江苏省企业退休人员养老金的情况。

3.4.4.2 机关事业单位基本养老保险

机关事业单位养老保险制度是中国社会保障制度的重要组成部分。长期以来事业单位实行退休金制度，这对于保障退休人员生活、维护社会稳定发挥了重要作用。表 3 - 16 是江苏省 2009 ~ 2017 年机关事业单位基本养老保险的情况。由于《江苏省人力资源和社会保障事业发展统计公报》中没有给出平均养老金等其他指标，故我们也没有计算机关事业单位基本养老保险金的平均值。

表 3 - 16　2009 ~ 2017 年江苏省机关事业单位基本养老保险数据

年份	总参保人数（万人）	职工（万人）	离退休人员（万人）	基金总收入（亿元）	基金总支出（亿元）
2009	111.33	81.62	29.71	67.68	65.55
2010	111.2	80.52	30.68	74.62	71.13
2011	113.5	81.3	32.2	85.6	84.4
2012	119.5	83.8	35.7	149.2	149.5
2013	124	86	38	175.1	170
2014	125.4	85.94	39.46	180.6	177.52
2015	126.32	85.31	41.01	196.62	208.58
2016	135.82	91.04	44.78	254.24	267.88
2017	221.19	140.69	80.5	537.98	499.16
总增长量	109.86	59.07	50.79	470.3	433.61
平均增长速度	8.96%	7.04%	13.27%	29.58%	28.89%

　　我们先分析江苏省机关事业单位的参保人数变动情况。为直观起见，将相关数据用时间序列散点图 3 - 13 表示。可以看到，2009 ~ 2016 年江苏省机关事业单位参保人数呈现缓慢增加的趋势，2017 年参保人数则出现了大幅度的增长，与 2016 年相比，2017 年机关事业单位总参保人数同期增幅达到 63%。2009 ~ 2017 年，江苏省机关事业单位参保人数增长为 109.86 万人，年均增长速度达到 8.96%。职工与离退休人员的参保情况与总参保人数变化类似，2009 ~ 2016 年缓慢增长，2017 年有较大的增幅，对比 2016 年增长幅度分别达到 55% 和 80%。

　　图 3 - 14 是 2009 ~ 2017 年江苏省机关事业单位基本养老保险基金的收入与支出情况。可以看到，基金的总收入与参保人数的变化情况相似，2009 ~ 2016 年缓慢增长，而 2017 年出现了大幅度的增长，与 2016 年相比，2017 年增长了 112%。支出情况与收入情况变化类似。数据显示，与企业职工基本养老保险基金不同，机关事业单位基本养老保险基金的部分年份出现了收入小于支出的情况，具体为 2012 年、2015 年和 2016 年。尽管总体上来看，2009 ~ 2017 年江苏省机关事业单位基本养老保险基金总收入增量为 470.3 亿元，年均增长速度达到 29.58%；总支出增量为 433.61 亿元，年均增长速度达到 28.89%。

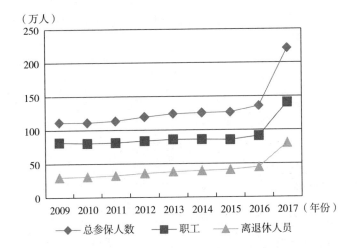

图 3 - 13 2009~2017 年江苏省机关事业单位基本养老保险参保人数散点图

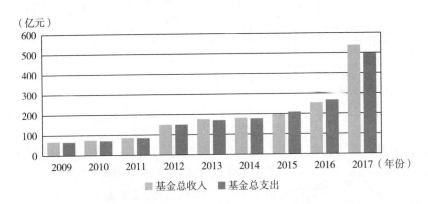

图 3 - 14 2009~2017 年江苏省机关事业单位基本养老保险基金的收入与支出柱状图

3.4.4.3 城乡居民社会养老保险

2009 年，江苏省新型农村社会养老保险建设取得突破性进展。全省 13 个省辖市和 90 个县（市、区）出台新农保办法。2010 年江苏省率先全面实施新型农村社会养老保险制度。2011 年江苏省出台《江苏省城镇居民社会养老保险制度实施办法》，全省 13 个省辖市均已实施城镇居民社会养老保险制度，实现了城乡社会养老保险制度全覆盖。2013 年江苏省政府出台《江苏省城乡居民社会养老保险办法》，结合省情实际，整合全省新型农村社会养老保险和城镇居民社会养老保险制度，建立城乡居民社会养老保险制度。由于两种制度时间先后不同，本节将江苏省新型农村社会养老保险和城镇居民社会养老保险统一为 2013 年江苏省政府开始合并为城乡居民社会养老保险来加以分析。

首先来分析基金收入与支出的情况。为直观起见，将表 3-17 相关数据表示成柱状图 3-15。可以看到，2010~2017 年基金总收入与总支出呈现明显的递增趋势，增长分别达到 172.49 亿元和 175.56 亿元，年均增长速度分别为 12.15% 和 18.58%，总支出的年均增长速度明显大于总收入的年均增长速度。

表 3-17   2010~2017 年江苏省城乡居民社会养老保险数据

年份	总参保人数（万人）	城乡居民社会养老保险基金总收入（亿元）	城乡居民社会养老保险基金总支出（亿元）	全省城乡居民社会养老保险基础养老金最低标准（元）
2010	1514.56	140.06	76.45	60
2011	1557.4	140.9	100.5	60
2012	1479.4	153.5	109.7	70
2013	1445.4	187.2	141.7	80
2014	1359.91	211.16	172.39	90
2015	1317.79	274.78	213.51	105
2016	1289.54	288.09	224.82	115
2017	1279.57	312.55	252.01	125
总增长量	-234.99	172.49	175.56	55
平均增长速度	-2.38%	12.15%	18.58%	12%

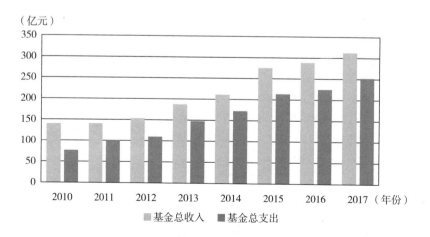

图 3-15   2010~2017 年江苏省城乡居民社会养老保险基金总收入与总支出柱状图

再来分析参保人数和养老金最低标准的情况。为直观起见，将表 3 - 17 相关数据表示成时间序列散点图 3 - 16。可以看到，2010 ~ 2017 年，江苏省城乡居民社会养老保险参保人数总体上呈下降趋势，且 2011 年后则呈线性递减趋势，为反映这一时间序列的变化趋势，我们拟合一条回归直线描述之。

$$\hat{y} = 1581.40 - 47.89t, \quad R^2 = 0.9513$$

$$(P - value = 0)$$

　　其中，y 表示江苏省城乡居民社会养老保险参保人数这一变量的均值，t = 1，2，3，…，7，分别对应 2011，2011，…，2017。

　　此估计回归方程表明，在未来的近几年每过一年，江苏省城乡居民社会养老保险参保人数平均将减少 47.89 万人。

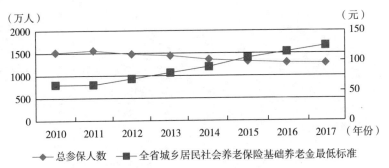

图 3 - 16　2010 ~ 2017 年江苏省城乡居民社会养老保险参保人数与养老金最低标准数据

　　2011 年后江苏省城乡居民社会养老保险基础养老金最低标准也呈现明显的线性递增趋势。为了反映这一时间序列的变化趋势，我们拟合一条回归直线。

$$\hat{y} = 47.86 + 11.07t, \quad R^2 = 0.9969$$

$$(P - value = 0)$$

　　其中，y 表示苏省城乡居民社会养老保险基础养老金最低标准这一变量的均值，t = 1，2，3，…，7，分别对应 2011，2011，…，2017。

　　此估计回归方程表明，未来的近几年每过一年，江苏省城乡居民社会养老保险基础养老金最低标准平均将增加 47.89 元。

　　养老金的最低标准年年增加，参保人数却年年减少，这一现象需要进一步研究。

3.4.5　基本结论

　　综上所述，我们可以得到如下基本结论：

　　（1）江苏省社区居家养老服务发展虽然起点较晚，但社区居家养老服务中心和老年人助餐点数量增长速度较快，截至 2017 年末已建成城乡社区居家养老服务中心 20000 多家，老人助餐点 6104 个。江苏省社区居家养老服务建设力度大，但存在运行率不高、老人满意度不高的问题。

（2）养老机构数量增加但运行效率不高、服务水平和质量有待提高。2014～2017 年江苏省养老机构数量年均增速达到 3.20%，3 年增长了 222 个养老机构，2016 年达到 2463 个；社会办养老机构数目逐年增加，表明养老机构的社会融资能力越来越强，这与江苏省养老服务政策引导密切相关。养老床位使用率仍较低，这与我国传统的养老文化有关。养老机构服务人员服务水平和质量不高有待提高。因此，加大对养老护理人员的培训力度，提高持证上岗的养老护理人员数与持证上岗率是提高服务水平和质量的有效手段。

（3）江苏省近年养老服务队伍建设力度大，但地区发展不平衡。2016 年江苏省养老机构人均养老服务人员为 21 人，每千名老人拥有养老服务人员数 2.85 人。养老服务人员数量难以满足老年人口不断增加带来的养老服务的需求。

（4）江苏省企业职工基本养老保险和机关事业单位基本养老保险参保人数持续递增，且养老基金的总支出也在持续递增。城乡居民社会养老保险的参保人数呈下降趋势，但城乡居民社会养老保险的最低发放标准基本上每年都在提高。

第4章 江苏省医疗人才队伍建设状况

4.1 问题的提出

改革开放40年我国经济持续高速发展，取得了举世瞩目的伟大成就，人们的生活水平得到了极大提高。在物质极大丰富的同时，人们更为注重生活品质，对健康的关注变得尤为突出。全球化不仅改变了各国经济社会发展的状况，也为技术溢出提供了适宜环境。医疗技术的水平是保障人们健康的重要基础，医疗人才则是关键。改革开放40年来，"走出去、引进来"，协同创新为我国医疗人才队伍建设起到了积极的作用。我国医疗人才队伍不仅在数量上得以迅速增加，而且在质量上也得到了极大提升。我国人口众多，医疗服务需求巨大。随着我国国力的不断增强，医疗技术水平也在不断提高。由于我国的医疗技术基础弱，数十年的追赶总体上缩小了与最先进医疗技术水平的差距，但与发达国家或地区仍有较大距离。欧美发达国家一般医疗保障体系较为完善、医疗服务人才的培养和储备具有较为一套较为成熟的体系。我国在这方面仍在积极探索，寻找适合中国国情的医疗服务保障体系。

我国人口基数大，特别是随着人口老龄化趋向增速，对多层次的医疗服务需求日益增加。解决医疗服务供给是摆在政府和社会面前的一个迫切需要解决的现实问题。医疗服务供给的根本是医疗服务人才，特别是高层次的医疗服务人才。解决医疗服务人才的供给，人才培养单位将责无旁贷。在全球化环境下，可以有多路径实现医疗人才培养的目标。面对我国人口多、地区经济社会发展不平衡和医疗健康服务需求多层次等国情，立足国内培养仍是根本，但可有国际化、跨区域培养或提高等多种形式予以补充。

江苏省医疗人才培养经过长期的发展和探索，形成了有中等职业技术教育、专科职业技术教育、本科教育和研究生教育等多层次的医疗人才培养体系。江苏是一个人口大省，地区发展不平衡。目前，江苏省所能提供的医疗服务人才相对江苏省总人口、人口比例和地区分布所形成的巨大需求，仍存在较大的供给不足问题。

本章将从江苏省医疗人才培养的相关政策支持出发，分析江苏省医疗人才培养现状及存在问题，为后文的政策研究提供参考。

4.2 江苏省医疗人才培养政策梳理

近年来，江苏省加大了医疗人才的培养力度，可从 2014 年来由江苏省人民政府办公厅针对医疗人才培养的相关政策支持中窥见一斑。

由表 4 - 1 可见，2014 年江苏省人民政府发布《加快健康服务业发展的实施意见》为基层医疗卫生人才队伍建设提供了政策指导，这是江苏省提升基层医疗服务水平的有力举措。基层医疗服务机构承担着江苏医疗服务的基本工作，是江苏民生工作的重要方面，关系到广大普通百姓的健康保障。2015 年的文件则关注高端医疗人才的培养及其创新问题。医疗卫生需求具有多层次的特点，在满足基本医疗需求的同时，解决复杂的医学难题需要高级医疗人才。人类在其发展过程中总要面对各种先前不能解决的医疗健康问题，因此，高级医疗人才的培养是医疗人才培养中不可或缺的一种形式。2015 年的文件对于指导和规范江苏高端医疗人才及其科研创新具有重要的指导意义。随后 2017 年的文件则关注医疗人才的培养质量问题。实际上，高质量的医疗人才是江苏发展健康服务业的基本保证。有关人才培养结构优化、创新人才培养等指导性意见对于医疗人才培养的提档升级指明了方向。2018 年的 4 个文件则分别涉及复合型医疗卫生服务人才培养、人才培养的评价机制、紧缺人才培养及其保障机制、重点人才培养及其全面提升培养质量等方面。

表 4 - 1　江苏省医疗人才政策支持汇总

发布时间	政策文件名称	政策要点
2014/6/25	省政府关于加快健康服务业发展的实施意见	加强基层卫生人才队伍建设，努力提升基层医疗卫生人才业务能力
2015/10/29	省政府关于深入推进"健康江苏"建设不断提高人民群众健康水平的意见	强化医疗卫生科技人才建设，培养一批医学领军人才、重点人才和创新团队；提升基层医疗卫生队伍素质和业务水平

发布时间	政策文件名称	政策要点
2017/9/30	省政府办公厅关于深化医教协同推进医学教育改革发展的实施意见	提出一系列对提升医学人才培养质量的政策方案；提出医学人才培养结构优化的一系列指标方案；完善医学人才培养政策，促进创新型人才培养
2018/1/3	省政府办公厅关于印发江苏省慢性病防治中长期规划（2018～2025年）等疾病防治工作规划的通知	完善有利于人才培养使用的政策，加大医疗人才的培养力度，着力培养复合性、实用型人才；完善专业技术支撑评定制度，促进人才成长
2018/3/28	省政府办公厅关于印发江苏省深化医药卫生体制改革规划（2018～2020年）的通知	健全完善强化医疗人才培养、使用、评价、激励机制
2018/7/11	省政府办公厅关于支持社会力量提供多层次多样化医疗服务的实施意见	优化医学教育专业结构，加大紧缺医学专业人才培养力度；建立财政保障、保险等机制，鼓励人才发展
2018/11/6	省政府办公厅关于建立现代医院管理制度的实施意见	注重人才队伍建设，加强医学杰出、重点、青年人才培养，健全医疗人才规范化培养制度，提升人才队伍整体素质水平

资料来源：江苏省人民政府网站。

综观近年江苏省政府关于医疗卫生人才培养的各类指导性文件，体现了由点到面，并逐步深入的发展过程，为各级各类医疗卫生服务人才培养提出了符合江苏实际的培养目标，为江苏健康服务业发展提供了有力的政策支持。

4.3 江苏省医疗人员现状及趋势

健康服务业是第三产业的一部分，人力资源的合理配置为加快健康服务业高度发展提供基础。本节将分析江苏省健康服务业从业人员状况，期望从基础医疗卫生服务和医学研发服务两个角度厘清江苏现阶段医疗服务人员的状况和发展趋势。

4.3.1 医疗卫生机构数

医疗卫生服务是指医疗机构以病人和一定社会人群为主要的服务对象，以医学技术为基本服务手段，向社会提供能满足人们医疗保健需要，为人们带来现实利益的医疗产出和非物质形态的服务。经过医疗制度体系的不断完善和发展，我国已建立了由医院、基层医疗卫生机构、专业公共卫生机构等组成的医疗卫生服务体系。我国《"十三五"卫生与健康规划》提出将全国建成体系完整、分工明确、功能互补、密切协作和运行高效的整合型医疗卫生服务体系。

我国的医疗卫生服务体系由医院、基层医疗卫生机构、专业公共卫生机构等组成。医院分为公立医院和社会办医院。基层医疗卫生机构为县级以下的医疗卫生机构，分为公立和社会办两类。专业公共卫生机构分为政府办专业公共卫生机构和其他专业公共卫生机构。

基础医疗卫生机构是一项不可或缺的医疗卫生单位之一。在我国的基础医疗发展进程中，基础医疗卫生服务直接关系到每一个公民的身体健康状况，它成为不可或缺的预防与救治资源。下面分析近10年来江苏省医疗卫生机构数量的变化及其变化趋势。

为直观起见，将表4-2和表4-3中的数据做成时间序列散点图。由于在江苏省医疗卫生机构中，近10年来基层医疗卫生机构每年数占卫生机构总数均超过90%，因此，基层医疗卫生机构为江苏省医疗卫生机构的主要类型，分析江苏省医疗卫生机构数的变化趋势，基层医疗卫生机构数应该是一个重要的指标，故在散点图绘制中，将基层医疗卫生机构和卫生机构总数散点图单独做出。

表4-2　江苏省各类型医疗卫生机构　　　　　　　　单位：个

年份	医院	基层医疗卫生机构	专业性公共卫生机构	其他卫生机构	卫生机构总数
2007	1087	29688	351	337	31463
2008	1093	28246	353	351	30043
2009	1112	28699	352	358	30521
2010	1157	29098	418	288	30961
2011	1283	29659	429	309	31680
2012	1426	28886	436	306	31054
2013	1490	28815	469	231	31005
2014	1524	28921	1295	260	32000
2015	1581	28841	1244	259	31925
2016	1679	29116	1059	281	32135

注：2014年开始，计划生育技术服务机构纳入专业性公共卫生机构统计指标内，故引起2014年数存在大额变动。

资料来源：《江苏卫生计生年鉴》。

表4-3　江苏省各类型医疗卫生机构数占比卫生机构总数　　　单位:%

年份	医院	基层医疗卫生机构	专业性公共卫生机构	其他卫生机构
2007	3.45	94.36	1.12	1.07
2008	3.64	94.02	1.17	1.17
2009	3.64	94.03	1.15	1.17
2010	3.74	93.98	1.35	0.93
2011	4.05	93.62	1.35	0.98
2012	4.59	93.02	1.40	0.99
2013	4.81	92.94	1.51	0.75
2014	4.76	90.38	4.05	0.81
2015	4.95	90.34	3.90	0.81
2016	5.22	90.61	3.30	0.87

资料来源:《江苏卫生计生年鉴》。

　　江苏省医疗卫生机构由基层医疗卫生机构、医院、专业性公共卫生机构和其他卫生机构组成。由图4-1可知,由于基层医疗卫生机构数占卫生机构数较大,可以观测到卫生机构总数与基层医疗卫生机构数变动趋势大致相似,但卫生机构总数总体呈上升趋势。2016年末江苏省卫生机构总数为32135个,相比2007年末的31463个共计增加672个,年均增长速度为0.24%。

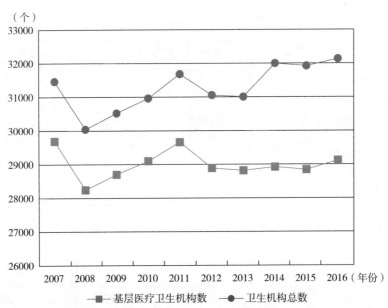

图4-1　江苏省基层医疗卫生机构数和卫生机构总数散点图

资料来源:《江苏卫生计生年鉴》。

江苏省基层医疗卫生机构主要由乡镇卫生院、社区卫生服务中心、诊所（卫生所、医务室、护理站）、门诊部、村卫生室等组成。由图 4－1 可知，2016 年末江苏省基层医疗卫生机构共有 29116 个，相比 2007 年末共计减少 572 个。在 2007～2016 年的 10 年，江苏省基层医疗卫生机构数有较大的波动，2008 年较 2007 年有 1442 个的降幅，其后的 3 年逐步回升，2011 年达到 29659 个，基本与 2007 年相当；在 2012 年至 2016 年，基层医疗卫生机构数处于相对稳定的状态，数量介于 28810 个和 29120 个。

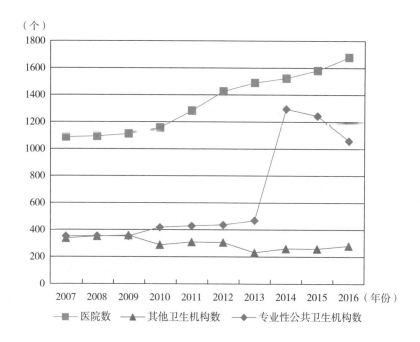

图 4－2　江苏省各类型医疗卫生机构数散点图

资料来源：《江苏卫生计生年鉴》。

　　江苏省基层医疗卫生机构数和卫生机构总数在 2007 年至 2013 年存在基本相似的变化规律。2014 年由于将计划生育技术服务机构纳入专业性公共卫生机构，因而，2014 年末基层医疗卫生机构数仍基本维持上一年水平，但卫生机构总数有近 1000 个的增量。因此，出现由于机构合并导致的数量变动不具有趋势特点。由于在 2007～2013 年江苏省基层医疗卫生机构数和卫生机构总数变化趋势相似，除 2014 年的异常情况外，我们可以看到，2015～2016 年，两者发展趋势相似性的特征重现。

　　由图 4－3 可知，江苏省基层医疗卫生机构数占卫生机构总数比例随时间变化呈现下降趋势。2007 年至 2013 年，江苏省基层医疗卫生机构数占比持续小幅；2014 年出现机构合并造成占比出现异常无分析价值，在 2014 年至 2016 年，基层医疗卫生机构数占比维持在 90%～91%，保持一个稳定的比例。

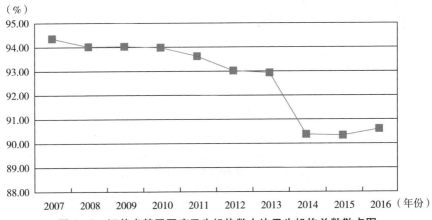

图 4 – 3 江苏省基层医疗卫生机构数占比卫生机构总数散点图

资料来源：《江苏卫生计生年鉴》。

江苏省医院主要由综合医院、中医医院、中西医结合医院、专业医院和护理院等组成。由图 4 – 2 可知，2016 年末江苏省共有医院 1679 个，相比 2007 年末 1087 个增加了 592 个，年均增长速度为 4.95%。另外，我们还可以看到，近 10 年来，江苏省医院数随时间变化呈现严格的递增趋势，但具有阶段性的特点。2007～2010 年以较小的增幅严格递增；2011 年和 2012 年均有超过 100 个的增量；其后各年的增量幅度相对较小但仍呈现严格递增趋势。

由散点图 4 – 2 可知，江苏省医院数时间序列具有较为明显的递增趋势，这种趋势在 2010 年至 2013 年期间有较大的增长，在其他年份增长较为平缓。为反映这一时间序列的变化趋势，我们拟合一条回归直线描述之。

$$\hat{y} = 945 + 72.4t, \quad R^2 = 0.9602$$

$$(P - value = 0)$$

其中，y 表示江苏省医院数这一变量的均值，$t = 1$，2，…，10 对应年份 2007，2008，…，2016。

上述估计线性回归方程表明，如果未来的近几年江苏省的医院数仍按照目前的态势变换，则每过一年，江苏省医院数平均增加 72.4 个。

江苏省专业性公共卫生机构主要由妇幼保健院（所、站）、专科疾病防治院（所、站）和疾病预防控制中心等组成。由图 4 – 2 可知，江苏省专业性公共卫生机构数随时间变化呈上升趋势。2016 年末江苏省专业性医疗卫生机构数为 1059 个，比 2007 年末的 351 个增加了 708 个；近 10 年来，江苏省专业性公共卫生机构数年均增长速度为13.05%。由于2014年开始，计划生育技术服务机构纳入专业性公共卫生机构内，故2014年末江苏省专业性公共卫生机构数跃升至826个。这种由于统计口径的变化造成的数据异常，对于分析趋势无甚价值。故我们以2014年为分界点，对江苏省专业性公共卫生机构数量变化特点进行分析。在2007~2013年，江苏省专业性公共卫生机构数大体呈上升趋势，年均增长速度为4.95%。在2014~2016年，江苏省专业性公共卫生机构数呈持续下降趋势，且有较大幅度。从趋势来看，江苏省专业性公共卫生机构数似有萎缩态势，原因如何，尚需进一步分析。

　　江苏省其他卫生机构主要由疗养院、医学科学研究机构、医学在职培训机构、临床检验中心、统计信息中心和其他组成。由图4-2可知，江苏省其他卫生机构随时间变化呈下降趋势。2016年末江苏省其他卫生机构数为281个，比2007年末的337个减少了56个，平年均下降速度为2.00%。

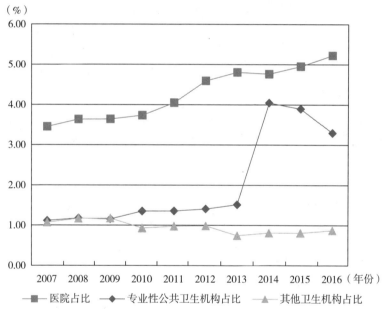

图4-4　江苏省各类型医疗卫生机构数占比卫生机构总数散点图

注：2014年开始，计划生育技术服务机构纳入专业性公共卫生机构统计指标内，引起2014年数存在大幅变动。

资料来源：《江苏卫生计生年鉴》。

4.3.2　医疗卫生机构人员数

　　本部分将分析江苏省医疗卫生机构人员数的变动情况，具体将以卫生工作人员总数、卫生技术人员数、执业（助理）医师数、注册护士数等绝对指标，以及每万人卫生技术人员数、每万人医师数、每万人注册护士数等相对指标进行分析。

为直观起见，将表4-4中的数据做成时间序列散点图4-5。

表4-4　江苏省医疗卫生机构人员数数据

年份	卫生工作人员总数（万人）	卫生技术人员数（万人）	每万人卫生技术人员数（人）	执业（助理）医师数（万人）	每万人医师数（人）	注册护士数（万人）	每万人注册护士数（人）
2007	35.53	28.62	37.40	11.87	16.10	9.45	12.30
2008	36.13	29.16	38.00	11.97	15.60	10.09	13.10
2009	37.76	30.65	39.50	12.32	15.90	11.06	14.20
2010	45.93	32.84	41.70	12.90	16.40	12.26	15.60
2011	48.18	35.05	44.40	13.47	17.10	13.56	17.20
2012	52.02	39.61	50.00	15.80	19.90	15.53	19.60
2013	55.12	42.90	54.00	16.97	21.40	17.42	21.90
2014	58.96	45.85	57.60	17.86	22.40	18.88	23.70
2015	61.89	48.70	61.10	18.92	23.70	20.40	25.60
2016	65.42	51.71	64.60	20.47	25.60	22.12	27.70

资料来源：《江苏统计年鉴》。

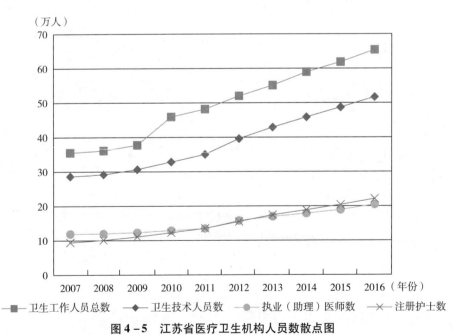

图4-5　江苏省医疗卫生机构人员数散点图

资料来源：《江苏统计年鉴》。

由表 4 - 4 可知，2016 年末江苏省卫生工作人员总数为 65.42 万人，比 2007 年末的 35.53 万人增加了 29.89 万人，年均增长速度为 7.02%。由图 4 - 5 易见，江苏省卫生工作人员总数随时间变化呈现明显的线性严格递增趋势。我们以如下的拟合回归方程表示：

$$\hat{y} = 30.14 + 3.56t, \quad R^2 = 0.9839$$
$$(P - value = 0)$$

　　其中，y 表示江苏省卫生工作人员这一变量的均值；$t = 1$，2，…，10 对应年份 2007，2008，…，2016。

　　上式表明，自 2007 年以后，每过一年，卫生工作人员总数平均增加 3.556 万人。依据这 10 年数据的年平均增长量则为 3.321 万人。如果没有大的政策变动，上式可以用来预测未来几年江苏省卫生工作人员总数。

　　由表 4 - 4 可知，2016 年末江苏省卫生技术人员数为 51.71 万人，比 2007 年末的 28.62 万人增加了 23.09 万人，年均增长速度为 6.79%。

　　江苏省卫生技术人员数随时间变化趋势与江苏省卫生工作人员总数的变化趋势相似，呈现出严格的线性递增趋势。我们可以用下列拟合线性回归方程描述这一变化规律：

$$\hat{y} = 23.33 + 2.76t, \quad R^2 = 0.9762$$
$$(P - value = 0)$$

　　其中，y 表示江苏省卫生技术人员数这一变量的均值；$t = 1$，2，…，10 对应年份 2007，2008，…，2016。

　　上式表明，自 2007 年以后，每过一年，江苏省卫生技术人员数平均增加 2.76 万人。如果没有大的政策变动，上式可以用来预测未来几年江苏省卫生技术人员数。

　　表 4 - 4 显示，2016 年末江苏省执业（助理）医师数为 20.47 万人，比 2007 年末的 11.87 万人增加了 8.60 万人，年均增长速度为 6.24%。由图 4 - 5 可知，江苏省执业（助理）医师数随时间变化呈现严格的递增趋势，但具有每年小幅增长的线性态势。为了预测未来几年江苏省的执业（助理）医师数，我们依据近 10 年的数据，拟合如下回归方程：

$$\hat{y} = 29.65 + 1.02t, \quad R^2 = 0.9510$$
$$(P - value = 0)$$

　　其中，y 表示江苏省执业（助理）医师数这一变量的均值；$t = 1$，2，…，10 对应年份 2007，2008，…，2016。

　　上式表明，自 2007 年以后，每过一年，江苏省执业（助理）医师数平均增加 1.02 万人。如果没有大的政策变动，上式可以用来预测未来几年江苏省执业

（助理）医师数。

由表 4-4 可知，2016 年末江苏注册护士数为 22.12 万人，比 2007 年末的 9.45 万人增加了 12.67 万人，年均增长速度为 9.91%。由图 4-5 可知，江苏省注册护士数时间序列变化趋势与江苏省执业（助理）医师数随时间序列变化趋势相似，但具阶段特征。在 2007~2012 年，江苏注册护士数略少于执业（助理）医师数，2013 年后则相反。

为了预测未来几年江苏省的注册护士数，我们依据近 10 年的数据，拟合如下回归方程：

$$\hat{y} = 6.99 + 1.47t, \quad R^2 = 0.9866$$
$$(P-value = 0)$$

这里，y 表示江苏省注册护士数这一变量的均值；$t = 1, 2, \cdots, 10$ 对应年份 2007，2008，…，2016。

上式表明，自 2007 年以后，每过一年，江苏省注册护士数平均增加 1.47 万人。

由表 4-4 可知，2016 年末江苏省每万人卫生技术人员数为 64.6 人，比 2007 年末的 37.4 人增加了 27.2 人，年均增长速度为 6.26%。由图 4-6 易见，江苏省每万人卫生技术人员数随时间变化呈现严格的线性递增趋势。这种趋势可由如下的拟合回归方程表示：

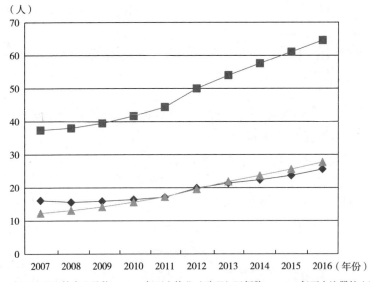

图 4-6 江苏省每万人医疗卫生机构人员数散点图

资料来源：《江苏统计年鉴》。

$\hat{y} = 30.85 + 3.27t$，$R^2 = 0.9696$

　　$(P - value = 0)$

　　这里，y 表示江苏省每万人卫生技术人员数这一变量的均值；$t = 1$，2，$\cdots$，10 对应年份 2007，2008，$\cdots$，2016。

　　上式表明，自 2007 年以后，每过一年，江苏省每万人卫生技术人员数平均增加 3.27 人。如果没有大的政策变动，上式可以用来预测未来几年江苏省每万人卫生技术人员数。

　　表 4-4 显示，2016 年末江苏省每万人执业（助理）医师数为 25.6 人，比 2007 年末的 16.1 人增加了 9.5 人，年均增长速度为 5.29%。由图 4-6 可知，江苏省每万人执业（助理）医师数随时间变化呈现出严格的线性递增趋势，但每年的增幅不大。为了预测江苏省未来几年每万人执业（助理）医师数，我们拟合如下线性回归方程：

$\hat{y} = 12.99 + 1.67t$，$R^2 = 0.9201$

　　$(P - value = 0)$

　　其中，y 表示江苏省每万人执业（助理）医师数这一变量的均值；$t = 1$，2，$\cdots$，10 对应年份 2007，2008，$\cdots$，2016。

　　上式表明，自 2007 年以后，每过一年，江苏省每万人执业（助理）医师数平均增加 1.67 人。如果没有大的政策变动，上式可以用来预测未来几年江苏省每万人执业（助理）医师数。

　　2016 年末江苏省每万人注册护士数为 27.7 人，比 2007 年末的 12.3 人增加了 15.4 人，年均增长速度为 9.44%。易见，江苏省每万人注册护士数时间序列变化趋势与江苏省每万人执业（助理）医师数时间序列变化趋势相似，但有阶段性差异。在 2012 年前，江苏省每万人注册护士数基本上略少于每万人执业（助理）医师数，2013 年后则相反。为了描述江苏省每万人注册护士数时间序列变化趋势，我们拟合如下线性回归方程：

$\hat{y} = 9.26 + 1.79t$，$R^2 = 0.9849$

　　$(P - value = 0)$

　　其中，y 表示江苏省每万人注册护士数这一变量的均值；$t = 1$，2，$\cdots$，10 对应年份 2007，2008，$\cdots$，2016。

　　上式表明，自 2007 年以后，每过一年，江苏省每万人注册护士数平均增加 1.79 人。如果近年江苏省每万人注册护士数无明显的突变，可以用上式来预测未来几年苏省每万人注册护士数。

4.3.3　江苏省医疗卫生机构人员数与上海、浙江的比较

　　为了清晰江苏省医疗人才与周边省份的比较优劣势，我们选择周边的上海和

浙江加以比较，由于未能获得山东的数据，故未将其纳入比较对象。

由于三地人口基数差距较大，绝对指标的比较意义不大。所以，我们从医疗卫生机构每万人卫生技术人员数、医疗卫生机构每万人拥有执业（助理）医师数、医疗卫生机构每万人注册护士数中，以及江浙沪三个地区的统计年鉴，可以得到表4-5至表4-7。

表4-5　江、浙、沪医疗卫生机构每万人卫生技术人员数　　单位：人

地区	2007年	2008年	2009年	2010年	2011年	2012年	2013年	2014年	2015年	2016年
江苏省	37.40	38.00	39.50	41.70	44.40	50.00	54.00	57.60	61.10	64.60
浙江省	49.50	51.80	55.10	59.40	64.20	68.50	73.00	77.30	83.20	88.00
上海市	67.72	67.34	69.16	71.26	72.09	72.78	72.68	72.23	72.83	73.46

资料来源：《江苏统计年鉴》《浙江统计年鉴》《上海统计年鉴》。

表4-6　江、浙、沪医疗卫生机构每万人执业（助理）医师数　　单位：人

地区	2007年	2008年	2009年	2010年	2011年	2012年	2013年	2014年	2015年	2016年
江苏省	16.10	15.60	15.90	16.40	17.10	19.90	21.40	22.40	23.70	25.60
浙江省	21.50	21.70	22.90	24.10	26.00	27.10	28.60	30.00	32.40	34.20
上海市	26.00	27.00	27.00	27.00	22.00	23.00	24.00	25.00	26.00	27.00

资料来源：《江苏统计年鉴》《浙江统计年鉴》《上海统计年鉴》。

表4-7　江、浙、沪医疗卫生机构每万人注册护士数　　单位：人

地区	2007年	2008年	2009年	2010年	2011年	2012年	2013年	2014年	2015年	2016年
江苏省	12.30	13.10	14.20	15.60	17.20	19.60	21.90	23.70	25.60	27.70
浙江省	15.40	16.70	18.60	20.90	22.90	25.30	27.50	29.90	32.80	35.50
上海市	25.84	25.73	27.63	29.42	30.52	31.48	31.55	31.67	32.26	32.73

资料来源：《江苏统计年鉴》《浙江统计年鉴》《上海统计年鉴》。

由表4-5可知，2007~2016年，江苏省每万人卫生技术人员数均低于上海市与浙江省。上海市每万人卫生技术人员数年波动幅度较小，其变化趋势较为平缓，近10年年均增长速度仅为0.91%，但上海市每万人卫生技术人员数在2013年前每年均高于江苏和浙江两省，只是2013年后为浙江所超但还是明显高于江苏。上海这种相对平缓的变动趋势可能与其基础医疗卫生机构与医疗卫生体发展较为成熟高度相关。浙江省与江苏省每万人卫生技术人员数时间序列具有明显的线性增长趋势，且两省的这一指标随时间变化的态势具有高度的相似性，但浙江

省每万人卫生技术人员数显著多于江苏省。进一步计算得到，在近10年里，浙
江省每万人卫生技术人员数年均增长速度为6.60%，江苏省年均增长速度为
6.26%，略逊于浙江省。

由图4-7可见，2007~2016年，上海市每万人卫生技术人员数保持在一个
相对稳定状态，江苏省和浙江省每万人卫生技术人员数处于持续的上升趋势，但
江苏与浙江的差距未见缩小迹象，两者的变化趋势基本处于平行态势。这一信号
可能预示两省每万人卫生技术人员数未来的基本走势。

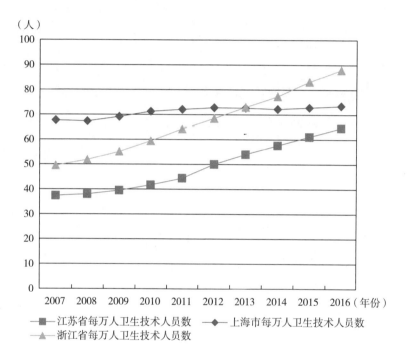

图4-7 每万人卫生技术人员数散点图

我们还可以模型化江浙两省每万人卫生技术人员数的变化趋势，即有如下的
拟合方程：

$$\hat{y}_{江} = 30.85 + 3.27t, \quad R^2 = 0.9696$$
$$(P-value = 0)$$

$$\hat{y}_{浙} = 42.92 + 4.38t, \quad R^2 = 0.9931$$
$$(P-value = 0)$$

其中，y表示每万人卫生技术人员数这一变量的均值；$t = 1$，2，…，10 对
应年份 2007，2008，…，2016。

上式表明，自 2007 年以后，每过一年，江苏省每万人卫生技术人员数平均增加 3.27 人，浙江省每万人卫生技术人员数平均增加 4.38 人。即浙江的年均增长量比江苏多 1.11 人。

2007～2016 年，江苏省每万人拥有执业（助理）医师数均低于上海市和浙江省。上海市每万人拥有医师数的变化分两个阶段，2007～2009 年基本稳定，2010 年有较大幅度下降，其后的年份内基本以每年 1 人的幅度平稳增长。浙江省每万人拥有医师数在 2007～2016 年呈现出严格递增趋势，年均增量基本相同，在趋势上与江苏相似，但每万人拥有医师数明显高于江苏。计算得到，在 2007～2016 年的 10 年间，江苏省、上海市和浙江省每万人拥有医师数年均增长速度分别为 5.29%、0.42% 和 5.29%。

另外我们也可以看到，2010 年后，上海市每万人拥有执业（助理）医师数始终介于江苏省和浙江省之间，但江苏有与上海的差距缩小的趋势。

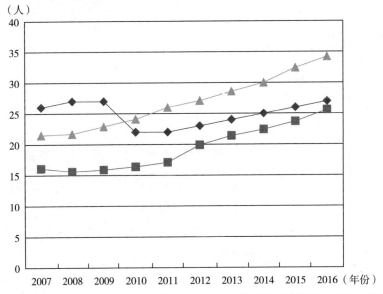

图 4 - 8　每万人拥有执业（助理）医师数散点图

为了能预测未来几年江苏省或浙江省每万人拥有执业（助理）医师数的变化规律，我们拟合如下方程：

$$\hat{y}_{江} = 12.99 + 1.17t, \quad R^2 = 0.9201$$
$$(P - value = 0)$$

$$\hat{y}_{浙} = 18.87 + 1.45t, \quad R^2 = 0.9809$$
$$(P - value = 0)$$

其中，y 表示每万人拥有执业（助理）医师数这一变量的均值；$t = 1$，2，…，10 对应年份 2007，2008，…，2016。

上式表明，自 2007 年以后，每过一年，江苏省每万人执业（助理）医师数平均增加 1.17 人；浙江省每万人执业（助理）医师数平均增加 1.45 人。

由图 4 − 9 可知，2007～2016 年，江苏省每万人注册护士数均低于上海市和浙江省；江苏省、上海市和浙江省每万人注册护士数时间序列在 2007～2016 年的近 10 年基本呈现稳定的增长趋势，江苏和浙江两省每万人注册护士数时间序列变化趋势相似且为线性递增趋势。2016 年末江苏省每万人拥有医师数为 27.70 人，上海市为 32.73 人，浙江省为 35.50 人，该 3 个地区相比其自身 2007 年末水平，分别增长 15.40 人、6.89 人和 20.1 人，年均增长速度分别为 9.44%、2.66% 和 9.72%。

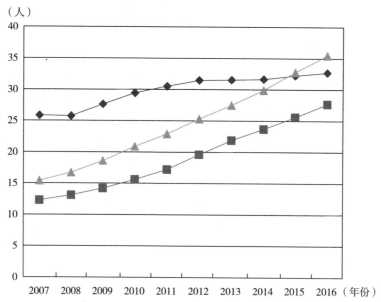

图 4 − 9 每万人注册护士数散点图

资料来源：《江苏统计年鉴》《浙江统计年鉴》《上海统计年鉴》。

从趋势上细分，上海市每万人注册护士数时间序列有两阶段特点，2012 年前的增幅较为明显，2012 后呈低速增长趋势；另外，我们可以看到，在 2015 年前，上海市每万人注册护士数每年均高于江浙两省，只是在 2015 年后才为浙江所超。在 2007 ~ 2016 年，浙江省每万人注册护士数平均增长速度最高，江苏省仅次之，仅低于浙江 0.28 个百分点。江苏在不断追赶上海且有越来越接近的态势。

可见，江苏省和浙江省每万人注册护士数随时间变化的趋势呈现明显的严格线性递增特征。对于这样的趋势特点可以拟合回归方程表示：

$$\hat{y}_{江} = 9.26 + 1.79t, \quad R^2 = 0.9849$$
$$(P - value = 0)$$

$$\hat{y}_{浙} = 12.14 + 2.26t, \quad R^2 = 0.9938$$
$$(P - value = 0)$$

其中，y 表示每万人注册护士数这一变量的均值；$t = 1$，2，…，10 对应年份 2007，2008，…，2016。

上式表明，自 2007 年以后，每过一年，江苏省每万人注册护士数平均增加 1.79 人；浙江省每万人注册护士数平均增加 2.26 人。显然浙江的年均增速高于江苏，这表明江苏追赶浙江的路程还较长。

4.3.4 江苏省三级医院卫生技术人员结构

鉴于江苏省医院种类繁多且总数较大，故本部分将以江苏省三级医院作为分析对象，主要分析江苏省三级医院数、职工人数、卫生技术人员以及其中的人员职称结构等。2007 ~ 2016 年江苏省三级医院数及其卫生技术人员数据如表 4 - 8 所示。

表 4 - 8 江苏省三级医院数及其卫生技术人员数

年份	三级医院数（所）	职工人数（人）	卫生技术人数（人）	卫生技术人员占职工人数比例（%）	其中：高级职称人数（人）	高级职称人数占卫生技术人员比例（%）	高、中、初级卫技人员比例
2007	42	50907	41640	81.80	7142	17.15	1:2.14:2.67
2008	42	54466	45422	83.40	8036	17.69	1:1.98:2.73
2009	44	59520	49725	83.54	9036	18.17	1:1.88:2.58
2010	47	63878	53632	83.96	9370	17.47	1:1.89:2.81
2011	54	70805	59882	84.57	11120	18.57	1:1.82:2.59
2012	86	107340	89151	83.05	15312	17.18	1:1.89:2.80
2013	94	125561	106981	85.20	18590	17.38	1:1.80:2.91
2014	97	131027	112696	86.01	19893	17.65	1:1.76:2.91
2015	108	154109	132442	85.94	23315	17.60	1:1.68:2.95
2016	117	169088	146411	86.59	26033	17.78	1:1.60:2.90

资料来源：《江苏卫生计生年鉴》。

由表4-8可知，2016年末江苏省三级医院总数为117所，比2007年末的42所增加了75所，年均增长速度为12.06%。在2007~2016年的近10年里，江苏省的三级医院数在2010年前每年基本在45所左右，几乎不变。2012年比2011年陡增了32所，其后数年小幅增加，幅度基本在10所左右，在2015年才超过100所。因此，2011年是江苏省三级医院调整的转折点。

为分析江苏省三级医院变化趋势的规律性，将江苏省在2007~2016年的三级医院数时间序列由散点图4-10画出。为了对未来几年江苏省三级医院数进行预测与分析，我们拟合如下回归方程：

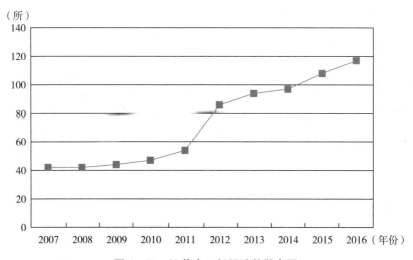

图4-10　江苏省三级医院数散点图

资料来源：《江苏卫生计生年鉴》。

$$\hat{y} = 20.60 + 9.55t, \quad R^2 = 0.9227$$

$$(P - value = 0)$$

其中，y表示江苏省三级医院数这一变量的均值；$t = 1, 2, \cdots, 10$对应年份2007，2008，$\cdots$，2016。

上式表明，2007年后，每过一年，江苏省三级医院数平均增加9.55个。如果没有大的政策变动和机构调整，上式可以用来预测未来几年江苏省三级医院数。

表4-8显示，2016年末江苏省三级医院职工人员总数为169088人，比2007年末的50907人增加了118181人，年均增长速度为14.27%。与江苏省三级医院数变动的特点类似，江苏省三级医院职工数在2011~2012年有一个超过36535人的巨大增幅，由此，江苏省三级医院职工数跃上10万人，其后逐年增加，到5年后的2016年接近17万人。

由图4-11易见，江苏省三级医院职工人员数随时间变化呈现明显的线性严格递增趋势，其趋势与江苏省三级医院数变化趋势相似。我们也拟合如下趋势估计方程：

$\hat{y} = 20662 + 14183t$，$R^2 = 0.9412$

$(P - value = 0)$

其中，y 表示江苏省三级医院职工人数这一变量的均值；$t = 1$，2，…，10 对应年份 2007，2008，…，2016。

上式表明，2007 年后，每过一年，江苏省三级医院职工人数平均增加 14183 人。如果未来几年江苏省没有大的政策变动，上式可以用来预测未来几年江苏省三级医院职工人数。

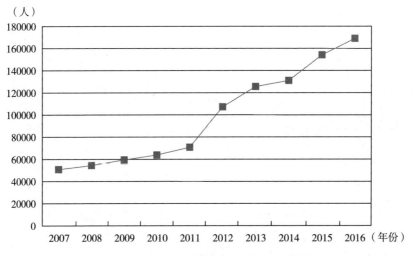

图 4 - 11   江苏省三级医院职工人数散点图

资料来源：《江苏卫生计生年鉴》。

从表 4 - 8 可见，2016 年末江苏省三级医院卫生技术人员数为 146411 人，比 2007 年末的 41640 人增加了 104771 人，年均增长速度为 14.90%。在 2007~2016 年，江苏省三级医院卫生技术人员数的变化基本可以分成两个阶段，第一阶段在 2007~2011 年，人数在 41000~60000 人变动，每年的增幅不大。在 2012 年则有一个接近 3 万的增幅。第二阶段，2013~2016 年，人数在 100000~150000 人变动。

由图 4 - 12 可知，江苏省卫生技术人员数随时间变化呈现明显的线性严格递增趋势。我们以如下的拟合回归方程表示：

$\hat{y} = 15256 + 12462t$，$R^2 = 0.9434$

$(P - value = 0)$

其中，y 表示江苏省三级医院卫生技术人员数这一变量的均值；$t = 1$，2，…，10 对应年份 2007，2008，…，2016。

上式表明，2007 年后，每过一年，江苏省三级医院卫生技术人员数平均增加 14183 人。如果没有大的政策变动和机构调整，上式可以用来预测未来几年江苏省三级医院卫生技术人员数。

由图 4 - 12 可知，江苏省三级医院卫生技术人员数占三级医院职工人数比例除个别年份外，其变化呈上升趋势。2016 年末江苏省三级医院卫生技术人员占职工人员数比例为 86.59%，比 2007 年末的 81.80% 增加了 4.79%，年均增长速度为 0.63%。由于 2012 年江苏省三级医院的大规模扩增，故在医院职工整体结构上，卫生技术人员的扩增数量远不如非卫生技术人员数量，由此导致 2012 年的卫生技术人员占比有 1.52 个百分点下滑。

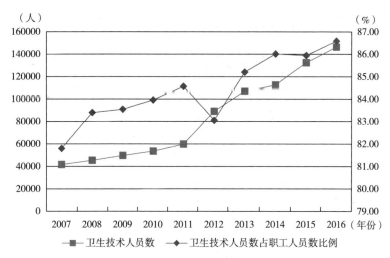

图 4 - 12 江苏省三级医院卫生技术人员数及其占职工人数比例散点图

资料来源：《江苏卫生计生年鉴》。

在 2007 ~ 2016 年的近 10 年，江苏省三级医院卫生技术人员数占三级医院职工人数比例具有明显的时段特征，在 2012 年前这一比例基本在 83% 左右，2013 年后基本在 85% 左右。

表 4 - 8 显示，2016 年末江苏省三级医院高级职称人员数为 26033 人，比 2007 年末的 7142 人增加了 18891 人，年均增长速度为 15.45%。由图 4 - 13 易见，江苏省高级职称人员数随时间变化呈现明显的线性严格递增趋势。我们以如下的拟合回归方程描述：

$$\hat{y} = 2681.1 + 2200.7t, \quad R^2 = 0.9515$$

$$(P - value = 0)$$

其中，y 表示江苏省三级医院高级职称人员数这一变量的均值；$t = 1$，2，…，10 对应年份 2007，2008，…，2016。

上式表明，2007 年后，每过一年，江苏省三级医院高级职称人员数平均增加 2200.7 人。如果没有大的职称改革政策，上式可以用来预测未来几年江苏省三级医院高级职称人员数。

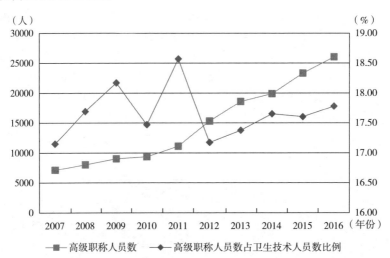

图 4 - 13　江苏省三级医院高级职称人员数及其占卫生技术人员比例散点图
资料来源：《江苏卫生计生年鉴》。

由图 4 - 13 可知，江苏省三级医院高级职称人员数占卫生技术人员数比例呈波动态势，无明显的趋势特征。除 2008 年和 2011 年外，江苏省三级医院高级职称人员数占卫生技术人员数比例基本在 17.40% 左右变动。

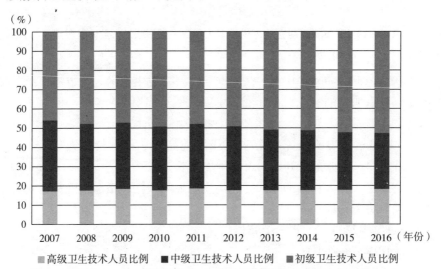

图 4 - 14　江苏省三级医院各职称卫生技术人员数占卫生技术人员数比例结构
资料来源：《江苏卫生计生年鉴》。

从江苏省三级医院卫生技术人员职称结构的整体情况来看,高级卫生技术人员数的比例在 2007~2016 年整体保持稳定的情况,仅有较小的波动;中级和初级卫生技术人员数的比例存在较大波动。初级卫生技术人员数在 2007 年末的比例为 45.96%,在近 10 年间,初级卫生技术人员数比例总体呈上升趋势,在 2016 年末比例达到 52.73%,年均增速为 1.54%;中级卫生技术人员数比例在 2007 年末为 36.83%,在 2007~2016 年,中级卫生技术人员数比例总体表现出下降态势,在 2016 年末比例为 29.09%,整体下降 7.74%,平均下降速率为 2.59%。由此可见,2007~2016 年,江苏省三级医院高级卫生技术人员数比例保持在一个稳定的水平,初级和中级卫生技术人员数比例有部分转换,中级卫生技术人员数比例有所下调,所下调的比例转化至初级卫生技术人员数比例中。

4.4 江苏省医疗人员培养现状

4.4.1 江苏省医疗人才学历教育基本概况

我国的医学教育体系以专科起点,含有以下几个不同学制教育:①3 年制高等医学专科教育(不授学位);②5 年制高等医学教育(授予临床医学学士学位);③7 年制高等医学教育(授予临床医学硕士学位);④8 年制高等医学教育(授予临床医学博士学位)。在上述 4 类学制教育中,5 年制的高等医学教育为主要形式。

医疗服务相关的专业有中医学、中药学、药学、护理学和预防医学等。相关统计数据显示,2015 年我国医药院校总数达到 192 所,比 2014 年增长 4 所;医学学科在校生人数达到 254.5 万人,相比 2014 年增长 14.3 万人,其中,专科人数增长 9.2 万人,本科人数增长 4 万人,研究生人数增长 1.1 万人。

目前,江苏省培养医学类人才的院校有:

五年制高职学校:无锡卫生高等职业技术学校、江苏省徐州医药高等职业学校、常州卫生高等职业技术学校、连云港中医药高等职业技术学校。

普通高等学校:中国药科大学、南京医科大学、南京中医药大学、南京大学、东南大学、江苏卫生健康职业学院、徐州医科大学、苏州大学、苏州卫生职业技术学院、南通大学、江苏食品药品职业技术学院、江苏护理职业学院、江苏医药职业学院、扬州大学、江苏大学。

4.4.2 江苏省医疗人才培养规模

4.4.2.1 江苏省专科/本科医疗人才培养规模

医疗服务业属于服务业的一类。作为持续不断发展的一个产业，健康服务业以人为根本，只有拥有足够的人才储备和人才资源，才可以充分利用已有资源发展高水平的健康服务业，以服务于社会公众。下面分析江苏省医学类高等教育学生数状况及其变动趋势。

由于 2013 年前后江苏省医学类本科人数变化很大，笼统地分析近 10 年的医学类人才的变化情况无太大意义。为此，我们以 2013 年后数据为分析样本。

表 4-9 显示了 2013~2016 年江苏省医学类高等教育本科和专科的毕业生数、招生数、在校生数和医学类在校生数占当年所有专业在校生人数的比例。

表 4-9 2013~2016 年江苏省专科/本科医学类普通高等教育学生人数统计

年份	本科（医学）				专科（医药卫生大类）			
	毕业生数（人）	招生数（人）	在校生数（人）	占比当年全部在校生数（%）	毕业生数（人）	招生数（人）	在校生数（人）	占比当年全部在校生数（%）
2013	45215	47884	186056	18.59%	12415	13269	34545	5.05%
2014	48069	47406	185793	18.35%	13078	14343	35978	5.24%
2015	48379	49667	186870	18.10%	13457	16542	39075	5.72%
2016	47772	52847	191402	17.91%	49575	51910	146522	21.65%

资料来源：《江苏统计年鉴》。

2013~2016 年，江苏省医学专业本科毕业生数每年均在 45000 人以上，2014 年后每年均在 47000 人以上，仅有小幅变动。招生人数在 2013~2016 年的 4 年里，均在 47000 人以上，但 2014 年后招生人数增幅明显，2015 年和 2016 年与 2014 年相比分别增长了 4.77% 和 11.48%。这在某种程度上反映了健康服务业的发展对医学类人才需求的增长趋势。从江苏省本科医学类在校人数和当年所有专业在校人数的比值来看，这一比例似有下降趋势，这一现象可能的解释是医学类本科专业人数的增速要低于某些所谓的热门专业就读人数的增速。据报道，现在不少优秀的考生在大学专业选择上往往偏向于高收入期望的专业。要大力发展大健康这样的朝阳产业，需要大量的高层次人才。因此，需要政府和社会的积极引导。

对于专科学生数，江苏省医学卫生大类 2016 年毕业生和招生人数均在 5 万人左右，在校学生接近 15 万人。在校生人数占比当前所有专业在校生人数接近

22%。也即江苏的专科学生中，有超过两成的学生为医学卫生大类的学生。这是江苏健康服务业的重要力量。

综上所述，江苏有将近两成的大学生在接受医学类高等教育。

4.4.2.2 江苏省硕士/博士研究生医学人才培养发展规模

表4-10～表4-11的数据是在江苏省医学类高等院校研究生院网站中查找后整理得到。

表4-10 江苏省医学类高等院校、医学类硕士研究生招生指标数统计 单位：人

高校名称	2016年	2017年	2018年
中国药科大学	653	1045	1277
南京医科大学	1300	1300	1400
南京中医药大学	640	655	789
徐州医科大学	558	626	684
南京大学	115	115	155
东南大学	—	—	84
苏州大学	962	1074	1057
南通大学	363	381	389
扬州大学	256	275	348
江苏大学	205	259	267
合计	—	—	6450

资料来源：由江苏省各大培养医学类高等人才的院校研究生院网站整理。

表4-11 江苏省医学类高等院校、医学类博士研究生
招生指标数统计 单位：人

高校名称	2016年	2017年	2018年
中国药科大学	323	319	334
南京医科大学	130	140	150
南京中医药大学	—	109	109
徐州医科大学	13	17	21
南京大学	48	48	90
东南大学	—	—	50
苏州大学	120	128	142

续表

高校名称	2016 年	2017 年	2018 年
南通大学	12	16	19
扬州大学	28	34	43
江苏大学	22	20	14
合计	—	—	972

注：①部分院校的博士研究生指标数据为总计划数或是非全日制招生人数；②扬州大学开设兽医专业，在大类中归属于医学类。

资料来源：由江苏省各大培养医学类高等人才的院校研究生院网站整理。

发展健康服务业，高端医疗人才不可或缺。江苏有培养研究生资格的学校有10所，其中"985"学校两所，分别为南京大学和东南大学，尽管它们不是专门的医学院校，但都设置了医学院，且都有自己的教学医院。东南大学医学院的前身本就是独立的医学院。两所"985"高校的医院院校有较强的实力，均具有培养博士生的资格。在其余的8院校中，有4所是专门的医学类高校，其中，中国药科大学和南京中医药大学还进入了国家双一流建设高校行列，且中国药科大学为"211"高校。另外4所非医学类院校，实际上，都有独立的医学院校并入而设置的医学院。其中，苏州大学为"211"高校。

由表4-10可知，2018年江苏省10所高校医学类硕士研究生招生总数为6450人，其中，4所医学类高校招生人数为4150人。6所非医学类高校医学类硕士招生人数占全部招生人数的比例为35.66%。由此表明江苏省非医学类高校在医学类学科的实力。实际上，6所非医学类高校的医学专业各有特色且有较强的竞争力。

另外，我们还可以看到，近年江苏省医学类高等院校医学类硕士研究生招生均有小幅增加的趋势，对于仅设医学院的非医学类高等院校，除了扬州大学外，其余5所高校2018年硕士研究生的招生人数与2017年的招生人数相比增长的比例均小于医学类院校。在6所非医学类高校中，其中2所"985"和1所"211"高校的硕士研究生招生规模似是相对稳定。

表4-11显示，2018年江苏省10所高校共招收医学类博士研究生972人，其中4所医学类高校2018年共招收614人。由于徐州医科大学和南通大学医学类博士点授权较晚，故招生人数较少。在非医学类的6所高校中，苏州大学的招生规模最大。

博士是学历教育中的最高层次，是医学类高级人才的重要来源。在2018年，江苏省共招收7422名研究生，其中，博士研究生占比13.10%。

4.5 江苏省医疗人才培养存在的问题

医疗服务是服务类产品中的一类，它保障人的健康。人才培养作为医疗服务的基础支撑，为医疗服务的进一步发展和医疗体制建设提供了充足动力。伴随着我国经济发展进入了新常态，经济增速有所放缓，医疗服务方面的增速同时也会有着相应的变化，由原先的高速增长转变为高质量发展阶段。在中共十九大中，习总书记提出了"实施健康中国战略"的新论断，要求加强基层医疗卫生服务体系和全科医生队伍建设，深化医药卫生体制改革，全面建立中国特色基础本医疗卫生制度、医疗保障制度和优质高效的医疗卫生服务体系，健全现代医院管理制度。基于江苏省医疗人才的现有规模和医疗人才培养情况，我们认为江苏省医疗人才队伍建设尚存在一些问题。

4.5.1 江苏省医疗人才规模过小

江苏省人口基数较大，医疗人才培养相对滞后。由此，自然面临着医疗人才规模和人口规模之间的矛盾。江苏省卫生机构的医疗人才统计指标大致可分为每万人卫生技术人员数、每万人执业（助理）医师数、每万人注册护士数。将江苏省这些指标与国内医疗发展较为成熟的上海市和浙江省相对比，可以看到：2007～2016 年的这三类统计指标，江苏省均处于劣势。浙江省每万人卫生技术人员每年均领先江苏省 10～20 不等数值。江苏省每万人拥有执业（助理）医师数在 2007～2016 年的 10 年间均落后于上海市与浙江省，虽和上海市差距逐渐缩减，但与浙江省相比依旧差距较大。江苏省每万人注册护士数和每万人卫生技术人员情况大致相同，每年均低于上海市和浙江省较大数值。

由此可见，江苏省现有医疗人才规模过小，就目前情况来看难以支撑江苏省在医疗卫生方面的体制改革和长远建设。

4.5.2 江苏省医疗人才培养院校地区分布不均匀

从江苏省培养医学人才的院校分布情况来看，江苏省医学类五年制高职学校全部位于在苏北和苏南，两个区域各有 2 所。江苏省医学类普通高等学校主要分布在苏南和苏北地区，分别为 9 所和 4 所，而苏中地区仅有 2 所。

数据显示，江苏省医疗人才培养院校在江苏省存在地区分布不平衡的情况。受到众多历史因素的影响，各类医疗人才在地区上也存在分布不平衡状况。

4.5.3 江苏省医学院校数不足

相关数据表明，截至 2017 年，全国普通高等院校共有 2914 所，全国医学类普通高等院校共有 163 所。全国医学类普通高等院校数占全国普通高等院校比例为 5.59%。江苏省普通高等院校有 167 所，江苏省医学类普通高等院校数仅有 15 所。江苏省医学类普通高等院校数占江苏省普通高等院校数的比例为 8.98%。虽然从比例上来看，江苏省医学类普通高等院校数占比高于全国平均水平，但就江苏省人均医学类高等教育招生人数指标来说，还存在数量不足的问题，详见图4-15。下面将从医学类普通高等院校每万人口招生人数指标进行分析。

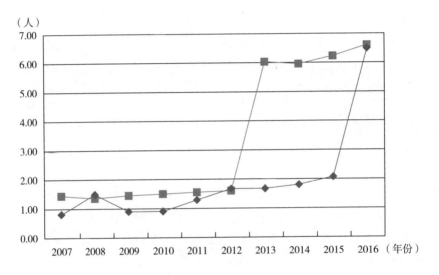

图4-15 江苏省医学类普通高等院校每万人口招生人数趋势

在 2007 年，江苏省每万人口的本科招生人数为 1.45 人，在经过 9 年的发展，2016 年该指标达到 6.61 人，累计增加 5.16 人，平均增长速率 18.36%。其中，2007~2012 年，该指标保持在 1.4~1.6 范围；在 2013 年扩大招生规模，该指标从 1.6 人激增至 6.03 人，增长量为 4.43 人，增幅 276.88%；2014~2016 年平稳增长，年均增长速度为 5.31%。对比每万人本科招生人数，每万人专科招生人数总体呈现低水平状态。在 2007~2015 年，专科招生人数总体上低于本科招生人数。在 2007~2015 年，累计增长 1.25 人，年均增长速度 12.27%。在 2016 年扩招的情况下，该指标仍大幅增长，增量为 4.42 人，增幅 213.53%。

截至 2016 年，每万人口的本专科招生数之和仅为 13.10 人。将这一指标与江苏省每万人口卫生技术人员数和每万人医师数进行对比，该指标是每万人口卫生技术人员和每万人口医师数之和的 14.52%。从长远来看，该结果或许可以勉强接受。但面对现实情况，江苏省现有的卫生技术人员和医师数还不能满足实际需求。因此，江苏省高等院校在医学类人才培养方面任重而道远。

4.5.4　校、院合作不够紧密

目前高校医学类人才培养，大多还停留在师资教学和实习的过程中，且缺乏校、院之间的深度结合和协同。尽管存在少量的合作经历，但在结合过程中双方均以自身利益为首要考量，缺乏资源和利益共享机制。这就要求高等院校在培养医药类人才过程中，不断探索创新教育教学过程，"师徒式"的培养模式可以在实践中尝试。无论如何，医疗机构和社会的需求和高等院校的供给应科学合理结合，需要在供给侧和需求侧寻找一种"均衡"。

第5章　江苏省体育健身服务发展现状

5.1　问题的提出

著名的马斯洛理论可以很好地诠释当下人们对生活路径的选择问题。当人们的物质越来越丰富、生活水平不断提高之时，他们需要什么？需要的是高质量的生活。高质量的生活包含哪些内容，仁者见仁，智者见智，但至少健康应该成为首要关注的问题。生活品质的提高，健康是基础。我们周围有越来越多的人加入体育健身的行列中，甚至有许多年轻人。人们不仅在体育健身运动中获取健康营养，更在体育健身活动中得以身心愉悦。因此，大众体育和全民健身得以兴起。体育健身服务作为健康服务业的重要组成部分，迎来了发展的黄金期。

党的十八大以来，党和国家十分重视我国体育事业的发展。习近平总书记多次就体育工作发表重要讲话，提出明确要求，深刻阐述了体育强国建设的战略定位、方针、目标、思路和举措；"体育强中国强，推动我国体育事业不断发展是中华民族伟大复兴事业的重要组成部分"；"发展体育运动，增强人民体质，是我国体育工作的根本方针和任务"；"要分类指导，从娃娃抓起，扎扎实实提高竞技体育水平，持之以恒开展群众体育，不断由体育大国向体育强国迈进"；"要广泛开展全民健身运动，促进群众体育和竞技体育全面发展"，"推动全民健身和全民健康深度融合"。

"十二五"时期以来，江苏省政府将建设体育强国这一国家战略作为重点任务，对江苏省体育健身服务体系的建设给予了充分重视。早在2014年，江苏省发布的《省政府关于加快健康服务业发展的实施意见》（苏政发〔2014〕76号）中就明确指出支持发展多样化健康服务，其中就包括发展体育健身服务。2017年江苏省政府发布《省政府办公厅关于加快发展健身休闲产业的实施意见》（苏政办发〔2017〕74号），指出江苏省体育健身服务的发展目标，即到2020年，基本建立结构合理、内涵丰富、功能完善、服务便捷、竞争力强的健身休闲产业体系，形成健身休闲产业供给侧和需求侧协同发展的格局，健身休闲产业总规模达到 3000 亿元，约占体育产业总规模的 60%；到 2025 年，健身休闲产业总规模达到 4500 亿元。

　　江苏省人口基数大，老龄化程度较为严重，居民医疗费用有不断增长的趋势。通过发展体育事业，积极开展大众体育和全民健身活动，促使每一个居民积极、自觉地投入到体育运动中，可以有效地缓解医疗费用的增长态势，提高全民身体素质。经过数年的发展，江苏省体育健身服务体系建设取得了长足进步，在全国范围内率先创建了公共体育服务示范区。居民体质水平不断提高，截至 2014 年末，江苏省居民达到《国民体质测定标准》合格以上人数比例，即总体达标率为 92.1%，较全国平均水平高 2.5%，位居全国前列；江苏省常年坚持健身人口逐年增加，参加体育锻炼人数占锻炼总人数比例达 35%。

　　本章将系统分析江苏省公共体育服务体系的建设情况，以及作为公共体育服务建设有力支撑的体育彩票业发展状况。

5.2　公共体育服务体系建设

　　2014 年发布的《国务院关于加快发展体育产业促进体育消费的若干意见》中，明确将全民健身上升为国家战略，并把公共体育服务基本覆盖全民作为发展目标之一。2015 年江苏省也随即发布《省政府关于加快发展体育产业促进体育消费的若干意见》，明确了江苏省体育产业的发展目标，即到 2025 年，基本建立结构合理、门类齐全、功能完善、竞争力强的体育产业体系，其中包括群众体育健身意识显著增强，经常参加体育锻炼的人数达到 3500 万，约占总人数的 42%。

　　群众体育健身意识的提高，全民健身事业的发展需要完善的公共体育服务体系支撑。公共体育服务体系是由政府部门主导，社会组织参与，旨在满足公民体育需求，提供有效体育公共产品及服务的一系列制度规范所形成的有机系统，是实现政府公共体育服务职能的有效载体，是公共服务体系的重要组成部分。在建设"健康中国"的大背景下，有效满足居民日益多元的体育健身需求，让居民共享运动快乐和健康福利，是当前公共体育服务体系建设的重中之重。

5.2.1　体育场地建设及运营

5.2.1.1　体育场地建设情况

　　体育场地是满足人们运动需求的场所，主要分为在室外进行比赛训练的体育场和在室内进行比赛训练的体育馆。体育场地的建立使人们能够普遍享有公共体育服务，从而不断丰富人们的日常生活，提高人们的生活质量。社会公共服务的体现，体育文化的传播和发扬，都需要体育场地的支持。表 5 - 1 为第六次全国体育场地普查数据。可以看到，截至 2013 年末，江苏省共有 123994 个体育场地，在全国仅次于广东省和浙江省，位居全国第三。其中，室内体育场地 27960 个，室外体育场 96034 个，总用地面积 51546.43 万平方米，总建筑面积 1542 万平方米，总场地面积 15934.87 万平方米。

由表 5 - 1 可见，在华东 4 省 1 市中，体育场地数江苏略少于浙江而显著多于其他 3 省市。其中，室内场地数江苏居 5 省市之首。另外，在场地面积、建筑面积和用地面积等指标上江苏均居华东 5 省市之冠。

表 5 - 1　江苏省及其周边省市体育场地数据

体育场地状况	上海市	江苏省	浙江省	安徽省	山东省
场地数（个）	38505	123994	124944	53189	101165
室内体育场地数（个）	12513	27960	23823	4209	4570
室外体育场地数（个）	25992	96034	101121	48980	96595
场地面积（万平方米）	4155.69	15934.87	8123.47	6931.46	17285.30
建筑面积（万平方米）	629.64	1542.00	1453.79	392.88	1807.44
用地面积（万平方米）	6783.65	51546.43	11429.36	9268.73	51476.96

资料来源：第六次全国体育场地普查数据。

场地面积是一个比场地数量更能说明体育健身资源供给的指标。因此，在场地和空间资源的供给上，江苏省明显优于参与比较的其他 4 省市。

图 5 - 1 显示，截至 2013 年末，江苏省人均体育场地面积为 2.01 平方米，在长三角地区处于领先地位。而且高出全国平均水平 0.55 平方米。

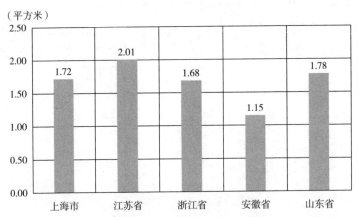

图 5 - 1　江苏省及其周边省市人均体育场地面积数据（2013 年）
资料来源：第六次全国体育场地普查数据。

从体育场地投资金额来看，如表 5－2 所示，截至 2013 年末，江苏省体育场地投资总金额达到了 8698270 万元，仅次于山东省的 9747082 万元，在长三角地区位于领先地位。如图 5－2 所示，在江苏省体育场地投资的构成方面，政府拨款 5988606 万元，占投资总额的 68.85%；单位自筹金额为 2449610 万元，占投资总额的 28.16%；社会捐赠金额为 43015 万元，占投资总额的 0.49%；其他投资金额为 217039 万元，占投资总额的 2.50%。

表 5－2　江苏省及其周边省市体育场地建设投资额数据　　单位：万元

地区	合计	财政拨款	单位自筹	社会捐赠	其他
上海市	4008980	2395740	1446853	7419	158968
江苏省	8698270	5988606	2449610	43015	217039
浙江省	4620744	2790540	1676185	34458	119561
安徽省	1783257	1157823	587423	10641	27370
山东省	9747082	6154904	1482481	924706	1184991

资料来源：第六次全国体育场地普查数据。

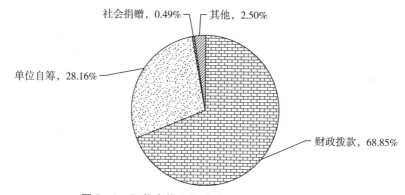

图 5－2　江苏省体育场地建设投资金额构成情况
资料来源：第六次全国体育场地普查数据。

从图 5－2 可以看出，江苏省体育场地投资结构主要以财政拨款为主，单位自筹为辅，社会捐赠和其他资金对体育场地投资份额较小。江苏省体育场地建设出现以财政拨款和单位自筹为主的投资结构，其主要原因是我国现行体制决定的体育场地投资结构。从第六次全国体育场地普查数据可知，我国体育场地 94.38% 为中央、省市、街道、居委会等政府部门所有，体育场地的国有性质导致体育投资以政府拨款和单位自筹为主。此外，体育场地具有公益性质，由政府主导投资体现了政府在公共体育服务供给方面的主导作用。

由表 5－2 可知，在体育场地建设的投资结构方面，江苏的政府拨款占比投资总额最大，接近 69%，上海则不到 60%；单位自筹资金占投资总额的比例浙江和上海均超过 36%，江苏则不到 29%，山东最低略超 15%；社会捐赠占比投资总额山东最高接近 9.5%，其余 4 省市均在 1% 以下，上海最低不到 0.2%。因此，在体育场地的建设投资支持上，江苏的政府支持力度最大。在民营经济发达的浙江，自筹资金建设体育场地的力度要明显高于江苏。另外，江苏的社会捐赠份额也很小。这些信息也折射了不同省市社会经济发展环境和结构的差异。

5.2.1.2 健身步道建设情况

健身步道是指在公园、体育场馆等公共场合设置的，供人们进行行走、跑步和自行车骑行等体育活动的专门道路。2012 年国家发改委发布的《关于印发"十二五"公共体育设施建设规划的通知》（发改社会〔2012〕2377 号）就明确指出公共体育设施应符合城市规划和体育设施布局要求，实现社会效益、经济效益和环境效益的统一；户外设施宜充分保护和利用公园、绿地、水域（江、河、湖、海）、山川和广场等自然地形和地质条件，减少建设投资；应科学制定城市与社区生态建设发展相适应的全民健身场地设施规划，合理布局体育活动区域，坚持小型、多样、便民。健身步道正是这样的一种户外设施，是集绿色、生态、休闲和健身等功能于一体，与城市绿色开敞空间和慢行交通系统紧密结合，方便群众使用的户外休闲健身空间。

2013 年，江苏省政府就将建设健身步道列入江苏省十大民生工程之一。近年来，江苏省健身步道里程数逐年增长，如图 5–3 所示。江苏省健身步道里程数从 2012 年的 4045 千米增长到 2016 年的 8043 千米，年均增长率为 18.75%。其中，2015 年江苏省各市新增健身步道 501 条，新增配套设施 5767 件，投入总经费 16178 万元；2016 年江苏省新增步道 455 条，新增配套设施 4635 件，投入总经费 5439.64 万元。

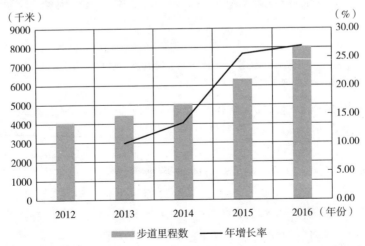

图 5–3　2012～2016 年江苏省健身步道里程数及增长率

资料来源：《江苏年鉴》。

5.2.1.3　体育场馆管理情况

体育场馆不仅是人们进行健身活动的场所和竞技体育训练及比赛的场地，还是一种重要的社会资源，是一个地区社会和经济发展的重要标志。长期以来，政府对体育场馆一般采用直接管理的方式。随着体育场馆数量的不断增多，管理不善、经费不足、利用率不高和设备老化等问题越发严重。要解决这种资源管理不善的问题，政府积极开展体育场馆管理体制改革，建立与完善体育场馆的经营管理制度，从而提高和强化体育场馆的社会化服务功能。

目前，体育场馆运营模式主要分为全额预算管理、差额预算管理、承包和租赁以及现代化企业管理。其中，承包和租赁管理模式有利于调动经营积极性，能够实现由行政管理向企业经营管理的转变。更进一步地，现代企业化管理是将体育场馆由事业单位改为企业，国有产权改为多元化产权，按照现代企业模式经营管理公共体育场馆。

江苏省政府积极开展公共体育场馆运营管理改革。由表 5 - 3 可知，截至2017 年末，江苏省共有 248 个体育场馆经营管理企业。其中，苏南地区 143 个，占总数的 57.66%，苏中地区 44 个，占总数的 17.74%；苏北地区 61 个，占总数的 24.60%。按企业的性质来看，国有及集体企业 77 个，占总数的 31.05%；私营企业 136 个，占总数的 54.84%；其他企业 35 个，占总数的 14.11%。

表 5 - 3　江苏省各地区体育场馆服务企业数　　　　　　单位：个

	南京市	无锡市	徐州市	常州市	苏州市	南通市	连云港市
体育场馆服务企业数	28	44	16	18	41	17	13

	淮安市	盐城市	扬州市	镇江市	泰州市	宿迁市	
体育场馆服务企业数	13	13	16	12	11	6	

资料来源：中国客户网公布的《江苏省体育场馆名录》（2018 年版）。

5.2.1.4　体育小镇建设

体育健康特色小镇是以体育健康为主题和特色，体育、健康、旅游、休闲、养老、文化和宜居等多种功能叠加的空间区域和发展平台。它可以是体育健身服务、户外运动休闲、体育赛事活动、体育特色培训、体育用品制造和体育与健康、旅游、养老、文化、商贸、科技和互联网等相融合的产业领域中的一个或多个特色建设方向的集合。

《国家发展"十三五"规划纲要》明确提出了要加快小城镇的发展，"因地制宜发展特色鲜明、产城融合、充满魅力的小城镇"。2016 年 7 月，国家发改委、财政部、住房建设部 3 部委共同下发了《关于开展特色小镇培育工作的通知》，提出到 2020 年力争打造 1000 个具有示范效应、特色明显的小镇。2017 年，特色小镇第一次写进了政府工作报告，特色小镇成为我国的国家发展战略。由此，体育小镇在中国的发展从探索迈向了成长的关键阶段。

在 2016 年 10 月 27 日举行的江苏省体育产业大会上，首批 8 家体育健康特色小镇正式面世。到 2017 年 12 月，全省共确定了两批计 14 个体育健康特色小镇。14 个特色小镇既包括建制镇，也包括旅游度假区和生态园区等，载体类型多样；14 个特色小镇的主导产业既包括健身休闲、竞赛表演等体育本体产业，也包括用品制造和销售等相关产业，以及体育旅游等新兴产业，业态门类丰富；14 个小镇的投资类型既包括整体管理、分项招商的方式，也包括整体采用政府与社会资本合作的 PPP 模式，引资方式多元化；14 个小镇既包括投资项目到位较好、特色发展成果呈现比较完整的成果型小镇，也包括规划定位起点高、未来发展空间大的创建型小镇，其发展阶段各异。截至 2017 年 12 月，14 个小镇体育项目累计投资总额超过 350 亿元，镇均投资强度达到 25 亿元，共建后新增体育项目投资 150 亿元，镇均达到 10.7 亿元，已经呈现出发展速度快、特色显示强、规模效益好的良好发展态势。在 2017 年的江苏体育产业大会上，江苏省体育产业研究院副院长刘力博士，代表省体育局和省体研院首次正式发布了《江苏省体育健康特色小镇评估及认证标准》和《江苏省体育服务综合体评估及认证标准》。这两项标准对于建设中和筹划中的体育特色小镇和体育综合体的发展方向、投资与运营结构、产业组合层次、设施建设水平都有重大的指导与提升作用：对于体育特色项目的建设路径是定向指南；对于产业方向的选择与产业生态完善是条理化引领；对于运营管理模式创新是启发指导。江苏省的体育健康特色小镇的发展将实现标准、高速和具有江苏特色的目标。这有益于促进江苏省体育产业的转型，拉动内需，引领新时代下体育文化的新潮流。表 5-4 是目前 14 个体育健康特色小镇名录。

表 5-4　江苏省体育健康特色小镇

序号	名称
1	江阴市新桥镇
2	南京汤山温泉旅游度假区
3	淮安市淮安区施河镇
4	仪征市枣林湾生态园
5	溧阳市上兴镇
6	南京市高淳区桠溪镇
7	宿迁市湖滨新区晓店镇
8	昆山市锦溪镇

续表

序号	名称
9	太仓电竞小镇
10	张家港凤凰足球小镇
11	南京老山有氧运动小镇
12	贾汪时尚运动小镇
13	武进太湖湾体育休闲小镇
14	扬中极限运动小镇

近年来，江苏省发布了很多关于建设江苏体育健康特色小镇的政策文件，对于其建设的财政投入也逐步加大。可以预见，在不久的将来江苏会有更多的体育特色小镇出现。这对于宣传体育文化，拉动地方经济增长，加快实现江苏特色体育产业建设都会产生积极影响。

5.2.1.5　体育公园建设

体育公园是以健身休闲为主题，以生态人文资源和运动设施为载体，融运动健身、体育竞技、健康养生和休闲旅游等多种服务功能于一体的复合型场所。党的十九大报告指出，我国社会主要矛盾已经转化为人民日益增长的美好生活需要和不平衡、不充分的发展之间的矛盾。建设体育公园能让人们在优美的环境中享受美好体育健身服务，增强群众获得感和幸福感。"五大发展理念"是实现我国"十三五"既定发展目标，破解发展难题，厚植发展优势的理论指南。建设体育公园是体育事业创新、协调、绿色、开放和共享的重要发展举措。全民健身已经上升为国家战略。建设体育公园是党委政府和体育部门践行"两聚一高"新实践，推动"强富美高"新江苏建设，把体育融入经济社会发展大局，纳入城乡治理、公共服务等的落实措施。

近年来，江苏省各地建成覆盖城乡的各级各类体育公园1300多个，其中有一定规模、功能相对齐全的体育公园525个；小型社区体育公园800余个。这些建设成果完善了公共体育服务体系，提升了城乡治理水平和精神文明面貌，为"两聚一高"新实践和"强富美高"新江苏建设做出了积极贡献。

5.2.2　社会体育指导员培养情况

2011年，在国家体育总局发布的《社会体育指导员管理办法》中，对社会体育指导员的定义做出了明确界定，即社会体育指导员是指不以收取报酬为目的，向公众提供传授健身技能、组织健身活动和宣传科学健身知识等全民健身志愿服务，并获得技术等级称号的人员。并规定了社会体育指导员的技术等级称号，分为三级社会体育指导员、二级社会体育指导员、一级社会体育指导员和国家级社会体育指导员。

作为全民健身的宣传者、科学健身的指导者、群众体育活动的组织者、体育场地设施的维护者和健康生活方式的引领者，社会体育指导员进行科学健身指导的基础是：丰富的体育健身理论知识、精湛的技术技能水平及较强的社会服务意识。在全民健身的大背景下，社会体育指导员的发展迎来了许多机遇，在全民体育服务中发挥着越来越重要的作用。近年来，江苏省不断重视和加强社会体育指导员的培养，如图5-4所示，全省社会体育指导员人数逐年增加，从2011年的149643人增加至2016年的266280人，年均增长速度达到12.22%。

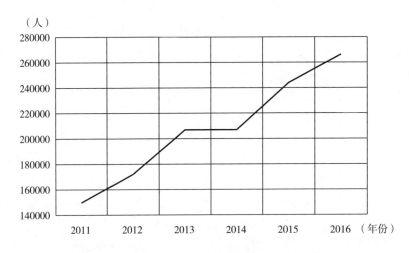

图5-4 江苏省历年社会体育指导员人数变化情况

资料来源：《江苏年鉴》。

由表5-5可知，截至2016年末，江苏省共有社会体育指导员266280人，其中国家级社会指导员2157人，占总数的0.81%；一级社会体育指导员12480人，占总数的4.69%；二级社会体育指导员76038人，占总数的28.56%；三级社会体育指导员175605人，占总数的65.95%。全省每万人口社会体育指导数为33.38人，其中苏南地区每万人口社会体育指导人数为32.94人，苏中地区每万人口社会体育指导人数为32.22人，苏北地区每万人口社会体育指导人数为34.50人。

在江苏省13个省辖市中，社会体育指导员人数超过3万的有苏州和徐州两市；在2.5万左右的有南京、南通和盐城3市；其余8个城市的社会体育指导员人数均低于2万，淮安市、扬州市和宿迁市则低于1.5万。

表 5 - 5　2016 年末江苏省各地区各级社会体育指导员数量情况　　单位：人

地区	国家级社会体育指导员	一级社会体育指导员	二级社会体育指导员	三级社会体育指导员	指导员总数
南京市	240	1226	5387	20383	27236
无锡市	129	939	5247	12051	18366
徐州市	204	621	6963	24220	32008
常州市	171	614	3313	12492	16590
苏州市	200	746	8448	23062	32456
南通市	85	679	6131	17350	24245
连云港市	177	2151	5506	9586	17420
淮安市	147	1210	4137	8750	14244
盐城市	187	1542	9722	14576	26027
扬州市	193	779	4693	7335	13000
镇江市	215	660	6040	7937	14852
泰州市	135	645	4816	10097	15693
宿迁市	74	668	5635	7766	14143
全省合计	2157	12480	76038	175605	266280

资料来源：《江苏年鉴》。

5.2.3　全民健身组织网络建设

2016 年末，江苏省政府发布的《省政府关于印发江苏省全民健身实施计划（2016～2020 年）的通知》（苏政发〔2016〕163 号）明确指出江苏省全民健身目标，即到 2020 年，全民健身公共服务能力和均等化程度显著提高，人民群众健康素质保持在全国前列，全民健身事业在高水平全面建成小康社会和"强富美高"新江苏建设中的功能更加凸显，并指出要加强与合理配置体育设施建设，推动"10 分钟体育健身圈"向城乡一体化发展

"10 分钟体育健身圈"是指在市、县（市）主城区，居民以正常速度步行 10 分钟左右（直线距离 800～1000 米）的范围内，就有一处可供开展健身活动的场馆、场地或设施，同时居民还能够获得健身指导、健身知识和健身咨询等服务。早在 2013 年，江苏省就率先提出"10 分钟健身圈"的概念。截至 2016 年末，江苏省县级以上城市社区全部建成"10 分钟体育健身圈"，绝大多数乡镇（街道）建有全民健身活动中心，行政村体育设施实现全覆盖并不断提档升级。此外，江苏省各设区市基本建成功能齐全的体育中心和 5000 平方米以上的全民

健身中心，县（市、区）基本建成"新四个一工程"，即建成含 1 个塑胶跑道标准田径场、1 个 3000 座席的体育馆、1 个游泳馆或标准室内游泳池、1 个 3000 平方米以上的全民健身中心。可见，江苏省全民健身组织网络基本建成并日臻完善。

为了鼓励居民参与到全民健身的活动中，同时促进体育消费，推动体育产业的发展，江苏省体育局发布了《2016 年江苏省体育消费券发放方案》，在省级体彩公益金中安排 5000 万元体育消费券专项预算，以市为单位，根据各市常住人口数量按比例分配和发放体育消费券。在江苏省体育消费券政策的推动下，全省市县积极响应，安排资金，发放市县级体育消费券。例如，南京市每年发放 1000万元体育消费券，其首批定点场所如表 5－6 所示。

表 5－6　南京市首批体育消费券定点场所

序号	场所名称	地址
1	南京市五台山体育中心	南京市广州路 173 号
2	南京市奥体中心	南京市建邺区江东中路 222 号
3	南京市全民健身中心	南京市中山东路 145 号
4	南京市龙江体育馆英派斯健身	南京市龙园西路 58 号黄河大厦 3 楼
5	台城健身中心	玄武区北京东路 51 号台城健身中心
6	玄武区体育活动中心游泳馆	南京市月苑南路 8 号
7	玄武区体育活动中心健身馆	南京市月苑南路 8 号
8	动享运动中心南京玄武馆	南京市月苑南路 8 号
9	秦淮区全民健身中心蓝海游泳馆	秦淮区平江府路 162 号
10	秦淮区全民健身中心杨阳羽毛球馆	秦淮区平江府路 162 号
11	月牙湖体育中心游泳馆	苜蓿园大街 69－2 号
12	月牙湖体育中心羊羽羽毛球馆	苜蓿园大街 69－2 号
13	南京伽美游泳馆	南京市建邺区积贤街 1 号
14	南京博力健身有限公司	建邺区恒山路 126 号西堤坊
15	南京奥体容诚誉达击剑运动中心	建邺区江东中路 222 号奥体中心体育场 32 号柱旁
16	鼓楼区社区体育中心	山西路 88 号
17	鼓楼区羽毛球中心	热河南路 37 号
18	清江西苑健身中心	江东北路 428 号
19	明尊健身—中商万豪健身中心	中山北路 215 号中商万豪三楼

续表

序号	场所名称	地址
20	栖霞区全民健身中心	栖霞区尧辰路新城路交叉口
21	亚东俱乐部	栖霞区仙隐北路 19 号
22	雨花台区体育中心网球馆	雨花台区雨花大道 8 号
23	板桥新城金地体育公园	雨花台区板桥新城新湖大道西侧
24	江宁全民健身中心奇迹健身	江宁区金箔路 518 号
25	江宁区卓越乒乓球俱乐部	江宁区天印达到 1369 号广博苑小区
26	江宁区风尚球馆	江宁区庄排路 157 号 4 幢
27	浩洲游泳健身俱乐部	南京市浦口区江浦街道雨合北路 11 号
28	六合体育馆	南京市六合区雄州街道延安路 80 号
29	六合馆游泳	南京市六合区雄州街道延安路 80 号
30	溧水区恒强羽毛球健身中心	溧水区体育公园
31	溧水区体育中心	溧水区体育公园
32	高淳区全民健身中心游泳馆	淳溪街道丹阳湖北路 17 号
33	高淳区体育中心	南塘双高路 9 号

资料来源：南京市全民健身服务网。

5.3　江苏省体育彩票业发展状况

5.3.1　江苏省体育彩票销售额的发展趋势

中国体育彩票是国务院批准在全国发行的合法彩票，募集资金主要用于发展体育事业和促进全民健身运动，是一项取之于民、用之于民的社会公益事业。彩票的销售收入资金分成三部分：彩票奖金、彩票发行费和彩票公益金。彩票资金构成比例由国务院决定。彩票奖金用于支付彩票中奖者；彩票发行费专项用于彩票发行机构、彩票销售机构的业务费用支出以及彩票代销者的销售费用支出；彩票公益金专项用于社会福利、体育等社会公益事业。根据国家财政部发布的《彩票公益金管理办法》，彩票公益金按 50∶50 的比例在中央与地方之间分配，上缴中央财政的彩票公益金，用于补充全国社会保障基金、社会福利事业、体育事业和国务院批准的其他社会公益事业。所以，每个地区的体育彩票公益金事实上还可以支援全国其他地区的社会公益事业建设。

自江苏省发行体育彩票以来，体育彩票公益金为江苏省的公共体育服务建设和竞技体育综合实力提升提供了有力保障。无疑，体育彩票有力地促进了体育事业的健康发展。

表5-7 的数据根据国家财政部公布的《全国彩票销售情况》，江苏省体育局公布的《江苏省体育彩票公益金收支情况》以及江苏省体育彩票管理中心公布的《中国体育彩票（江苏地区）2017 年社会责任报告》计算整理而来。便于表述，以下体育彩票都称为体彩。

表5-7 2008～2017 年江苏省体育彩票销售情况

年份	江苏省体彩销售额（亿元）	江苏省体彩公益金（亿元）	江苏省体彩公益金占江苏省体彩销售额比例（%）	全国体彩总销售额（亿元）	江苏省体彩销售额占全国体彩销售额比例（%）	江苏体彩销售额在全国的排名
2008	50.04	15.9	31.8%	456.15	11.0%	1
2009	68.42	20.28	29.6%	568.73	12.0%	1
2010	93.41	25.56	27.4%	694.46	13.5%	1
2011	141.73	39.46	27.8%	937.85	15.1%	1
2012	161.83	44.25	27.3%	1104.92	14.6%	1
2013	155.78	42.23	27.1%	1327.97	11.7%	1
2014	178.93	46.16	25.8%	1764.10	10.1%	1
2015	169.82	44.15	26.0%	1663.73	10.2%	1
2016	178.73	47.75	26.7%	1881.50	9.5%	2
2017	201.30	51.9	25.8%	2096.92	9.6%	1
总增长量	151.26	36.00	-6.0%	1640.77	-1.4%	—
平均增长速度	16.73%	14.05%	-2.30%	18.47%	-1.50%	—

从表5-7 可以看出，2008～2017 年，江苏省体育彩票销售额在全国的排名除2016 年为第二，其余年份均是第一。先来看2007～2017 年全国体彩销售额与江苏省体彩销售额占全国体彩销售额比例情况。为直观起见，将表5-7 数据做成图5-5。2007～2017 年，全国的体彩销售额呈明显的线性递增趋势，为了分析全国体彩销售额的变化规律，我们拟合一条回归直线。

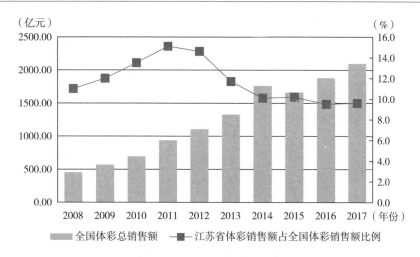

图 5 – 5　2008 ~ 2017 年全国体彩总销售额与江苏省体彩销售额占全国比例情况

$$\hat{y} = 199.48 + 190.94t \quad R^2 = 0.9768$$
$$(P - value = 0)$$

这里，y 表示全国体彩销售额这一变量的均值，$t = 1$，2，3，$\cdots$，10，分别对应 2008，2010，$\cdots$，2017。此估计回归方程可以预测，若无体彩相关政策的变动，在未来近期每过一年，全国体彩销售额平均将增加 190.94 亿元。

江苏省体彩销售额占全国体彩销售额比例 10 年来持续保持在 9.5% 之上，尽管近年有下降的趋势。事实上，随着体育彩票业的发展，其他省份的体彩销售额也在快速增加。根据国家财政部公布的《全国彩票销售情况》，以长三角地区为例，浙江省 2008 年体彩销售额为 40.25 亿元，到 2017 年已经增长到 137.04 亿元，增长总量为 96.79 亿元，年均增长速度为 14.6%。上海 2008 年体彩销售额为 9.72 亿元，2017 年销售额为 32.14 亿元，总增长量为 22.42 亿元，年均增长速度为 14.2%。所以，随着其他省份彩票业的快速发展，江苏省体彩销售额占全国体彩销售额的比例下降也在情理之中。但是江苏省体彩销售额在全国的份额中仍占很大一部分，对于其他地区的社会公益事业做出了很大贡献。

对于江苏省体彩销售额与江苏省体彩公益金的相关情况，为直观起见，将表 5 – 7 中的相关数据做成图 5 – 6。可以看出，2008 ~ 2017 年，江苏省体彩销售额呈明显上升趋势，增长总量达到 151.26 亿元，年均增长速度为 16.73%。体彩公益金的情况类似，呈明显上升趋势，10 年间增长总量为 35.31 亿元，年均增长速度为 13.88%。然而，江苏省体彩公益金占体彩销售额的比例有下降趋势，10 年间总增长量为 – 6.4%，年均增长速度为 – 2.47%。

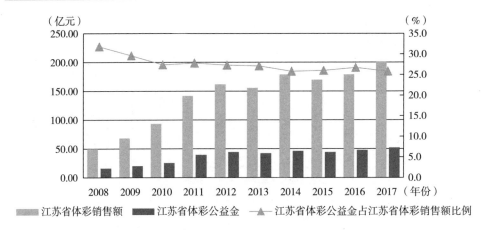

江苏省体彩销售额 ▇ 江苏省体彩公益金 ▲ 江苏省体彩公益金占江苏省体彩销售额比例

图 5 − 6　2008 ~ 2017 年江苏省体彩销售额与体彩公益金情况

综上所述，江苏省体育彩票业的发展非常迅猛，2017 年在全国首次突破 200 亿元大关，这不仅加快了江苏省省内体育事业的建设进程，还为全国其他地区的社会公益事业做出了巨大贡献。

5.3.2　全省体育彩票公益金收入分配情况

江苏省体育彩票管理中心公布的《中国体育彩票（江苏地区）2017 年社会责任报告》显示：2017 年，江苏全省共销售体育彩票 2013000 万元，筹集体育彩票公益金 519102.7 万元，其中上缴中央 255797.43 万元，省级留成 74013.49 万元，市县留成 189291.79 万元（含弃奖收入 7507.85 万元）。根据上述资料中的数据情况，这里我们仅分析省级体彩公益金的支出情况。表 5 − 8 是 2012 ~ 2017 年江苏省体育彩票公益金的支出情况，数据来源于江苏省体育局公布的《江苏省体育彩票公益金收支情况》以及《中国体育彩票（江苏地区）2017 年社会责任报告》。

表 5 − 8　2012 ~ 2017 年江苏省体育彩票公益金支出情况　　　单位：亿元

年份	群众体育部分支出金额	竞技体育部分支出金额	其他方面支出金额	合计
2012	2.0965	3.0039	0.5023	5.6027
2013	2.0365	2.5675	0.625	5.229
2014	2.8917	2.8186	0.574	6.2843
2015	3.8187	2.0189	1.942	7.7797
2016	4.1047	1.6579	—	5.7626

年份	群众体育部分支出金额	竞技体育部分支出金额	其他方面支出金额	合计
2017	4.2610	1.8143	—	6.0753
总增长量	2.1645	−1.1896	—	0.4726
平均增长速度(%)	15.2	−9.59	—	1.63

由表 5-8 可知,2017 年末,江苏省体育彩票公益金支出总额为 6.0753 亿元,比 2012 年末的 5.6027 亿元增加了 0.4726 亿元,年平均增长速度为 1.63%。2017 年末,群众体育部分支出金额为 4.2610 亿元,比 2012 年末的 2.0965 亿元增加了 2.1645 亿元,年平均增长速度为 15.2%。2017 年末,江苏省体育彩票公益金竞技体育部分支出金额为 1.8143 亿元,比 2012 年末的 3.0039 亿元减少了 1.1896 亿元,年平均减少速度为 −9.59%。

为直观起见,将表 5-8 中的数据制成散点图 5-7。可知,江苏省体育彩票公益金支出总额呈现明显的波动情况。江苏省体育彩票公益金其他方面支出主要体现在省体育产业集团注册资金、省体育产业发展引导资金、援藏援疆扶贫项目、乡村学校少年宫省级配套等方面。由表 5-8 可知,2016 年以前,江苏省体育彩票公益金其他方面支出占有少量部分,而 2016 年以后,其他方面支出为零。结合图 5-7 可知,江苏省在 2015 年体育彩票公益金在其他方面支出金额为 1.942 亿元,相比 2014 年末的 0.574 亿元增加了 1.368 亿元,根据 2014 年与 2015 年的《江苏省体育彩票公益金收支情况》,2015 年其他方面支出相比 2014 年多出一项支出,具体支出为省体育产业集团注册资金,共 1.3 亿元,该项支出占 2015 年其他方面支出金额总量比例为 66.94%,故导致 2015 年体育彩票公益金支出存在大额增长现象。

江苏省体育彩票公益金群众体育部分支出主要体现在援建与维护公共体育场地、设施和捐赠体育健身器材、资助群众体育组织和队伍建设、资助或组织开展全民健身活动、组织开展全民健身科学研究与宣传和体育产业发展专项资金等方面。由图 5-7 可知,群众体育部分支出金额总体呈现增长趋势,说明江苏省对群众体育方面更加重视,2013 年有少量支出金额减少,2013~2017 年快速增长,在随后两年中增长速度稍有放缓。

江苏省体育彩票公益金竞技体育部分支出主要体现在举办或承办区县级以上体育赛事、改善训练比赛场地设施条件、资助体育后备人才培养、支持运动队参加国际国内比赛和补充运动员保障支出等方面。由图 5-7 可知,江苏省体育彩票公益金竞技体育部分支出金额整体呈现降低趋势。可以发现,江苏省体育彩票公益金支出重心由竞技体育部分转向群众体育部分。经计算,2017 年末群众体育部分支出金额占总支出金额比例为 70.14%，比 2012 年末的 37.42% 增长了 32.72%，而 2017 年末竞技体育部分支出金额占总支出金额比例为 29.86%，比 2012 年末的 53.62% 减少了 23.76%。

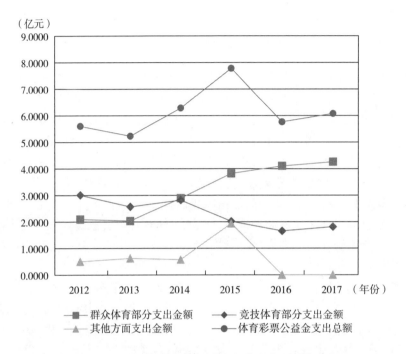

图 5-7　江苏省体育彩票公益金各类支出金额散点图

5.4　基本结论

综上所述，我们得到以下结论：

江苏省体育场地建设发展较快。截至 2013 年末，人均体育场地面积为 2.01 平方米，处在长三角地区领先水平，且处于全国平均水平之上。近年来，开始加快江苏省特色体育场地建设，如体育小镇和主题公园等。江苏省体育场地投资结构主要以财政拨款为主。

江苏省社会体育指导员培养力度较大。2011～2016 年江苏省社会体育指导员增加了 116637 人，2016 年达到 266280 人。江苏省国家级与一级社会体育指导员人数较少。且地区发展不平衡，南京、苏州、盐城和徐州这类地区社会体育指导员人数较多；扬州、淮安和宿迁等地区社会体育指导员相对较少。

　　江苏省体育彩票业发展迅速，在全国处于领先地位。10 年来，江苏省体育彩票业总体上保持上升态势，2017 年体彩销售额在全国首次超过 200 亿元。江苏省体育彩票公益金的比例呈下降趋势。

　　近年来，江苏省加大了群众体育事业的建设投入。体育彩票公益金支出重心由竞技体育部分转向群众体育部分。

第6章 江苏省医药制造业投入与产出的时空分异

6.1 问题的提出

高技术产业中的医药制造业作为健康产业的支撑产业在健康服务业中具有基础重要性。在国家竞争力分析中，医药制造业的研发与生产一向受到相当关注和重视。数十年来，生命科学发展迅速，为人类社会发展做出了巨大贡献，医药制造业在其中发挥了重要作用。我国是一个发展中的人口大国，对医药的需求是国家一直关注的问题。国家为解决百姓的医疗问题付出了多方面的巨大努力，其中一个就是大力支持和发展医药制造业。江苏作为一个经济和社会发展较快的省份，其高技术产业发展理应走在全国的前列。况且，江苏有数量领先且实力雄厚的医药院校和研究机构。因此，江苏医药制造业应为国家和地方经济社会发展做出更多贡献。《中国高技术产业统计年鉴》发布的数据显示，2016 年全国医药制造业主营业务收入为 28206.11 亿元。在全国 31 个省市自治区中，医药制造业主营业务达到 1000 亿元以上的仅有 10 个省份，如表 6 - 1 所示。

表 6 - 1 医药制造业主营业务收入超 1000 亿元的省份及其数据

地区	主营业务收入（亿元）	主营业务收入占全国医药制造业主营业务收入的比例（%）
山东	4546.81	16.12
江苏	3870.28	13.72
河南	2265.50	8.03
吉林	1850.92	6.56
广东	1553.00	5.51
四川	1300.08	4.61

续表

地区	主营业务收入（亿元）	主营业务收入占全国医药制造业主营业务收入的比例（%）
江西	1254.61	4.45
浙江	1248.64	4.43
湖北	1196.91	4.24
湖南	1077.47	3.82

由此可见，医药制造业主营业务收入超过 1000 亿元的 10 个省份的主营业务收入之和达到 20164.23 亿元，占全国 31 个省市自治区医药制造业主营业务收入的比例为 71.49%。其中，江苏省医药制造业的主营业务收入占全国医药制造业主营业务收入的 13.72%，仅次于山东省的 16.12%，位列全国第二。

我们再来看看 2016 年医药制造业的利润情况。在全国 31 个省市自治区中，医药制造业利润达到 100 亿元以上的仅有 9 个省份，如表 6-2 所示。

表 6-2 医药制造业利润超 100 亿元的省份及其数据

地区	利润（亿元）	利润占全国医药制造业利润的比例（%）
山东	486.17	15.61
江苏	419.34	13.46
河南	204.83	6.58
吉林	174.76	5.61
广东	223.20	7.17
四川	128.54	4.13
江西	105.35	3.38
浙江	190.44	6.11
湖北	100.61	3.23

从表 6-2 可以看出，医药制造业利润超过 100 亿元的 9 个省份的利润之和达到 2033.24 亿元，占全国医药制造业利润的比例达到 65.27%。其中，江苏省医药制造业利润占全国医药制造业利润的 13.46%，仅次于山东省的 15.61%，位列全国第二。另外可知，江苏和山东两省 2016 年的医药制药业利润之和占全国医药制造业利润的比例超过 29%。实际上，医药制造业利润占全国医药制造业利润之比超过 10% 的省份仅有山东和江苏两省，其余省份均在 7.2% 以下。

2016 年江苏省医药制造业利润占主营业务收入之比为 10.83%，略高于山东的 10.69%。

综上所述，江苏省医药制药业在全国 31 个省市自治区中处于领先地位。

健康服务业尽管近年受到广泛关注，但学界、政府部门、社会和企业对其认识还有一个深入的过程。因此，对健康服务业的相关支撑产业进行系统分析和研究，是健康服务业有序高效发展的必然需求。

江苏省医药制造业近 10 余年投入产出的状况如何，其发展有何特点，与在全国医药制造业有重要影响的省份比较有何优劣势，等等。这些问题的厘清有助于江苏省在全国医药制造业发展中的科学定位，为其保持持续竞争力，以保持可持续发展提供政策依据。

作为高技术产业的医药制造业，研发与技术引进是提高其核心竞争力的必然选择。因此，本章将围绕江苏省医药制造业的基本投入、R&D 投入产出以及技术获取投入产出效率等问题加以研究，为合理配置江苏省医药制药业创新资源提供选择。

6.2 医药制造业生产经营状况的统计分析

依据相关统计数据，利用统计方法，对江苏省医药制造业的生产经营变化的基本特征、趋势等进行定量分析，达到从数据中获取有用信息的目的。

6.2.1 基础投入时间序列分析及其典型地区比较

下面从江苏省医药制造业的企业数、企业从业人员平均数、新开工项目、建成投产项目、投资额和新增固定资产等指标以及构建新指标进行分析。

6.2.1.1 企业数

自 2000~2016 年，江苏省医药制造业企业数基本数据如表 6-3 所示。

表 6-3　2000~2016 年江苏省医药制造业企业数及其全国占比

年份	江苏省医药制造业企业数（个）	江苏省医药制造业企业数占比全国医药制造业企业数（%）
2000	264	8.00
2001	261	7.48
2002	282	7.66
2003	326	8.02
2004	465	9.76
2005	416	8.37

续表

年份	江苏省医药制造业企业数（个）	江苏省医药制造业企业数占比全国医药制造业企业数（%）
2006	456	8.49
2007	504	8.77
2008	642	9.84
2009	672	9.87
2010	693	9.85
2011	595	10.04
2012	661	10.35
2013	795	10.80
2014	699	9.83
2015	710	9.60
2016	703	9.32

由表 6 - 3 可知，江苏省医药制造业企业数自 2000 ~ 2016 年的 17 年间有递增趋势，表现为在 2000 ~ 2003 年企业数由 260 个左右逐年增加到仅 326 个；2004 ~ 2007 年的 4 间年企业数在波动中达到 500 个以上；2008 ~ 2010 年的 3 年间以相对稳定的增幅由 642 个增加到近 700 个，其后有一个较大幅度的调整，减少为 2011 年的不到 600 个；2012 ~ 2013 年则有一个超过 130 个增量的变化；2014 ~ 2016 年则稳定在 700 个左右。由此可见，江苏省在 2000 ~ 2016 年的 17 年间，医药制造业企业数发生明显变化的年份分别为 2004 年、2008 年、2011 年和 2013 年。这与当时医药产业结构调整和江苏省产业布局有关。

为直观起见，我们画出 2000 ~ 2016 年 17 年间江苏省医药制造业企业数时间序列的散点图。

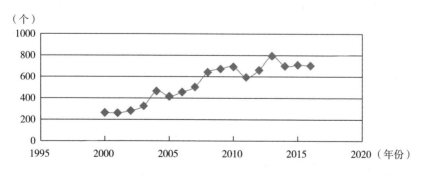

图 6 - 1　2000 ~ 2016 年江苏省医药制造业企业数散点图

由散点图可知，江苏省医药制造业企业数随时间有增长趋势，这种趋势在2013年前表现为较为明确的线性趋势。如以2000～2013年的14年的数据拟合一条回归直线，则其估计回归方程为：

$$\hat{y} = 502.29 + 36.68t \quad R^2 = 0.9195$$

$$(P - value = 0)$$

这里，y 表示企业数这一变量的均值，$t = -7$，-6，$\cdots$，-1，1，2，$\cdots$，6，7，分别对应 2000，2001，$\cdots$，2013。

上式表明，每过一年，江苏省医药制造业企业数平均增加 36.68 个。

由散点图可知，2014～2016年的3年间江苏省医药制造业企业数处于一个相对稳定的状态，为700个左右。这是17年里仅有的连续3年保持一个基本不变的状态。这是否表明经过10多年的发展江苏省医药制造业发展战略的一种体现，尚需进一步考察。但就江苏省医药制造业的发展而言，这种企业数的稳定可能是若干年探索的结果。另外，我们可以看到，江苏省医药制造业企业数由2000年的264个增加到2016年的703个，增加了166%。

如用17年的江苏省医药制造业企业数，可得如下估计回归方程：

$$\hat{y} = 537.88 + 33t \quad R^2 = 0.8708$$

$$(P - value = 0)$$

这里，y 表示企业数这一变量的均值，$t = -8$，-7，$\cdots -2$，-1，0，1，2，$\cdots$，7，8，分别对应 2000，2001，$\cdots$，2016。

最后我们还可以看到，江苏省医药制造业企业数近8年来占全国医药制造业企业数的比例基本稳定在10%左右。

6.2.1.2 企业从业人员平均数

江苏省医药制造业2000～2016年从业人员平均数如表6－4所示。

表6－4 2000～2016年江苏省医药制造业从业人员平均数及其全国占比

年份	江苏省医药制造业从业人员平均数（人）	江苏省医药制造业从业人员平均数占全国医药制造业从业人员平均数的比例（%）
2000	80818	8.12
2001	77775	7.55
2002	86388	8.19
2003	85535	7.41
2004	94591	8.27
2005	94311	7.64
2006	103699	7.96

续表

年份	江苏省医药制造业从业人员平均数（人）	江苏省医药制造业从业人员平均数占全国医药制造业从业人员平均数的比例（%）
2007	108490	7.90
2008	139816	9.27
2009	142071	8.85
2010	163577	9.45
2011	168387	9.43
2012	175772	8.94
2013	204551	9.28
2014	196684	9.11
2015	209183	9.38
2016	203106	9.00

表 6-4 表明，江苏省医药制造业从业人员平均数在 2000~2007 年的 8 年间变化不大，仅从 8 万左右小幅波动增长为 10 万左右，也即在前 8 年中从业人员平均数的增量只有 2 万左右；在 2008~2016 年的 9 年间，从业人员平均数从 13 万多增加到 20 余万，且有后 4 年基本稳定在 20 万左右的特点。

从增量和增速来看，在 17 年间江苏省医药制造业从业人员平均数从 2000 年的 80818 人增加到 2016 年的 203106 人，年均增量 7643 人，年均增速 5.90%。

从江苏省医药制造业从业人员平均数占全国医药制造业从业人员平均数的比例来看，在 2000~2007 年的 8 年间，这一比例基本在 8% 左右，2008~2016 年的 9 年间的这一比例基本在 9% 左右。

为更为直观地分析江苏省近 17 年间医药制造业从业人员平均数的变化趋势，我们根据时间序列数据，画出散点图如图 6-2 所示。

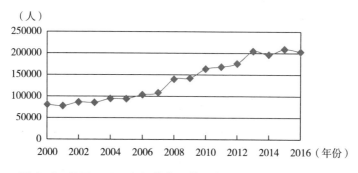

图 6-2　2000~2016 年江苏省医药制造业企业从业人员平均数

由散点图 6-2 可知，江苏省医药制造业从业人员平均数时间序列具有较为明显的线性递增趋势，这种趋势在 2007 年前的变化较为平缓，2008 年后则有一个幅度较大的递增过程。为反映这一时间序列的变化趋势，我们拟合一条回归直线描述之。

$$\hat{y} = 137338.47 + 9449.27t \quad R^2 = 0.9500$$
$$(P - value = 0)$$

这里，y 表示江苏省医药制造业从业人员平均数这一变量的均值，$t = -8$，-7，$\cdots$，-1，0，1，2，$\cdots$，7，8，分别对应 2000，2001，$\cdots$，2016。

实际上，根据前 8 年和后 9 年的变化特征，我们可以运用分段回归对江苏省医药制造业从业人员平均数时间序列进行拟合。

对于 2000~2007 年，
$$\hat{y} = 72371.46 + 4239.87t \quad R^2 = 0.9218$$
$$(P - value = 0)$$

这里，$t = 1$，2，$\cdots$，7，8。对应时间 2000，2001，$\cdots$，2007。

此估计回归方程表明，在 2000~2007 年，每过一年，江苏省医药制造业从业人员平均数平均将增加 4240 人。

对于 2008~2016 年，
$$\hat{y} = 131721.28 + 9281.23t \quad R^2 = 0.9050$$
$$(P - value = 0)$$

这里，$t = 1$，2，$\cdots$，8，9，对应时间 2008，2009，$\cdots$，2016。

上述估计回归方程表明，在 2008~2016 年，每过一年，江苏省医药制造业从业人员平均数平均将增加 9281 人。

6.2.1.3 资产（固定资产原值）

2000~2016 年江苏省医药制造业资产如表 6-5 所示。

表 6-5　2000~2016 年江苏省医药制造业资产及其全国占比

年份	江苏省医药制造业资产总计（亿元）	江苏省医药制造业资产总计占全国医药制造业资产总计的比例（%）
2000	52.98	7.24
2001	69.21	8.04
2002	79.72	3.71
2003	86.79	8.02
2004	102.22	8.17
2005	111.01	7.29
2006	127.15	7.26

续表

年份	江苏省医药制造业资产总计（亿元）	江苏省医药制造业资产总计占全国医药制造业资产总计的比例（%）
2007	143.87	7.36
2008	187.36	8.18
2009	120.84	16.17
2010	1000.83	9.00
2011	1248.79	9.45
2012	1500.30	9.51
2013	1860.39	9.61
2014	2104.80	9.68
2015	2458.47	9.81
2016	2826.06	9.82

　　江苏省医药制造业资产时间序列变化呈现明显的两阶段特点，在2000~2008年的9年间呈现缓慢的严格增长趋势，在2009年则出现一个明显的回落，其后的7年则出现一个年幅度变化较大的严格增加趋势。经过计算，在2000~2008年年均增量为16.8亿元，年均增速为17.1%。2010~2016年年均增量为304.2亿元，年均增速为18.89%。

　　尽管2009年前后资产总量变化很大，但年均增速变化不大。另外，江苏省医药制造业资产占全国医药制造业资产的比例在2000~2009年，除2002年和2009年的例外情况外，基本在8%左右；而在2010~2016年的7年间，这一比例持续保持在9%以上，且逐年增加。

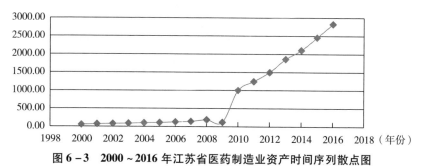

图 6-3　2000~2016年江苏省医药制造业资产时间序列散点图

　　根据江苏省医药制造业资产时间序列变化特征，我们可以用分段线性回归直线来加以描述。

　　在2000~2008年，

$\hat{y} = 33.32 + 14.68t \quad R^2 = 0.9392$

$(P - value = 0)$

这里，y 表示资产这一变量的均值，$t = 1$，2，$\cdots$，8，9 对应年份 2000，2001，$\cdots$，2008。

在 2010~2016 年，

$\hat{y} = 642.87 + 303.55t \quad R^2 = 0.9952$

$(P - value = 0)$

这里，$t = 1$，2，$\cdots$，7 对应年份 2010，2011，$\cdots$，2016。

可以预计，在近年，每过一年，江苏省医药制造业资产平均增长 303.55 亿元，与样本时间序列得到的年平均增长量 304.20 亿元十分接近。

6.2.1.4 新开工项目数

2004~2016 年江苏省医药制造业新开工项目数时间序列数据如表 6-6 所示。

表 6-6 2004~2016 年江苏省医药制造业新开工项目数及其全国占比

年份	江苏省医药制造业新开工项目数（项）	江苏省医药制造业新开工项目数占全国医药制造业新开工项目数的比例（%）
2004	92	4.87
2005	120	6.05
2006	117	6.07
2007	131	6.88
2008	93	4.84
2009	122	4.63
2010	160	5.31
2011	240	8.06
2012	276	8.46
2013	357	9.63
2014	367	9.34
2015	467	10.73
2016	493	9.56

江苏省医药制造业新开工项目数时间序列的特点表现为两个明显不同阶段的变化趋势。一是在 2004~2007 年数量以小幅度增长，2008 年出现一个明显的回落；二是自 2009 年起则以一个较大的边际增长持续增加。

江苏省医药制造业新开工项目数占全国医药制造业新开工项目数的比例表现为 2010 年前各年的占比在 5% 左右波动，且无明显趋势；2011~2016 年的 6 年间这一比例表现为明显的增长趋势，基本在 10% 左右。

　　为了更为直观地分析江苏医药制造业新开工项目数的变化趋势与特点，我们画出这一时间序列的散点图如图 6 – 4 所示。

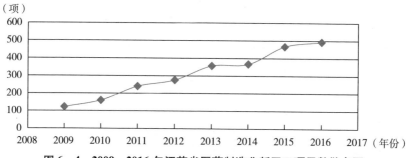

图 6 – 4　2009 ~ 2016 年江苏省医药制造业新开工项目数散点图

　　可见，江苏省医药制造企业新开工项目数随时间变化的趋势从 2009 年具有明显的严格递增特征。我们以如下的拟合回归方程表示：

$$\hat{y} = 64.14 + 54.69t \quad R^2 = 0.9853$$

$$(P - value = 0)$$

　　这里，y 表示新开工项目数这一变量的均值，$t = 1, 2, \cdots, 8$ 对应年份 2009，2010，$\cdots$，2016。

　　上式表明，自 2009 年后，江苏省医药制造业新开工项目数每过一年，新开工项目数平均增加 54.69 项。依据这 8 年数据的年平均增长量则为 53 项。

　　如果没有大的政策变动和产业调整，上式可以用来预测未来几年江苏省医药制造业新开工项目数。

6.2.1.5　建成投产项目数

　　建成投产项目数可以衡量江苏省医药制造业历年可以产生效益的投资项目，对于研究江苏省医药制造业的生产经营规模有实际价值。

表 6 – 7　2004 ~ 2016 年江苏省医药制造业建成投产项目数及其全国占比

年份	江苏省医药制造业建成投产项目数（项）	江苏省医药制造业建成投产项目数占全国医药制造业建成投产项目数的比例（%）
2004	96	6.93
2005	90	6.18
2006	96	6.58
2007	113	7.77
2008	95	5.71
2009	150	6.83

续表

年份	江苏省医药制造业建成投产项目数（项）	江苏省医药制造业建成投产项目数占全国医药制造业建成投产项目数的比例（%）
2010	130	5.18
2011	257	9.54
2012	250	8.98
2013	360	10.79
2014	374	9.84
2015	450	10.14
2016	480	10.68

2004～2016 年的 13 年间，江苏省医药制造业建成投产项目数时间序列呈现两阶段的特征。在 2004～2008 年的 5 年间，这一变量的变化基本在 100 项左右，到 2009 年则有较大幅度的跳跃，稳定两年后，又有一个幅度超过 100 项的跳跃，其后数年基本保持持续的增长。13 年间年均建成投产项目增量为 32 项，而在 2001～2016 年的 6 年间年均增量则为 44.6 项。

为直观起见，我们可从下面的江苏省医药制造业建成投产项目数时间序列散点图来加以分析。

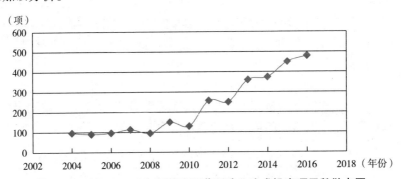

图 6-5　2004～2016 年江苏省医药制造业建成投产项目数散点图

由散点图可知，2004～2008 年江苏省医药制造业建成投产项目数处于基本稳定的状态，仅有小幅波动；2010 年后则有明显的趋势，这种趋势可用下面的拟合线性回归方程表示：

$$\hat{y} = 64.14 + 54.69t \quad R^2 = 0.9853$$

$$(P - value = 0)$$

这里，y 表示建成投产项目数这一变量的均值，$t = 1, 2, \cdots, 7$ 对应年份 2010，2011，…，2016。

6.2.1.6　投资额

表 6－8　2004～2016 年江苏省医药制造业投资额及其全国占比

年份	江苏省医药制造业投资额（亿元）	江苏省医药制造业投资额占全国医药制造业投资额的比例（%）
2004	30.06	5.06
2005	46.28	6.65
2006	58.1	7.65
2007	72.93	8.65
2008	92.88	8.65
2009	113.84	7.83
2010	140.47	7.24
2011	224.38	8.47
2012	311.26	8.71
2013	434.59	9.60
2014	481.57	9.28
2015	571.17	9.83
2016	678.36	10.77

由表 6－8 可知，江苏省医药制造业的投资额在 2004～2016 年的 13 年间呈现严格的单调递增状况，年均增长量为 54.03 亿元，年均增长速度为 29.66%。

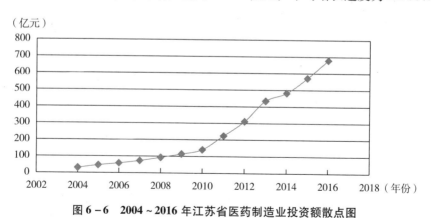

图 6－6　2004～2016 年江苏省医药制造业投资额散点图

由江苏省医药制造业投资额时间序列的散点图可知，其变化呈 "U" 型趋势特征，且二次效应递增。为表达这种关系，我们拟合一个二次抛物线方程如下：

$$\hat{y} = 176.93 + \underset{(P-value=0)}{54.07t} + \underset{(P-value=0)}{5.25t^2} \qquad R^2 = 0.9920$$

这里，y 表示投资额这一变量的均值，$t = -6$，-5，$\cdots$，-1，0，1，2，$\cdots$，5，6 对应年份 2004，2005，$\cdots$，2016。

如果拟合一条直线，则有估计回归方程：

$$\hat{y} = 250.45 + 54.07t \qquad R^2 = 0.8987$$
$$(P-value=0)$$

这里，$t = -6$，-5，$\cdots$，-1，0，1，2，$\cdots$，5，6。

我们发现，如用二次抛物线拟合，判定系数要比拟合一元线性回归方程时大许多；另外，二次抛物线拟合时的估计标准差为 21.80，而拟合一元线性回归方程时的估计标准差则为 73.84。显然，拟合二次抛物线更为合适。因此，二次模型可以解释江苏省医药制造业的投资额的增量也是递增的，即投资额的增速要比线性增速更快，也即表明江苏省医药制造业近年的投资额以较快的速度增加。

6.2.1.7 新增固定资产

表 6-9　2004~2016 年江苏省医药制造业新增固定资产及其全国占比

年份	江苏省医药制造业新增固定资产（亿元）	江苏省医药制造业新增固定资产占全国医药制造业新增固定资产的比例（%）
2004	24.57	6.29
2005	35.66	8.06
2006	41.34	8.44
2007	43.87	8.29
2008	42.81	6.63
2009	86.60	9.11
2010	86.26	7.47
2011	180.26	10.78
2012	226.90	10.62
2013	285.22	9.54
2014	395.03	10.93
2015	437.41	10.41
2016	479.10	12.14

2004~2016 年的 13 年间江苏省医药制造业新增固定资产变化有两阶段明显差异的特征。其中在 2004~2008 年的 5 年间，这一指标的增量不大；2009~2010 年均为 2008 年的 2 倍，为 86 亿元左右，其后一个跳跃至 180 多亿元后每年均以较大幅度增加。

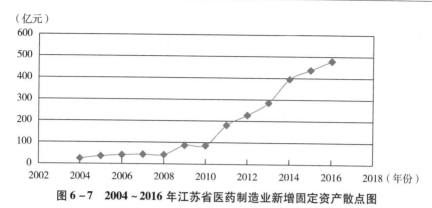

图 6 - 7　2004 ~ 2016 年江苏省医药制造业新增固定资产散点图

由江苏省医药制造业新增固定资产时间序列散点图可知，其变化呈"U"型趋势特征，且二次效应递增。为表达这种关系，我们拟合一个二次抛物线方程如下：

$$\hat{y} = 125.02 + 40.31t + 4.06t^2 \qquad R^2 = 0.9837$$
$$(P - value = 0) \quad (P - value = 0)$$

这里，y 表示新增固定资产这一变量的均值，$t = -6，-5，\cdots，-1，0，1，2，\cdots，5，6$ 对应年份 2004，2005，$\cdots$，2016。

如果拟合一条线性回归直线，效果明显不如二次模型。也即江苏省医药制造业新增固定资产具有正向的二次效应，或者说其变化趋势呈"U"型发展。由此表明，江苏省医药制造业以较大投资做大这一产业的实际情况。

6.2.2　产出时间序列分析

6.2.2.1　主营业务收入

表 6 - 10　2000 ~ 2016 年江苏省医药制造业主营业务收入及其全国占比

年份	江苏省医药制造业主营业务收入（亿元）	江苏省医药制造业主营业务收入占全国医药制造业主营业务收入的比例（%）
2000	156.57	9.62
2001	184.12	9.57
2002	237.03	10.40
2003	294.50	10.71
2004	360.40	11.88
2005	453.90	11.29
2006	518.75	10.99
2007	637.93	10.69
2008	853.13	11.53

续表

年份	江苏省医药制造业主营业务收入（亿元）	江苏省医药制造业主营业务收入占全国医药制造业主营业务收入的比例（%）
2009	1105.69	12.17
2010	1394.29	12.21
2011	1795.40	12.40
2012	2279.70	13.15
2013	2813.79	13.13
2014	3043.50	13.03
2015	3479.50	13.52
2016	3870.28	13.72

　　江苏省医药制造业主营业务收入在2000～2016年的17年间保持严格的递增态势，年均增量为232.11亿元，年均增速为4.2%。

　　江苏省医药制造业主营业务收入占全国医药制造业主营业务收入的比例基本在区间（9.5，14）内变化，特别在2012年后这一比例均保持在13%以上。在全国31个省市自治区中，江苏省医药制造业具有举足轻重地位。

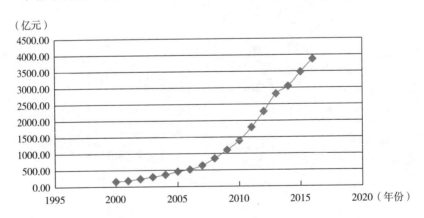

图6-8　2000～2016年江苏省医药制造业主营业务收入散点图

　　散点图更为直观地反映了江苏省医药制造业主营业务收入的变化趋势所具有的特征，这一散点图所对应的趋势可用"U"型曲线描述。容易拟合得到这一估计曲线方程为：

$$\hat{y} = 943.19 + \underset{(P-value=0)}{235.62t} + \underset{(P-value=0)}{18.25t^2} \qquad R^2 = 0.9946$$

这里，y 表示主营业务收入这一变量均值，$t = -8$，-7，…，-1，0，1，2，…，7，8，分别对应年份 2000，2001，…，2015，2016。

这一估计方程表明，江苏省医药制造业主营业务收入近年呈现快速的增长态势，其年均增量 235.62 亿元与样本数据分析的年均增量 232.11 亿元十分接近；"U" 型趋势表明主营业务的增量也处在递增状态。

6.2.2.2 利润

我们将 2000~2016 年江苏省医药制造业利润以及在全国的占比数据计算如表 6-11 所示。

表 6-11　2000~2016 年江苏省医药制造业利润及其全国占比

年份	江苏省医药制造业利润（亿元）	江苏省医药制造业利润占全国医药制造业利润的比例（%）
2000	11.78	8.62
2001	15.12	9.00
2002	24.21	12.02
2003	33.17	12.78
2004	35.9	13.05
2005	40.31	11.92
2006	42.35	11.37
2007	61.57	10.50
2008	111.71	14.09
2009	112.80	11.35
2010	146.97	11.04
2011	173.68	10.81
2012	244.10	13.08
2013	283.56	12.89
2014	318.90	13.39
2015	362.89	13.35
2016	419.34	13.46

江苏省医药制造业利润在 2000~2016 年的 17 年间保持严格的递增态势，年均增量为 25.47 亿元，年均增速为 25.01%。

江苏省医药制造业利润占全国医药制造业利润的比例自 2002 年后基本保持在 12% 左右。这也表明江苏省医药制造业利润在全国保持一个较高的水平，同时也反映了江苏省医药制造业在全国的重要地位。

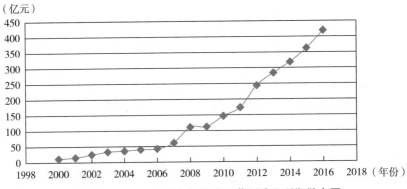

图 6 – 9　2000～2016 年江苏省医药制造业利润散点图

散点图更为直观地反映了江苏省医药制造业利润的变化趋势所具有的特征，这一散点图所对应的趋势可用"U"型曲线描述。容易拟合得到这一估计曲线方程为：

$$\hat{y} = 96.37 + \underset{(P-value=0)}{25.02t} + \underset{(P-value=0)}{1.96t^2}, \quad R^2 = 0.9938$$

这里，y 表示利润这一变量的均值，$t = -8$，-7，…，-1，0，1，2，…，7，8，分别对应年份 2000，2001，…，2015，2016。

这一估计方程表明，江苏省医药制造业利润近年呈现快速的增长状态，其年均增量 25.02 亿元与样本数据分析的年均增量 25.47 亿元十分接近；"U"型趋势表明利润的增量也处在递增状态。

6.2.2.3　出口交货值

医药制造业出口交货值某种程度上也反映了医药制造业创新产品的技术和质量，或者说也体现了国际市场的竞争力，对于评估一个地区的医药制造业的创新水平有一定的参考价值。

表 6 – 12　2010～2016 年医药制造业出口交货值高于全国平均水平的省份

排序	2010 年	2011 年	2012 年	2013 年	2014 年	2015 年	2016 年
1	浙江	浙江	浙江	浙江	浙江	浙江	山东
2	江苏	江苏	江苏	江苏	山东	山东	浙江
3	山东	山东	山东	山东	江苏	江苏	江苏
4	河北	广东	河北	广东	湖北	湖北	湖北
5	广东	河北	广东	河北	广东	广东	广东
6	湖北	湖北	湖北	湖北	河北	河北	河北

续表

排序	2010 年	2011 年	2012 年	2013 年	2014 年	2015 年	2016 年
7	—	上海	上海	上海	上海	上海	上海
8	—	—	—	—	江西	—	—
江苏占全国的比例（%）	16.07	18.45	17.38	17.44	15.85	16.45	14.87
山东占全国的比例（%）	15.70	12.79	16.41	17.18	17.71	18.95	21.32
浙江占全国的比例（%）	22.64	23.87	22.75	19.85	20.68	19.01	17.19

从 2010～2016 年每年出口交货值高于当年全国 31 个省市自治区医药制造业出口交货值平均水平的地区来看，江苏省始终处于全国前三的位次。从 2014 年后江苏省医药制造业出口交货值似有为山东超过的趋势。

自 2013 年以来，医药制造业出口交货值每年处于全国前三位次的省份其出口交货值均超过 200 亿元，远高于排在第四位的省份。

我们还可以从江苏、山东和浙江三省医药制造业出口交货值占全国医药制造业出口交货值比例的变化趋势来看江苏省的情况。

自 2010 年以来，江苏省医药制造业出口交货值占全国医药制造业出口交货值的比例基本都在 15% 以上，与山东省和浙江省相比有一定的差距。特别是山东省自 2012 年以来这一比例持续递增。

从图 6－10 还可以看出，江苏省与浙江省的医药制造业出口交货值占全国医药制造业出口交货值比例的趋势曲线具有相似性，且有下降态势，而山东省具有明显的上升态势。影响这一现象的因素是什么，以及江苏省近年医药制造业出口交货值变化的原因等需要详细分析。

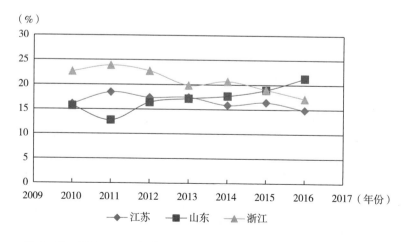

图 6－10　2010～2016 年出口交货值排名前三的省份占全国比例散点图

6.2.3 江苏省医药制造业产出的典型地区比较分析

6.2.3.1 基于主营业务的典型地区差异比较分析

上文我们仅将江苏省医药制造业的主营业务收入与利润与全国医药制造业的主营业务收入和利润进行了比较。为了凸显江苏与医药制造业大省间的优劣势，需要将江苏省医药制造业的产出与国内几个医药制造业大省进行比较，以便更为清晰地展示江苏的位置，这对于江苏省医药产业的发展和调整具有参考价值。

我们发现 2016 年医药制造业主营业务收入达到 1000 亿元的省份有 10 个，即山东、江苏、河南、吉林、广东、四川、江西、浙江、湖北和湖南等。这 10 个省的医药制造业 2016 年的主营业务收入累计为 20164.23 亿元，占 2016 年全国 31 个省市自治区医药制造业主营业务收入 28206.11 亿元的 71.49%。

我们再来看近 10 年医药制造业按照主营业务收入排名前 10 的省份。

由表 6 - 13 可以发现，2007 ~ 2016 年的近 10 年，江苏医药制造业的主营业务收入仅次于山东，位列全国第二，且这种位次 10 年间保持不变。在 2011 ~ 2016 年的 6 年间，河南始终保持第三的位次；2014 ~ 2016 年的 3 年间，吉林和广东处于第四和第五的位置。下面我们来看看这 5 个省份近 10 年医药制造业的主营业务收入的情况。

表 6 - 13 2007 ~ 2016 年医药制造业主营业务收入每年排名前 10 位的省份

排序	2007 年	2008 年	2009 年	2010 年	2011 年	2012 年	2013 年	2014 年	2015 年	2016 年
1	山东	山东	山东	山东	山东	山东	山东	山东	山东	山东
2	江苏	江苏	江苏	江苏	江苏	江苏	江苏	江苏	江苏	江苏
3	浙江	浙江	浙江	广东	河南	河南	河南	河南	河南	河南
4	广东	广东	广东	浙江	四川	吉林	广东	吉林	吉林	吉林
5	河南	河南	河南	河南	广东	广东	吉林	广东	广东	广东
6	河北	四川	四川	四川	浙江	浙江	浙江	四川	四川	四川
7	上海	河北	河北	河北	吉林	四川	四川	浙江	浙江	江西
8	四川	江西	吉林	吉林	河北	江西	江西	江西	江西	浙江
9	天津	上海	上海	江西	江西	河北	河北	湖北	湖北	湖北
10	江西	吉林	江西	辽宁	辽宁	湖北	湖北	河北	湖南	湖南

表 6 – 14　近年医药制造业主营业务收入排名前 5 位的省份及其数据

单位：亿元

年份	山东	江苏	河南	吉林	广东
2007	840.06	637.93	317.58	202.44	382.89
2008	1054.58	853.13	431.38	279.05	454.26
2009	1322.93	1105.69	529.23	375.06	570.48
2010	1564.42	1394.29	707.04	516.49	741.46
2011	1957	1795.4	1040.38	775.47	824.71
2012	2608.2	2279.7	1089.3	985.6	966.7
2013	3496.34	2813.79	1348	1247.47	1325.2
2014	3715.8	3043.5	1663.7	1480.4	1294.6
2015	4161.66	3479.5	1976.15	1639.18	1407.88
2016	4546.81	3870.28	2265.5	1850.92	1553

表 6 – 15 表明，江苏省医药制造业的主营业务收入与山东省医药制造业主营业务收入之比在 2007～2011 年从 2007 年的近 76% 持续递增到 2011 年的近 92%，这一信息说明了江苏省医药制造业在这一阶段快速发展的状态，其后各年则处于 85% 左右。

江苏省医药制造业主营业务收入明显大于河南省，更大于吉林省和广东省。计算结果表明，自 2007 年以来，江苏省医药制造业主营业务收入每年都为河南省医药制造业主营业务收入的 1.7 倍以上、吉林省医药制造业主营业务收入的 2 倍以上和广东省医药制造业主营业务收入的 2 倍以上，近年甚至为广东省的近 2.5 倍。

我们可以看到，江苏省与其他 4 个省份医药制造业主营业务收入之差的结果如表 6 – 15 所示。

表 6 – 15　江苏省与其余 4 个主营业务收入排名前 5 省份的差值比较

年份	江苏—山东	江苏—河南	江苏—吉林	江苏—广东
2007	– 202.13	320.35	435.49	255.04
2008	– 201.45	421.75	574.08	398.87
2009	– 217.24	576.46	730.63	535.21
2010	– 170.13	687.25	877.8	652.83
2011	– 161.6	755.02	1019.93	970.69

年份	江苏—山东	江苏—河南	江苏—吉林	江苏—广东
2012	-328.5	1190.4	1294.1	1313
2013	-682.55	1465.79	1566.32	1488.59
2014	-672.3	1379.8	1563.1	1748.9
2015	-682.16	1503.35	1840.32	2071.62
2016	-676.53	1604.78	2019.36	2317.28

从江苏省与其他 4 个省份医药制造业主营业务收入绝对数的比较来看，江苏省与山东省的差距在 2012 年前不大，2013 年后差距显著增加且差值基本稳定在 680 亿元左右；江苏省与河南省的绝对差距在 2012 年后则持续超过 1200 亿元，近年这一差距则超过了 1500 亿元；江苏省与吉林省的绝对差距自 2011 年起超过了 1000 亿元，近年则超过了 1800 亿元；江苏省与广东省的差距近年超过了 2000 亿元。

为直观起见，我们还分别画出了江苏省与 4 个比较省份绝对差距随时间变化的散点图，以逐一比较江苏省与 4 个省份差距变化的趋势。

山东省与江苏省医药制造业主营业务收入之差时间序列的散点图如下：

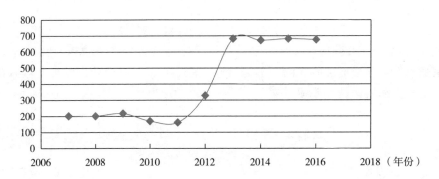

图 6-11 2007～2016 年山东省与江苏省医药制造业主营业务收入之差时间序列散点图

江苏省医药制造业主营业务收入与山东省医药制造业主营业务收入差距可以分为三个阶段：第一阶段是 2007～2001 年差距较小且稳定的 5 年；第二阶段是 2011～2013 年明显扩大的差距；第三阶段则基本维持第二阶段差距值的近四年。这些信息可能印证了我国处于绝对规模绝对领先的两个医药制造业大省发展、调整和增速的一个历程。这一信息也可以较好地解释我国医药制造业产业政策变化和省级区域产业结构调整的某些变化。毕竟，两个处于全国一二位次的医药制造业大省的变化都是战略调整的风向标。

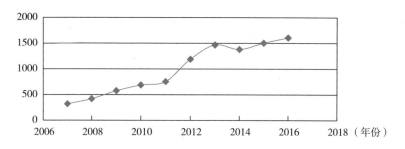

图 6 – 12 2007 ~ 2016 年江苏省与河南省医药制造业主营业务收入之差时间序列散点图

江苏省医药制造业的主营业收入与河南省医药制造业主营业收入的差距几乎呈现随时间不断上升的态势。2007 ~ 2016 年两省的绝对差值年均增加 142.71 亿元，绝对差距的年均增速达到 19.61% 。对于这种变动趋势，我们可以用拟合线性回归方程予以解释。

$$\hat{y} = 126.54 + 157.08t \quad R^2 = 0.9472$$

$$(P - value = 0)$$

这里，y 表示江苏省与河南省医药制造业主营业收入之差这一变量的均值，$t = 1, 2, \cdots, 9, 10$，分别对应年份 2007，2008，$\cdots$，2015，2016。

由此可知，每过一年，江苏省医药制造业的主营业务收入与河南省医药制造业的主营业收入的绝对差值平均增加 157.08 亿元。如果后续数年无政策拐点，则这一数值可以很好地反映江苏省与河南省医药制造业发展的差距。

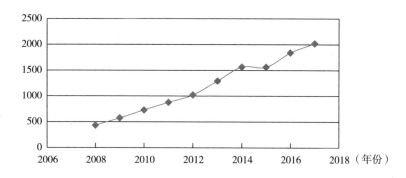

图 6 – 13 2007 ~ 2016 年江苏省与吉林省医药制造业主营业务收入之差时间序列散点图

江苏省与吉林省医药制造业主营业务收入之差时间序列具有明显的线性递增趋势。在样本分析期 2007 ~ 2016 年内，江苏省与吉林省医药制造业主营业务收入之差年均增量为 175.99 亿元，两省主营业务之差年均增速为 18.58% 。

为估计江苏省与吉林省医药制造业主营业务收入之差时间序列的变化规律，我们拟合线性回归方程：

$$\hat{y} = 204.76 + 179.52t \quad R^2 = 0.9890$$

$$(P-value = 0)$$

这里，y 表示江苏省与吉林省医药制造业主营业务收入之差这一变量的均值，$t = 1$，2，…，9，10 分别对应年份 2007，2008，…，2015，2016。

这一估计线性方程表明，每过一年，江苏省与吉林省医药制造业主营业务收入之差年均增加 179.52 亿元。

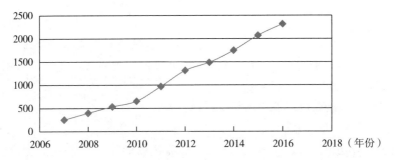

图 6 – 14　2007 ~ 2016 年江苏省与广东省医药制造业主营业务收入之差时间序列散点图

江苏省与广东省医药制造业主营业务收入之差时间序列具有明显的严格递增的线性趋势。在样本分析期 2007 ~ 2016 年内，江苏省与广东省医药制造业主营业务收入之差年均增量为 229.14 亿元，两省主营业务之差年均增速为 27.79%。

为估计江苏省与广东省医药制造企业主营业务收入之差时间序列的变化规律，我们也拟合线性回归方程：

$$\hat{y} = -131.05 + 237.50t \quad R^2 = 0.9843$$

$$(P-value = 0)$$

这里，y 表示江苏省与广东省医药制造业主营业务收入之差这一变量的均值，$t = 1$，2，…，9，10 分别对应年份 2007，2008，…，2015，2016。

这一估计线性方程表明，每过一年，江苏省与广东省医药制造业主营业务收入之差年均增加 237.50 亿元。

6.2.3.2　基于利润的典型地区差异比较分析

我们发现 2016 年医药制造业利润达到 100 亿元及其以上的省份有 11 个，即山东、江苏、广东、河南、浙江、吉林、北京、四川、上海、江西和湖北。这 11 个地区的医药制造业 2016 年的利润之和为 2305.46 亿元，占 2016 年全国 31 个省市自治区医药制造业利润总和 3114.99 亿元的 74.01%。

我们再来看近 10 年医药制造业按照利润排名前 11 的省份。

表 6 – 16　2007～2016 年利润每年排名前 11 位的省份

排序	2007 年	2008 年	2009 年	2010 年	2011 年	2012 年	2013 年	2014 年	2015 年	2016 年
1	山东	江苏	山东	山东	山东	山东	山东	山东	山东	山东
2	江苏	山东	江苏	江苏	江苏	江苏	江苏	江苏	江苏	江苏
3	浙江	浙江	广东	广东	河南	广东	广东	河南	河南	广东
4	广东	广东	浙江	浙江	广东	浙江	河南	广东	广东	河南
5	河南	河南	河南	河南	浙江	河南	北京	浙江	吉林	浙江
6	吉林	河北	四川	四川	四川	四川	浙江	吉林	浙江	吉林
7	河北	四川	北京	北京	吉林	北京	吉林	北京	北京	北京
8	天津	北京	上海	上海	北京	吉林	四川	四川	四川	四川
9	上海	上海	河北	河北	上海	上海	湖北	上海	上海	上海
10	四川	黑龙江	吉林	吉林	天津	湖北	上海	辽宁	江西	江西
11	北京	天津	湖北	湖北	河北	天津	辽宁	江西	湖北	湖北

与主营业务收入类似，医药制造业利润在近 10 年来山东省处于全国第一的位置，江苏省则紧随其后，广东省和河南省则基本处于第三和第四的位次，尽管两者有交替出现的状况。第五和第六的位置基本属于吉林和浙江。由此可见，医药制造业较为发达的地区基本处于东部地区，尤以华东两省为强。这也基本反映了中国医药制造产业的布局。

6.2.3.3　单位资产利润典型地区比较

单位资产利润是衡量资产利用效率的一个重要指标。需要说明的是，利润较小资产也较小的地区单位资产利润这一指标可能优于利润大资产也大的地区，如果仅以这一指标排序对于我们比较那些在医药制造业规模较大的地区来说，意义不大。因此，下面的分析仍将关注几个重要地区单位资产利润的比较。

表 6 – 17　2010～2016 年单位资产利润超过全国水平的省份

排序	2010 年	2011 年	2012 年	2013 年	2014 年	2015 年	2016 年
1	内蒙古	河南	广西	湖南	江西	江苏	广西
2	河南	湖南	山东	广西	广西	江西	江苏
3	山东	广西	江苏	江苏	江苏	陕西	河南
4	湖南	山东	陕西	江西	陕西	广西	湖南
5	江苏	陕西	湖南	河南	山东	吉林	陕西
6	广西	内蒙古	河南	山东	湖南	山东	山东

续表

排序	2010 年	2011 年	2012 年	2013 年	2014 年	2015 年	2016 年
7	黑龙江	贵州	安徽	陕西	河南	河南	福建
8	广东	四川	江西	辽宁	青海	湖南	北京
9	贵州	江苏	辽宁	西藏	安徽	福建	贵州
10	福建	江西	贵州	安徽	辽宁	北京	江西
11	北京	北京	西藏	北京	吉林	安徽	吉林
12	—	吉林	—	福建	—	西藏	四川
13	—	辽宁	—	—	—	—	辽宁
14	—	黑龙江	—	—	—	—	—
15	—	福建	—	—	—	—	—

从医药制造业单位资产利润来看，江苏省自 2012 年后均处于全国前三的位次，与利润排名靠前的山东、河南、广东相比优势明显。如果剔除那些利润较小的地区，如内蒙古和广西，则江苏在单位资产利润这一指标上要明显优于山东，尽管山东医药制造业利润高于江苏。这可以从某一方面反映资产的单位净产出和经营管理方面的效果，为进一步分析我国医药制造业资产利用率提供基础。

人员单位产出是评估人力资源利用效率的重要指标，对于人力资源的有效配置，提高企业生产经营效率具有重要的参考价值。因此，本章分别设计万人从业人员的主营业务收入和万人从业人员利润两个指标来比较分析在我国医药制造业中占有重要地位的若干地区的状况。

下面的分析仅考虑 2010 年后的情况，这对于预测或评估后续的变化趋势更有参考价值。

6.2.3.4 万人从业人员主营业务收入

如果设定一个临界值来区分地区，由于历年变化较大，就难以体现我们分析的宗旨。因此，我们以全国万人从业人员主营业务收入这一标准划分，即分析那些万人从业人员主营业务收入这一指标超过全国水平的地区。

由表 6 - 18 可知，就万人从业人员主营业务收入这一指标发现，医药制造业主营业务收入位列全国前二位的山东省和江苏省两省随时间交替领先。在 2010 ~ 2013 年的 4 年间，江苏省要优于山东省，而在后三年，山东省有所提高。总体上看，江苏省在这一指标上稍好于山东省。

表 6 - 18 2010 ~ 2016 年万人从业人员主营业务收入超过全国水平的省份

排序	2010 年	2011 年	2012 年	2013 年	2014 年	2015 年	2016 年
1	辽宁	辽宁	江苏	辽宁	山东	山东	江苏
2	江苏	江苏	辽宁	江苏	江苏	江苏	山东
3	山东	山东	山东	山东	辽宁	湖南	湖南
4	上海	天津	天津	天津	天津	辽宁	吉林
5	内蒙古	内蒙古	江西	江西	湖南	天津	陕西
6	天津	湖南	湖南	湖南	江西	江西	上海
7	广东	上海	—	河北	吉林	吉林	—
8	北京	—	—	—	—	—	—

从江苏和山东两省医药制造业万人从业人员主营业务收入这一指标时间序列来看，均呈现严格的递增趋势。江苏省和山东省的年均增量分别为每万人 10.70 亿元和 9.90 亿元，年均增速分别为 15.36% 和 16.62%。因此，从发展趋势来比较，江苏稍优于山东。

表 6 - 19 表明，江苏省医药制造业万人从业人员主营业务收入除极少年份外，均大于山东省医药制造业万人从业人员主营业务收入。因此，在医药制造业万人从业人员主营业务收入这一相对指标上江苏省好于山东省，尽管山东省医药制造业主营业务收入在分析期内历年均高于江苏省。这表明江苏省医药制造业人均产出要高于山东省，或者说江苏省医药制造业有较高的单位人员产出率。

表 6 - 19 江苏省和山东省万人从业人员主营业务收入的时间序列数据

单位：亿元/万人

年份	江苏	山东
2000	19.37	14.79
2001	23.67	18.41
2002	27.44	20.38
2003	34.43	23.56
2004	38.1	29.25
2005	48.13	41.86
2006	50.02	46.69
2007	58.8	58.39
2008	61.02	65.32

续表

年份	江苏	山东
2009	77.83	78.05
2010	85.24	85.15
2011	106.62	103.38
2012	129.7	119.57
2013	137.56	136.59
2014	153.18	158.67
2015	166.34	166.87
2016	190.55	173.16

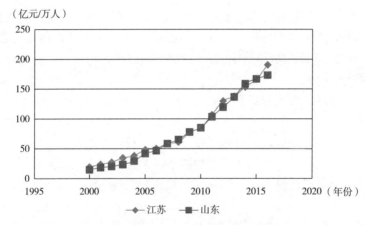

图 6-15 2000~2016 年江苏省与山东省医药制造企业万人
主营业务收入时间序列散点图

为了量化趋势，我们分别拟合江苏和山东两省万人从业人员主营业务收入这一指标的回归曲线。

江苏省：

$$\hat{y} = 68.86 + \underset{(P-value=0)}{10.46t} + \underset{(P-value=0)}{0.59t^2} \quad R^2 = 0.9940$$

这里，y 表示江苏省医药制造业万人从业人员主营业务收入这一变量的均值，$t = -8, -7, \cdots, -1, 0, 1, 2, \cdots, 7, 8$，分别对应年份 2000，2001，$\cdots$，2015，2016。

山东省：

$$\hat{y} = 67.23 + \underset{(P-value=0)}{10.65t} + \underset{(P-value=0)}{0.48t^2} \quad R^2 = 0.9939$$

这里，y 表示山东省医药制造业万人从业人员主营业务收入这一变量的均值，$t = -8$，-7，$\cdots$，-1，0，1，2，$\cdots$，7，8，分别对应年份 2000，2001，$\cdots$，2015，2016。

　　我们发现，拟合二次抛物线要比拟合线性方程的效果好。即两省的万人主营业务收入时间序列呈现"U"形的变化特点。

6.2.3.5　万人从业人员利润

　　正如前文所指出的，由于某些地区利润很少，人员也较少，因此，在这一指标上具有较高的值。如果不加区分地与医药制造业大省相比，这些大省显然没有优势。我们的目的主要是比较几个医药制造业强省的这一指标的差异。因此，利润在全国排名靠后的地区未列入分析对象。也就是说，即使这些地区的万人从业人员利润指标较高，也未列入表 6 – 20 中。

表 6 – 20　2010 ~ 2016 年万人从业人员利润超过全国水平的省份

排序	2010 年	2011 年	2012 年	2013 年	2014 年	2015 年	2016 年
1	北京	北京	天津	北京	山东	北京	上海
2	上海	天津	江苏	山东	江苏	上海	江苏
3	山东	山东	山东	江苏	北京	江苏	北京
4	广东	广东	北京	辽宁	辽宁	山东	山东
5	天津	上海	广东	天津	天津	辽宁	辽宁
6	江苏	江苏	辽宁	上海	上海	广东	广东
7	河南	辽宁	上海	广西	陕西	天津	天津
8	福建	浙江	—	广东	广东	陕西	陕西
9	—	—	—	广东	广西	吉林	浙江

　　应该说，处于医药制造业较强的江苏省和山东省，在万人从业人员利润这一指标上，两省没有明显的差距，各有特点。从表 6 – 19 可以估计，江苏省可能稍优于山东省。另外，我们也注意到一个信息，北京市和上海市似乎在这一指标上要稍好于山东省和江苏省。这可能有助于我们分析医药制造业人力资源在不同地区配置的状况，特别是北京市、上海市和其他的经济强省之间的优劣势。

　　下面我们仅比较江苏省和山东省的情况，通过拟合两省医药制造业万人从业人员利润随时间变化的回归方程分析其变化趋势的数量特征。由表 6 – 21 可知，除 2009 年出现异常情况外，其余历年江苏和山东两省的医药制造业万人从业人员利润均呈现严格的递增态势，且除极少数年份外，江苏省的这一指标明显好于山东省。

表 6 – 21　江苏省和山东省万人从业人员利润的时间序列数据

单位：亿元/万人

年份	江苏	山东
2000	1.46	1.02
2001	1.94	1.46
2002	2.8	1.43
2003	3.88	1.68
2004	3.80	2.19
2005	4.27	3.61
2006	4.08	3.81
2007	5.68	5.69
2008	7.99	6.80
2009	0.49	0.43
2010	8.99	10.03
2011	10.31	12.06
2012	13.89	13.68
2013	13.86	14.06
2014	16.05	16.11
2015	17.35	17.10
2016	20.65	18.52

为描述江苏省和山东省医药和制造业万人从业人员利润随时间的变化趋势，我们剔除出现异常的 2009 年的数据。下面的散点图可以较为直观地反映江苏和山东两省医药制造业万人从业人员利润的变化趋势。

针对图 6 – 16 的特点，我们分别拟合回归曲线方程如下：

江苏省：

$$\hat{y} = 6.89 + \underset{(P-value=0)}{1.13t} + \underset{(P-value=0)}{0.07t^2} \qquad R^2 = 0.9898$$

这里，y 表示江苏省医药制造业万人从业人员利用这一变量的均值，$t = -8$，-7，$\cdots$，-1，1，2，$\cdots$，7，8，分别对应年份 2000，2001，$\cdots$，2015，2016（不含 2009 年）。

山东省：

$$\hat{y} = 6.82 + \underset{(P-value=0)}{1.19t} + \underset{(P-value=0)}{0.05t^2} \qquad R^2 = 0.9859$$

这里，y 表示山东省医药制造业万人从业人员利用这一变量的均值，$t = -8$，-7，$\cdots$，-1，1，2，$\cdots$，7，8，分别对应年份 2000，2001，$\cdots$，2015，2016

（不含 2009 年）。

我们发现，拟合二次抛物线要比拟合线性方程的效果好。即两省的医药制造业万人从业人员利润时间序列呈现"U"形的变化特点。

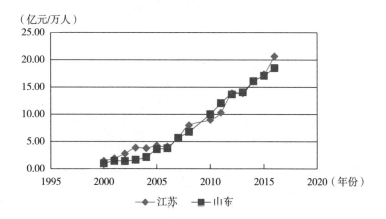

图 6 – 16　2000 ~ 2016 年江苏省与山东省医药制造企业万人
从业人员利润时间序列散点图

6.2.4　江苏省医药制造业生产经营状况特点

综观近 10 余年江苏省医药制造业的发展，无论是规模和质量都有质的飞跃，且始终处于全国医药制造业的大省和强省之列，稳定处于全国数一数二的位次。尽管从规模上略逊色于山东省，但若干指标要么逐步接近于山东省，要么优于山东省。通过分析江苏省医药制造业生产经营投入产出的基本情况后，我们发现：

江苏省医药制造业主营业务收入和利润占全国医药制造业主营业务和利润的比例近年基本保持在 13% 以上；产出规模上江苏省医药制造业除了略逊色于山东外，与其他医药制造业大省相比具有明显优势，且这种优势在不断加强且表现出稳健的长期趋势。

江苏省医药制造业主营业务收入和利润随时间变化呈现出"U"型发展趋势，即江苏省医药制造业的发展具有二次递增效应。

在资产产出质量和人力产出指标上，江苏省明显优于山东省，这或许能够解释江苏省医药制造业的效率和质量要优于山东省，或能够部分解释江苏省医药制造业生产经营管理水平和人力资源利用质量的成因。

江苏省医药制造业万人主营业务收入和万人利润属全国各省之冠，且具有稳健性；随时间变化万人主营业务收入和万人利润也呈现出"U"型趋势。

6.3　医药制造业 R&D 投入与产出效率分析及其地区比较

医药制造业作为高技术产业在其发展过程中的 R&D 活动是基本重要的一环，要在药品研发与制造上领先竞争者，需要在 R&D 产出上抢占先机。但一种新药的研制需要投入大量的人力、物力和财力，其风险和机遇并存。衡量一个医药制造业的竞争力，R&D 投入产出效率是一个重要的方面。R&D 投入产出效率是医药创新资源有效配置的重要依据。本章将对江苏省医药制造业的 R&D 投入产出效率进行测度，从时空两方面分析江苏省的现状和特点，为江苏省医药制造业的科技创新绩效提升，探索江苏医药制造业快速发展路径提供有益参考。

6.3.1　问题描述

如何测度江苏省医药制造业 R&D 效率，以及效率随时间变化的特点与在国内医药制造业占重要地位的省份 R&D 效率的空间比较。这些问题的厘清对于我们认识江苏省医药制造业创新绩效和持续发展有重要意义。

目前，效率测度的工具以非参数方法运用为多。本章运用经典的 DEA 模型测度江苏省医药制造业在不同时间上的 R&D 效率、同一时间上以全国医药制造业 R&D 投入和产出规模较大的省份为对象的 R&D 效率比较。由此，可以从时空两个视角分析江苏省医药制造业 R&D 资源的配置效率。

6.3.2　R&D 投入与产出的描述性统计分析及其地区比较

R&D 投入一般可从人员和经费两个方面描述。人员一般以 R&D 人员、R&D 人员折合全时当量表示；经费则以 R&D 经费内部支出表示。现有研究认为 R&D 产出一般可以分为两个阶段，第一阶段为知识产出，其成果一般以专利表之；第二阶段为新产品的产出，其成果一般可用新产品销售收入表之。下面，我们将运用这些指标对江苏省医药制造业近年的 R&D 投入与产出进行描述性统计分析，以便为下文的模型的深度分析提供基本信息。

6.3.2.1 R&D 人员数

由表6-22已知，江苏省医药制造业R&D人员数自2010年来的7年呈现严格的递增趋势；且在2010~2016年的7年间，江苏省医药制造业R&D人员数年均增量为2543人，年均增速为18.08%。

表6-22 江苏省医药制造业R&D人员数时间序列 单位：人

指标	2009年	2010年	2011年	2012年	2013年	2014年	2015年	2016年
R&D人员数	10459	8602	14567	16349	18490	20939	21950	23322

将历年全国以省级单位计量的医药制造业R&D人员数排序可知，山东省、江苏省和浙江省自2010年以来均处于全国前三位置。

表6-23 江苏省、山东省和浙江省医药制造业R&D人员数 单位：人

省份	2009年	2010年	2011年	2012年	2013年	2014年	2015年	2016年
山东	9783	9019	14729	16605	19286	22812	23197	26538
江苏	10459	8602	14567	16349	18490	20939	21950	23322
浙江	10154	7647	13010	13996	15680	16481	17423	18325
江苏占全国的比例（%）	11.59	12.15	12.29	11.55	11.33	11.47	12.40	12.44

自2010年以来，江苏省医药制造业R&D人员数始终低于山东省而稳定地处于全国第二的位次，浙江省尽管紧随江苏省，但这一指标明显低于江苏省。

江苏省医药制造业R&D人员数占全国医药制造业R&D人员数比例则基本在12%左右。山东、江苏和浙江三省医药制造业R&D人员数之和占全国医药制造业R&D人员数比例则基本介于33%~36%，基本超过全国的30%。也即华东三省医药制造业R&D人员数在全国31个省级区域医药制造业R&D人员数中占有绝对优势。

同时，我们发现，处于第四的省份其医药制造业R&D人员数明显低于浙江省。因此，将江苏省、山东省和浙江省进行比较具有实际意义。

6.3.2.2 R&D 人员折合全时当量

实际上，R&D人员数仅是参与R&D活动的人员数，是一个较为粗糙的指标，主要起到一个计数的作用。在已有研究中，一个更为实用且更为确切描述R&D人员规模的指标则是R&D人员全时当量数。

表 6 - 24　江苏省医药制造业 R&D 人员全时当量时间序列　单位：人、年

指标	2009 年	2010 年	2011 年	2012 年	2013 年	2014 年	2015 年	2016 年
R&D 人员全时当量	8699	7327	12577	13941	15377	17684	18431	18588

由表 6 - 24 可知，江苏省医药制造业 R&D 人员全时当量自 2010 年来的 7 年呈现严格的递增趋势。由计算得到，在 2010 ~ 2016 年的 7 年间，江苏省医药制造业企业 R&D 人员全时当量年均增量为 1877 人年，年均增速为 16.78%。

至于江苏省医药制造业 R&D 人员全时当量的变化趋势到底呈现哪种形式，我们可以通过这一变量的散点图来直观判断，且可以通过拟合曲线给出趋势方程。

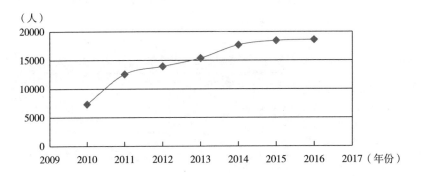

图 6 - 17　2010 ~ 2016 年江苏省医药制造业 R&D 人员全时当量散点图

这一散点图显示，江苏省医药制造业 R&D 人员全时当量自 2010 年以来，呈现倒 "U" 型态势。我们将这一特征用如下的拟合回归方程表示：

$$\hat{y} = 16122.97 + \underset{(P-value=0)}{1758.43t} + \underset{(P-value=0)}{-319.11t^2} \qquad R^2 = 0.9737$$

这里，y 表示江苏省医药制造业 R&D 人员全时当量这一指标的均值，$t = -3$，-2，-1，0，1，2，3，分别对应年份 2010，…，2015，2016。

这一拟合方程表明，江苏省医药制造业 R&D 人员全时当量每年增量处于递减状态，或是增速在减缓，也即江苏省医药制造业 R&D 人员全时当量在经历前数年的较大增速后趋缓，从而规模达到一个相对稳定的状态。

我们发现，如果用线性方程拟合，则效果明显不如上述多项式方程。因此，可以运用估计的方程进一步研究江苏省医药制造业 R&D 人员全时当量的变化趋势。

为了说明江苏省医药制造业 R&D 人员全时当量在全国的相对规模，我们选择了自 2009 年以来始终处于前三的江苏省、山东省和浙江省进行比较分析。

表 6 - 25　江苏省、山东省和浙江省医药制造业 R&D 人员全时当量

单位：人、年

省份	2009 年	2010 年	2011 年	2012 年	2013 年	2014 年	2015 年	2016 年
江苏	8699	7327	12577	13941	15377	17684	18431	18588
山东	7477	7065	12125	12819	15279	16970	16165	18305
浙江	8819	6761	11071	11381	13055	13673	14906	14628
江苏占全国的比例（%）	12.42	13.27	13.46	13.07	12.48	13.21	14.33	14.24

在 R&D 人员全时当量这一指标上，江苏省自 2009 年以来一直处于全国第一的位置，而山东省和浙江省则处于第二位和第三位，且江苏省和山东省明显高于浙江省。

从江苏省占全国的比例这一结构相对指标来看，江苏省医药制造业 R&D 人员全时当量占全国医药制造业 R&D 人员全时当量的比例基本介于 12.40% ~ 14.40%。另外，经过计算发现，江苏省、山东省和浙江三省医药制造业 R&D 人员全时当量之和占全国医药制造业 R&D 人员全时当量的比例自 2009 年以来均超过 35%，也即这三省医药制造业 R&D 人员全时当量占比全国超过三成，而这 3 个地区均处于东部沿海经济发达区。

6.3.2.3　R&D 经费内部支出

表 6 - 26　江苏省医药制造业 R&D 经费内部支出　　单位：亿元

指标	2009 年	2010 年	2011 年	2012 年	2013 年	2014 年	2015 年	2016 年
R&D 经费内部支出	21.52	20.64	32.09	46.14	50.59	54.61	62.95	76.09
占全国的比例（%）	16.00	16.83	15.19	16.29	14.55	13.99	14.26	15.58

江苏省医药制造业 R&D 经费内部支出自 2010 年来呈现严格的递增趋势，且年均增量为 9.24 亿元，年均增速为 24.30%。

江苏省医药制造业 R&D 经费内部支出占全国医药制造业 R&D 经费内部支出比例基本在 15% 左右，具有在波动中递增态势的特征。

为了显示江苏省医药制造业 R&D 经费内部支出自 2010 年来呈现的趋势特征，我们画出这一变量的散点图，如图 6 - 18 所示。

图 6 - 18 显示，江苏省医药制造业 R&D 经费内部支出时间序列呈现明显的线性趋势，我们可以用拟合的回归方程验证。分别用二次多项式和一元线性方程拟合这一组数据，发现一元线性方程更好地拟合了这一组数据，二次多项式方程的二次项前的系数不能通过显著性检验。即对于江苏省医药制造业 2010 ~ 2016 年的数据，用下列方程拟合是合适的：

$$\hat{y} = 49.02 + 8.45t, \quad R^2 = 0.9696$$

$$(P - value = 0)$$

这里，y 表示江苏省医药制造业 R&D 经费内部支出这一变量的均值，$t =$ -3，-2，-1，0，1，2，3，分别对应年份 2010，…，2015，2016。

上述估计回归方程表明，每过一年，江苏省医药制造业 R&D 经费内部支出平均增加 8.45 亿元。

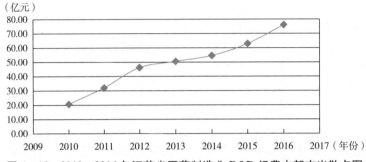

图 6-18 2010~2016 年江苏省医药制造业 R&D 经费内部支出散点图

为了显现江苏省医药制造业 R&D 经费内部支出在全国的相对规模，我们选择了自 2009 年以来始终处于前四的江苏省、山东省、浙江省和广东省进行比较分析。

表 6-27 江苏省与山东省、浙江省和广东省医药制造业 R&D 经费内部支出之差的比较

单位：亿元

指标	2009 年	2010 年	2011 年	2012 年	2013 年	2014 年	2015 年	2016 年
江苏—山东	3.1	0.1	-4.8	-3.8	-10.6	-13.5	-21.0	-14.9
江苏—浙江	4.7	8.1	11.7	20.5	23.0	25.3	29.0	38.9
江苏—广东	12.5	10.6	13.8	21.5	18.0	21.5	24.3	40.6

将近年的 31 个省级地区的医药制造业 R&D 经费内部支出按照每年从大到小排序可知，处于前四位的为山东省、江苏省、浙江省和广东省，其他省份与这四个省份具有明显差距。因此，要分析江苏省与其他省份的差距，与山东省、浙江省和广东省比较是合适的。

我们运用差额法分别比较江苏省与所选择的三个省份的差距及其变化特点。

注意到，江苏省与山东省在 R&D 经费内部支出上具有较为明显的差距，自 2013 年以来，每年江苏省都比山东省少投入 10 亿元以上。

江苏省在医药制造业 R&D 经费内部支出上明显高于浙江省和广东省。自 2012 年来，江苏省每年都要比浙江省多支出 20 亿元以上，且幅度持续严格递增，2016 年接近 40 亿元。在 2009~2016 年的 8 年间，江苏省医药制造业 R&D 经费

内部支出每年平均高于浙江省医药制造业 R&D 经费内部支出 20.15 亿元。

江苏省与广东省在医药制造业 R&D 经费内部支出上的差距自 2012 年来基本在 20 亿元左右，且保持递增态势，特别是 2016 年江苏省与广东省差额超过 40 亿元。在 2009～2016 年的 8 年间，江苏省医药制造业 R&D 经费内部支出每年平均高于广东省医药制造业 R&D 经费内部支出 20.35 亿元。

由此可见，江苏省医药制造业 R&D 经费内部支出在全国稳定在第二的位次，且远高于紧随其后的省份。或者说，在不远的时期内，江苏省有可能更为接近山东省或超过山东省，而其他省份暂无超过江苏省的迹象。

6.3.2.4 企业资金占比分析

R&D 经费内部支出中企业资金占比是衡量一个企业自主创新强度的重要指标。为此，我们针对医药制造业 R&D 经费内部支出较大的四个省份进行这一强度指标的比较。

由表 6-28 可知，江苏省自 2013 年后医药制造业 R&D 经费内部支出中企业资金占比基本在 95% 左右，且表现为持续严格递增的态势；浙江省在 2009～2016 年的 8 年间，医药制造业 R&D 经费内部支出中企业资金占比基本在 93% 左右，且随时间变化不大；山东省医药制造业 R&D 经费内部支出中企业资金占比有一定的波动性，自 2014 年后基本在 95% 左右；2009～2012 年广东省医药制造业 R&D 经费内部支出中企业资金占比基本在 90% 左右，近三年则在 93% 左右，且有一定波动。

表 6-28 四个省份医药制造业 R&D 内部支出中企业资金占比 单位:%

省份	2009 年	2010 年	2011 年	2012 年	2013 年	2014 年	2015 年	2016 年
江苏	89.72	89.91	95.76	93.13	94.48	95.82	96.23	97.46
浙江	92.58	91.89	92.64	92.51	93.92	94.69	93.42	94.58
山东	92.21	89.98	95.16	93.19	91.11	95.15	95.12	94.32
广东	90.25	89.34	88.73	91.08	91.74	92.89	94.36	93.42
江苏—浙江	-2.86	-1.98	3.12	0.61	0.56	1.14	2.80	2.89
江苏—山东	-2.50	-0.06	0.60	-0.06	3.37	0.67	1.11	3.14
江苏—广东	-0.53	0.57	7.03	2.05	2.74	2.94	1.87	4.04

从江苏省与其他三个省份医药制造业 R&D 经费内部支出中企业资金占比之差的结果来看，江苏省最近两年高出浙江近 3 个百分点；在 2013～2016 年的 4 年间平均每年高出山东省 2 个百分点，高出广东省则更多。

在医药制造业 R&D 经费内部支出在全国位列前四的省份中，企业资金占比江苏省最高,且近 5 年来表现为持续的严格递增态势。

6.3.2.5　新产品开发经费占比新产品销售收入

新产品开发经费占比新产品销售收入可以度量新产品开发经费的投入强度。

表 6-29 给出的信息表明,广东省医药制造业在新产品开发经费占比新产品销售收入这一相对指标上表现出明显高于所参与比较的江苏、山东和浙江三省,且这一比例除 3 个年份在 10.5% 左右外,其余年份均在 13% 左右。江苏省医药制造业在新产品开发经费占比新产品销售收入这一相对指标上只有 3 年在 12% 左右,其余年份均为超过 9.6%,因此,江苏省与广东省在这一指标上尚存在较大差距。山东省医药制造业在新产品开发经费占比新产品销售收入这一相对指标上只有一年略过 10%,其余年份均为超过 10%。浙江省则在分析的 8 年间医药制造业新产品开发经费占比新产品销售收入指标除 2009 年和 2012 年外的年份均在 8% 以下,特别自 2013 年后,这一指标均在 7% 以下。

表 6-29　四个省份医药制造业新产品开发经费占比新产品销售收入　单位:%

省份	2009 年	2010 年	2011 年	2012 年	2013 年	2014 年	2015 年	2016 年
广东	14.27	10.67	12.99	13.13	14.19	12.82	10.48	10.59
江苏	9.04	6.52	12.36	12.82	11.76	9.60	8.42	9.04
山东	9.98	7.72	9.62	10.27	9.81	8.42	8.89	9.37
浙江	9.44	7.10	7.95	8.19	6.73	6.83	6.63	6.36

由此可见,在医药制造业新产品开发经费占比新产品销售收入指标上,广东省具有明显优势,江苏省随后,浙江省最低。

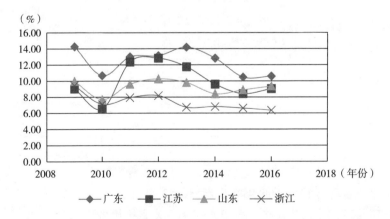

图 6-19　2010~2016 年四个省份新产品开发经费占新产品销售收入之比散点图

图 6-19 表明，江苏省和广东省的医药制造业新产品开发经费占比新产品销售收入指标时间序列自 2013 年以来的走势相似；2014 年后山东省似有递增的趋势，但波动明显；浙江省自 2013 年以来维持低位且有下降态势。

6.3.2.6 发明专利申请数

发明专利申请数是用来描述创新产出的一个常用指标。下面的分析主要希望利用近年的数据发现江苏省医药制造业发明专利的变化情况及其与医药制造业创新投入产出规模较大省份的比较差异。

表 6-30　2009～2016 年发明专利申请数位列前五的省份

2009 年	2010 年	2011 年	2012 年	2013 年	2014 年	2015 年	2016 年
天津	天津	天津	天津	天津	江苏	江苏	江苏
山东	山东	江苏	江苏	山东	山东	山东	山东
浙江	江苏	山东	山东	江苏	天津	广东	广东
广东	浙江	浙江	浙江	广东	广东	四川	浙江
江苏	安徽	广东	广东	浙江	四川	浙江	四川

由此可见，在医药制造业发明专利申请数上江苏省要优于山东、广东和浙江等省医药制造业 R&D 投入较大的省份，且江苏省近三年持续保持全国第一的态势。

尽管天津在前数年始终保持前列，但自 2014 年后明显少于江苏、山东和广东等省份。特别在 2015 年后跌出前五的位置。

浙江省相对稳定在前 4～5 位的排名，与天津市相比更有稳健性。广东省近年有明显的上升态势。

基于上述结果，我们仅讨论江苏省与山东省、广东省和浙江省的医药制造业发明专利的比较问题。运用的仍然是差额法。

表 6-31 显示，江苏省医药制造业发明专利申请数与山东省相比，近年显著向优，且在 2016 年有一个大幅度的提升；江苏省与广东省相比则优势稳定且持续，且这种优势持续扩大；江苏省与浙江省相比优势要比江苏省与广东省的优势更大。由此可见，江苏省医药制造业在发明专利申请数产出上位列全国首位，且与医药制造业的另外三强相比优势明显。这表明江苏省医药制造业在知识创新成果产出上具有明显优势。我们在前文看到，山东省的 R&D 经费投入要高于江苏省，但在发明专利申请数上要弱于江苏省，可见，江苏省的 R&D 投入具有更高的知识产出效率。

表 6 – 31　江苏省与山东省、广东省和浙江省的比较　　　单位：件

指标	2009 年	2010 年	2011 年	2012 年	2013 年	2014 年	2015 年	2016 年
江苏—山东	– 16	– 93	121	8	– 10	114	147	515
江苏—广东	– 6	145	270	277	437	449	502	1029
江苏—浙江	– 15	80	226	262	561	891	630	1065

图 6 – 20 显示了江苏省与山东省、广东省和浙江省医药制造业发明专利申请数产出上的差距的变化轨迹。其给出的信息表明，江苏省医药制造业多出山东省的发明专利申请数自 2013 年起持续递增后到 2015 年有一个斜率很大的直线拉升，这种情形与江苏省与广东省、江苏省与浙江省之比的结果十分类似，但江苏省与浙江省之差的轨迹明显高于江苏省与山东省、江苏省与广东省之差的轨迹。另外，还有一个特征值得关注，即江苏省与山东省、江苏省与广东省医药制造业发明专利申请数之差的变化轨迹具有较高的相似性，这一特征说明江苏省与山东省、江苏省与广东省之差随时间变化可能有一个相对稳定的趋势，这种趋势暂时不会改变江苏省与山东省、江苏省与广东省差距的变化轨迹。

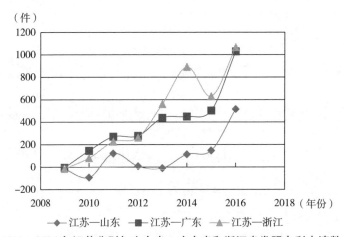

图 6 – 20　2009 ~ 2016 年江苏分别与山东省、广东省和浙江省发明专利申请数之差散点图

6.3.2.7　新产品销售收入

新产品销售收入可以度量研发成果的市场化程度，是衡量知识创新成果转化为新产品的重要指标。事实上，企业研发的目的就是通过新产品提高自身的市场竞争力。因此，新产品销售收入也是一个描述企业创新成果的重要变量。

从表 6 – 32 可以看到，在医药制造业新产品销售收入全国四强省份中，第三位和第四位次稳定，且在近 8 年保持不变；处于全国前两位的尽管位次稍有波

动，但山东省优于江苏省的态势基本确定。

表 6 - 32　2009 ~ 2016 年新产品销售收入位列前四的省份

2009 年	2010 年	2011 年	2012 年	2013 年	2014 年	2015 年	2016 年
江苏	江苏	山东	山东	山东	山东	山东	江苏
山东	山东	江苏	江苏	江苏	江苏	江苏	山东
浙江	浙江	浙江	浙江	浙江	浙江	浙江	浙江
广东	广东	广东	广东	广东	广东	广东	广东

我们这里仅分析处于全国前四的省份的缘由在于，其余省级区域与广东省相比有较大差距。因此，这些省级区域的信息对于分析江苏省医药制造业新产品销售收入的变化趋势及其特征不能提供有用的信息。

显然，仅从新产品销售收入在全国的排名并不能表明不同省份之间差距的变化趋势和特征。为此，分别考虑江苏省与新产品销售收入在全国处于前四强的另外三个省份的差值，以此来研究江苏省与其他三强的差距的变化轨迹和特点。

由表 6 - 33 可知，在医药制造业新产品销售收入方面，江苏省与山东省的差距近年有缩小的趋势；江苏省医药制造业新产品销售收入与浙江省和广东省相比具有明显优势。江苏省在与山东省的差距缩小的同时，江苏省与浙江省、江苏省与广东省的差距似有持续扩大的趋势。

表 6 - 33　江苏省与山东省、浙江省和广东省新产品销售收入比较　单位：亿元

指标	2009 年	2010 年	2011 年	2012 年	2013 年	2014 年	2015 年	2016 年
江苏—山东	51. 33	68. 26	- 62. 72	- 131. 48	- 169. 38	- 135. 47	- 70. 74	6. 12
江苏—浙江	74. 01	163. 69	88. 96	128. 86	106. 54	226. 88	331. 24	395. 97
江苏—广东	180. 59	229. 96	175. 10	198. 48	240. 66	324. 27	388. 83	483. 58

在 2009 ~ 2016 年的 8 年间，江苏省医药制造业新产品销售收入年均比浙江省多 189. 52 亿元，差值年均增速为 27. 07%；比广东省年均多 277. 68 亿元，年均增速为 15. 11%。

上述信息表明，江苏省医药制造业新产品销售收入有望在不久的将来位列全国第一。

表 6 - 33 并不能提供给我们江苏省与另外三个医药制造业新产品销售收入大省差距随时间变化的轨迹及其特征。为此，我们借助图 6 - 21 来分析江苏省的优劣势。

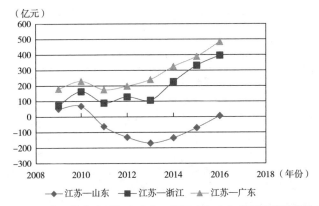

图6-21 2009~2016年江苏省分别与山东省、浙江省和广东省新产品销售收入之差散点图

江苏省与山东省医药制造业在新产品销售收入之差时间序列的变化轨迹呈现"U"型结构，这种态势明显不同于江苏省与浙江省之差、江苏省与广东省之差时间序列的变化轨迹。江苏省与浙江省之差，江苏省与广东省之差的轨迹较为相似。

另一个重要特征是江苏省与广东省之差曲线最高，其次为江苏省与浙江省之差曲线，最低则为江苏省与山东省之差，且这三条曲线不相交。这一信息表明江苏省与浙江省，江苏省与广东省之差的轨迹近年可能不会有较大的变化，且江苏省与这两个省份相比有保持相对稳定的趋势。江苏省与山东省的差距逐年缩小，2016年已经超过山东省。

6.3.2.8 新产品出口额

新产品出口额可以看作衡量医药制造业国际化市场竞争力的一个指标。参与国际医药市场竞争，是医药制造企业做大做强的一个显示性标志，特别在经济全球化、竞争国际化的背景下显得尤为重要。因此，我们也将这一指标就国内医药制造业出口额大省进行比较分析。

由表6-34可知，近8年来，医药制造业新产品出口额浙江省、山东省和江苏省基本处于一个稳定的前三的位次，这一位次自2010年以来保持不变；第四位的省份基本为湖北省和天津市。

表6-34 2009~2016年新产品出口额位列前四的省份

指标	2009年	2010年	2011年	2012年	2013年	2014年	2015年	2016年
	浙江	浙江	浙江	浙江	浙江	浙江	浙江	浙江
	山东	山东	山东	山东	山东	山东	山东	山东
	湖北	江苏	江苏	江苏	江苏	江苏	江苏	江苏
	江苏	湖北	天津	湖北	天津	湖北	河北	湖北
江苏省、山东省和浙江省之和占全国比例（%）	58.02	63.77	67.81	71.59	64.78	62.42	68.10	58.79

由于江苏、山东和浙江三省的医药制造业新产品出口额之和占全国医药制造业新产品出口额比例自 2009 年以来，几乎在 60% 以上。因此，我们仅分析江苏省与浙江省、山东省在医药制造业新产品出口额上差距的变化趋势。

　　表 6 - 35 表明，江苏省与山东省的医药制造业新产品出口额相比较，山东省具有明显优势。在 2009 ~ 2016 年的 8 年间，江苏省与山东省的差距均在 55 亿元以上，8 年间的极差为 36.02 亿元；江苏省与浙江省在这一指标上的差距在 8 年间均在 7.5 亿元以上，8 年间的极差为 18.55 亿元。相较于江苏省与山东省之间的差距，江苏省与浙江省的差距明显要小。

表 6 - 35　江苏省与山东省、浙江省新产品出口额比较　　　单位：亿元

指标	2009 年	2010 年	2011 年	2012 年	2013 年	2014 年	2015 年	2016 年
江苏—山东	- 56.31	- 63.17	- 55.89	- 86.91	- 91.91	- 79.34	- 68.51	- 57.33
江苏—浙江	- 9.32	- 14.51	- 7.56	- 13.50	- 19.28	- 7.51	- 14.44	- 26.06

　　图 6 - 22 给出了江苏省与山东省、江苏省与浙江省在医药制造业新产品出口额绝对差额的时间序列的变化轨迹。这两个曲线具有明显不同的走向，江苏省与浙江省之差变量序列散点图处于不断的波动状态，且基本处于区间（ - 15，- 8）；江苏省与山东省之差变量序列散点图具有明显"U"型态势，且自 2013 年以来处于持续递增态势，也即江苏省与山东省在医药制造业新产品出口额上的差距在不断缩小，尽管到 2016 年尚有近 60 亿元的差距。

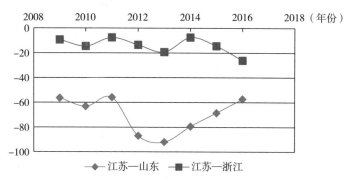

图 6 - 22　2009 ~ 2016 年江苏省分别与山东省和浙江省
医药制造业新产品出口额之差散点图

　　通过对江苏省 R&D 投入与产出的描述性统计分析，我们可以得到如下基本信息：

在医药制造业 R&D 投入和产出上与江苏省具有较强竞争力的省级区域主要集中在山东、浙江和广东三省，且江苏、山东、浙江和广东四省在医药制造业 R&D 投入和产出上均占有全国相应指标的较大比例。

江苏省与山东省在医药制造业 R&D 投入与产出上的竞争尤为激烈，在相应指标上各有优势，但江苏省在劣势指标上与山东省的距离不断缩小。

浙江省和广东省在医药制造业 R&D 投入与产出指标上在随后的数年尚未可见超过江苏省的迹象，且两省具有更多的相似走向。

6.3.3　数据、变量与模型

通过上述描述性统计分析，我们可以大致了解江苏医省药制造业 R&D 投入与产出规模在全国的位次。江苏省医药制造业要获得持续的竞争优势，不断提高 R&D 活动效率，优化配置医药制药业的 R&D 资源是一条必选的路径。那么，江苏省医药制造业 R&D 效率水平如何、效率随时间如何变动、江苏省与其他地区比较效率又如何，又如何随时间变动，等等，这些问题的厘清将为江苏省医药制造业 R&D 资源科学配置提供政策依据。

下文所用的数据与上文描述性统计所用的数据一样，主要是近年来江苏省或其他省份的医药制造业 R&D 活动的相应数据，这些数据均来自《中国高技术产业统计年鉴》。

在 R&D 投入产出效率测度中，已有研究选择的投入指标主要从经费和人力资源两个维度选择相应的指标；产出指标则主要从创新过程的两阶段的主要成果中选择，即从知识产出和新产品市场化两个维度考虑。

关于医药制造业 R&D 效率测度中的投入指标选择，我们认为可以借鉴文献的处理方式，并从经费和人力资源两个维度考虑。一是 R&D 经费内部支出。R&D 经费内部支出是指企业在报告年度用于内部开展 R&D 活动的实际支出。包括用于 R&D 项目（课题）活动的直接支出，以及间接用于 R&D 活动的管理费、服务费与 R&D 有关的基本建设支出以及外协加工费等。不包括生产性活动支出、归还贷款支出以及与外单位合作或委托外单位进行 R&D 活动而转拨给对方的经费支出。二是 R&D 人员全时当量。R&D 人员全时当量是指报告期企业 R&D 全时人员（全年从事 R&D 活动累计工作时间占全部工作时间的 90% 及以上人员）工作量与非全时人员按实际工作时间折算的工作量之和。三是新产品开发经费。这里的新产品是指采用新技术原理、新设计构思研制、生产的全部产品，或在结构、材质、工艺等某一方面比原有产品有明显改进，从而显著提高了产品性能或扩大了使用功能的产品。

对于医药制造业 R&D 效率测度中的产出指标，目前文献用得较多的是专利申请数和新产品销售收入。专利申请数是指企业在报告期内向国内外知识产权行政部门提出专利申请并被受理的件数。

目前效率测度模型较为流行的是数据包络分析，即 DEA 模型。

在相对效率问题评价中，DEA 模型具有重要地位，是目前效率评价中的一种主流模型。效率的一般定义是产出与投入比。对于多投入多产出，就不能利用单个指标的比来衡量一个综合投入产出效率。DEA 模型通过构造产出变量的线性组合与投入变量的线性组合的比值，来衡量一个具有多投入和多产出个体（在 DEA 中称为决策单元）的投入产出效率。此方法的优势在于不必先给定一个标准，而是决策单元之间通过优化而得到各自的效率。

DEA 方法主要有 CCR 和 BCC 两种类型。其中，CCR 模型最早是由 Charnes，Cooper 和 Rhodes 在 1978 年提出，一般用来测量决策单元的综合效率。该模型假设规模收益不变，其具体形式如下：

设有 n 个决策单元 DMU_j，每个 DMU_j 都有 m 种输入和 s 种输出，分别用输入向量 X_j 和输出向量 Y_j 表示，$x_{ij} > 0$ 表示第 j 个 DMU_j 的第 i 种类型的输入量；y_{rj} 是第 j 个 DMU_j 的第 r 种类型的输出量。U，V 为权系数，且设 $x_{ij} > 0$，$y_{rj} > 0$，$v_i > 0$，$u_r > 0$，$X_j = (x_{1j}, x_{2j}, \cdots, x_{mj})^T > 0$，$Y_j = (y_{1j}, y_{2j}, \cdots, y_{sj})^T > 0$，$V = (v_1, v_2, \cdots, v_m)^T$，$U = (u_1, u_2, \cdots, u_s)^T$，$i = 1, 2 \cdots, m, r = 1, 2, \cdots, s, j = 1, 2, \cdots, n$。

对于 DMU_j，有相对效率指数 $h_j = \dfrac{\sum\limits_{r=1}^{s} u_r y_{rj}}{\sum\limits_{i=1}^{m} v_i x_{ij}}$，　　$j = 1, 2, \cdots, n$　　（6-1）

现在对 DMU_{j_0} 进行效率评价（$1 \leqslant j_0 \leqslant n$），构造下列最优化模型：

$$(C^2R) \begin{cases} \max h_{j_0} = \dfrac{\sum\limits_{r=1}^{s} u_r y_{rj_0}}{\sum\limits_{i=1}^{m} v_i x_{ij_0}} \\[4mm] s.t. \ \dfrac{\sum\limits_{r=1}^{s} u_r y_{rj}}{\sum\limits_{i=1}^{m} v_i x_{ij}} \leqslant 1 \\[4mm] V \geqslant 0, U \geqslant 0 \end{cases} \qquad (6-2)$$

将其写成矩阵形式，有：

$$(C^2R)\begin{cases} \max \dfrac{U^T Y_{j_0}}{V^T X_{j_0}} \\ s.t. \dfrac{U^T Y_j}{V^T X_j} \leq 1, \ j=1, \ 2, \ \cdots, \ n \\ V \geq 0, \ U \geq 0 \end{cases} \qquad (6-3)$$

通过 Charnes - Cooper 变换，可将上式的分式规划成与其等价的线性规划：

$$(P_{C^2R})\begin{cases} \max \mu^T Y_{j_0} = V_p \\ s.t. \ \omega^T X_j - \mu^T Y_j \geq 0, \quad j=1,2,\cdots,n \\ \omega^T X_{j_0} = 1 \\ \omega \geq 0, \mu \geq 0 \end{cases} \qquad (6-4)$$

$$(D_{C^2R})\begin{cases} \min \theta \\ s.t. \ \sum_{j=1}^{n} X_j \lambda_j \leq \theta X_{j_0} \\ \sum_{j=1}^{n} Y_j \lambda_j \geq Y_{j_0} \\ \lambda_j \geq 0, j=1,2,\cdots,n \end{cases} \qquad (6-5)$$

其中，式（6-5）为式（6-4）的对偶形式。

后来发展起来的模型，均以式（6-5）为基础。因此，式（6-5）是 DEA 模型的基本形式。

DEA 有效性的定义：

定义1：若（P_{C^2R}）的最优目标值 $V_P = 1$，则称 DMU_{j_0} 为弱 DEA 有效。

定义2：若（P_{C^2R}）存在最优解 $\omega^0 > 0$，$\mu^0 > 0$，$\mu^0 Y_0 = 1$，则称 DMU_{j_0} 为 DEA 有效。

利用线性规划的对偶理论，可从（D_{C^2R}）得到关于 DEA 有效的等价定义。实际上，在使用 DEA 模型分析问题时，一般都使用式（6-5）。

基于投入角度的 DEA 的 C^2R 模型的实用形式为：

$$\min[\theta - \varepsilon(\hat{e}^T s^- + e^T s^+)]$$

$$s.t. \begin{cases} \sum_{j=1}^{n} X_j \lambda_j + s^- = \theta X_{j_0} \\ \sum_{j=1}^{n} Y_j \lambda_j - s^+ = Y_{j_0} \\ \lambda_j \geq 0, j=1,2,\cdots,n \\ s^- \geq 0, s^+ \geq 0 \end{cases} \qquad (6-6)$$

这里，$X_j = (x_{1j}, \ x_{2j}, \ \cdots, \ x_{mj})^T$，$Y_j = (y_{1j}, \ y_{2j}, \ \cdots, \ y_{sj})^T$，$j = 1, \ 2, \ \cdots, \ n$，分别表示第 j 个决策单元的投入指标向量和产出指标向量；$\hat{e}^T = (1, \ 1, \ \cdots, \ 1) \in E_m$；$e^T = (1, \ 1, \ \cdots, \ 1) \in E_s$，一般取 $\varepsilon = 10^{-6}$。

DEA 模型的一个重要价值在于可以测算投入利用率。由式（6-6）可以得到 θ^*，s^-，s^+，记：

$$\Delta X_{j_0} = (1 - \theta^*) X_{j_0} + s_0^- \tag{6-7}$$

这里，ΔX_{j_0} 为第 j_0 个决策单元输入剩余量向量（基于现有产出）。这样，就容易得到第 j_0 个决策单元第 t 个投入指标的利用率：

$$U_{j_0, t} = \left(1 - \frac{\Delta x_{j_0, t}}{x_{j_0, t}}\right) \times 100\%, \ (t = 1, \ 2, \ \cdots, \ m) \tag{6-8}$$

6.3.4　R&D 投入与产出资源的时间配置效率

6.3.4.1　效率测度

为了测度江苏省医药制造业 R&D 投入产出效率，我们以年份作为一个决策单元，得到各年的 DEA 值，如表 6-36 所示。下面的计算结果基于 1996~2016 年 21 年的江苏省医药制造业的相关统计数据。

表 6-36　江苏省医药制造业 R&D 效率计算结果

年份	DEA 值
1996	0.771
1997	1.000
1998	1.000
1999	0.802
2000	0.911
2001	1.000
2002	0.834
2003	1.000
2004	1.000
2005	1.000
2006	0.945
2007	0.939
2008	0.865
2009	0.712
2010	1.000

续表

年份	DEA 值
2011	0. 707
2012	0. 797
2013	0. 864
2014	0. 923
2015	0. 887
2016	1. 000

在1996～2016年的21年间，将江苏省医药制造业R&D投入产出活动按照年份来分析其相对有效性，即DEA效率。这是一个基于年份为决策单元的DEA效率测度问题，可以就江苏省医药制造业R&D活动效率样本年份的对比进行分析。或者可以说，对于这21年，江苏省医药制造业R&D资源的配置效率在时间上分布状况。

由表6－36可知，在21年间，有效的年份有8个，即有38.10%的江苏省医药制造业R&D活动是DEA有效的。表6－36表明，1997～1998年、2001年、2003～2005年、2010年和2016年的DEA值为1，即江苏省医药制造业R&D活动在上述8个年份里，在其当年的产出水平下，其投入得到了充分利用；其余13年表现为非DEA有效，也即这13年江苏省医药制造业R&D投入资源未能得到充分利用。或者说，在其相应年份的产出水平下，其R&D投入存在冗余现象，也即在目前的投入水平下，减少部分投入也能获得当前的产出水平。

进一步分析可以得知，在DEA非有效的13年里，DEA值超过0.9的有2000年、2006～2007年和2014年；DEA值介于0.8～0.9的有1999年、2002年、2008年、2013年和2015年；介于0.7和0.8的有2009年、2011～2012年。因此，总体上来说，在21年间，江苏省医药制造业R&D活动效率较高，效率值超过0.85的年份有16个，占全部21个年份数比例为76.19%。

为了更为直观地观察效率随时间变化的趋势，我们画出各年效率值时间序列的散点图。

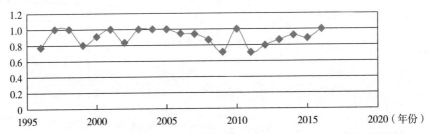

图6－23　江苏省医药制造业R&D投入产出DEA效率时间序列散点图

在样本分析期内，江苏省医药制造业 R&D 活动 DEA 效率值未现明显趋势，但具有时段特征，即在 1996~2002 年处于波动状态，2003~2009 年呈现下降趋势，2001~2016 年呈现上趋势。效率的两个最低点出现在 2009 年和 2011 年。

　　从近 5 年来看，江苏省医药制造业 R&D 活动效率出现持续向好的态势。

6.3.4.2　利用率分析

　　对于非 DEA 有效的年份，我们需要深入分析投入资源的利用率，只有这样，我们才能找到改进的方向。

表 6 - 37　江苏省医药制造业 R&D 经费内部支出利用率

年份	R&D 经费内部支出利用率（%）
1996	77.4
1999	80.2
2000	90.8
2002	83.3
2006	94.5
2007	86.8
2008	76.0
2009	71.2
2011	70.7
2012	79.7
2013	86.4
2014	92.3
2015	88.7

　　在 13 个非 DEA 有效的年份里，R&D 经费利用率的变化区间为（71%，95%），极差为 24%；除了有 4 个年份利用率在 80% 以下，其余均在 80% 以上，特别有 3 个年份在 90% 以上。

　　从图 6 - 24 的散点图可知，R&D 经费利用率随时间变化无明显趋势，但在局部范围内呈现一些特征。即在 2007 年的 5 年里 R&D 经费利用率基本稳定在 85% 左右，2007 年后 8 年间 R&D 经费利用率呈现"U"型态势。这种趋势表明江苏省医药制造业 R&D 经费利用率尽管存在一定波动，但总体上仍维持一个较好的水平。或者说，即使在那些 DEA 非有效的年份里，江苏省的 R&D 经费的利用还是较为充分的。

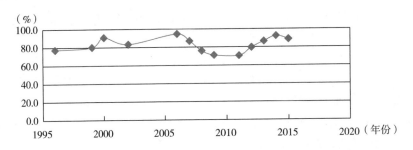

图 6 - 24   江苏省医药制造业 R&D 经费内部支出利用率时间序列散点图

表 6 - 38   江苏省医药制造业研发人员全时当量利用率

年份	研发人员全时当量利用率（%）
1996	43.0
1999	80.2
2000	90.8
2002	83.3
2006	94.5
2007	93.9
2008	86.5
2009	71.2
2011	70.7
2012	79.7
2013	86.4
2014	92.3
2015	88.7

　　至于 R&D 人员的利用率问题，从表 6 - 38 可知，除 1996 年不到 45% 以外，其余在 DEA 非有效的年份 R&D 人员利用率也都在 70% 以上。其中，在 13 个非 DEA 有效的年份，有 9 个年份的 R&D 人员利用率在 80% 以上，更有 4 年这一指标超过 90%。从图 6 - 25 我们可以更为直观地看到 R&D 人员利用率的变化趋势。

　　如果不考虑 1996 年 R&D 人员利用率较低的情况外，或者作为一个异常点看待外，则在 1997 年后的 6 年间，R&D 人员利用率的变化不大，但从 2008 ~ 2015 年 R&D 人员利用率呈现"U"型态势，这一特征与 R&D 经费利用率类似。实际上，如果不考虑1996年，非DEA有效年份江苏医药制造业R&D人员利用率的变化趋势与R&D经费利用率的变化趋势基本一致。

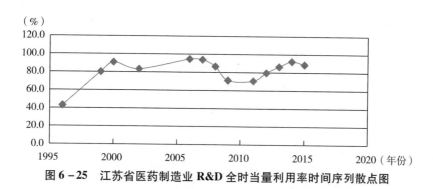

图6-25　江苏省医药制造业R&D全时当量利用率时间序列散点图

表6-39　江苏省医药制造业新产品开发经费利用率

年份	新产品开发经费利用率（%）
1996	77.4
1999	80.2
2000	90.8
2002	64.4
2006	73.8
2007	66.2
2008	57.9
2009	71.2
2011	52.0
2012	71.3
2013	79.1
2014	81.3
2015	88.7

对于新产品开发经费利用率这一指标，与R&D活动效率评价中的三个投入指标的其他两个指标的利用率比较，发现其数值明显偏低。在13个非DEA有效的年份，江苏省医药制造业新产品开发经费利用率超过90%的仅有2000年一个年份；在80%~90%的只有1999年、2014~2015年3个年份；2011年新产品开发经费利用率不到52%，2008年也未达到58%；有两个年份介于64%~67%，有五个年份新产品开发经费利用率这一指标在70%~80%。综合考虑，在13个

非 DEA 有效的年份，新产品开发经费利用率不到 80% 的年份有 9 个，占 13 个年份数的 69.23%。

为了分析新产品开发经费利用率在非 DEA 有效的年份随时间变化的特征，我们画出了这一指标随时间变化的散点图。

图 6 - 26 显示，江苏省医药制造业在非 DEA 有效的 13 年，其新产品开发经费利用率随时间变化基本可以分成三段：第一段在前 3 年呈递增趋势，中间的 6 年在波动中递减，从 2011 年始逐年递增且趋势稳定，也即江苏省医药制造业新产品开发经费利用率有向好趋势，实际上，2016 年为 DEA 有效。

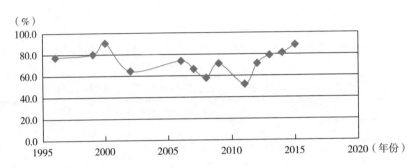

图 6 - 26　江苏省医药制造业新产品开发经费利用率时间序列散点图

6.3.5　R&D 投入与产出资源的空间配置效率及其动态分析

6.3.5.1　效率测度及其分析

为了研究江苏省医药制造业 R&D 资源的配置效率，我们可以借助于其他在医药制造业 R&D 活动较为活跃的地区进行相对效率的比较，以凸显江苏省的现状。这种比较可以从空间视角帮助我们认识江苏省医药制造业 R&D 活动与那些规模相当或接近的地区的 R&D 资源的配置效率的差异，对提高江苏省医药制造业 R&D 效率有积极的方向性的指导。

由于数据缺失，另外考虑到比较的基础，即那些 R&D 投入与产出规模较小的地区即使数据齐全我们也未纳入比较的单元。主要考虑到，如果不加选择地寻找决策单元，也即与江苏省进行比较的地区，那么，结论可能难以真实反映江苏的实际。因此，通过综合考虑，我们选择与江苏省比较的地区有北京、天津、河北、吉林、上海、浙江、安徽、山东、河南、湖北、湖南、广东、重庆和四川 14 个省级地区。

考虑到选择的地区医药制造业 R&D 活动的数据可得性，我们利用的数据范围为 2002 ~ 2016 年。

运用 DEA 模型我们可以计算得到 15 个地区医药制造业 R&D 投入产出在 2002~2016 年 15 年间每年的 DEA 值如表 6-40 所示。

表 6-40　15 个样本地区医药制造业 R&D 投入产出效率值

地区	2002 年	2003 年	2004 年	2005 年	2006 年	2007 年	2008 年	2009 年	2010 年	2011 年	2012 年	2013 年	2014 年	2015 年	2016 年
北京	0.850	1.000	1.000	0.780	0.610	1.000	0.934	0.637	0.736	0.868	0.853	0.785	0.671	0.593	0.469
天津	0.545	1.000	1.000	1.000	1.000	0.842	1.000	1.000	1.000	1.000	1.000	1.000	1.000	1.000	0.992
河北	0.352	0.234	0.286	0.449	0.557	0.773	0.561	0.352	0.329	0.465	0.670	0.737	0.635	0.670	0.538
吉林	0.159	0.669	0.403	0.662	0.569	0.798	0.639	0.786	0.869	0.741	1.000	1.000	0.995	0.870	0.921
上海	0.739	0.538	0.878	1.000	0.586	0.759	1.000	0.411	0.560	0.781	1.000	0.691	0.614	0.719	0.629
江苏	0.686	0.909	0.950	0.998	0.752	1.000	0.875	0.557	0.747	0.583	0.732	0.669	0.818	0.829	0.721
浙江	0.554	0.932	0.776	0.417	0.524	0.780	0.630	0.450	0.563	0.747	0.778	1.000	0.955	0.912	0.908
安徽	0.248	0.549	0.425	0.749	0.435	0.662	0.480	0.991	0.930	0.919	0.892	0.970	1.000	0.885	1.000
山东	0.762	1.000	1.000	1.000	0.807	0.661	0.574	0.520	0.608	0.731	1.000	0.834	0.893	0.857	0.672
河南	0.441	0.800	0.864	0.477	0.618	0.601	0.553	0.687	0.737	0.715	0.646	0.733	0.620	0.478	0.496
湖北	0.486	0.244	0.292	0.611	0.265	0.558	0.825	0.848	1.000	1.000	0.868	0.797	1.000	1.000	0.838
湖南	0.920	0.746	0.849	1.000	1.000	1.000	0.747	0.664	0.577	1.000	1.000	1.000	1.000	1.000	1.000
广东	0.255	0.524	0.640	1.000	0.849	1.000	0.526	0.456	0.462	0.461	0.590	0.533	0.669	0.705	0.738
重庆	1.000	1.000	0.804	1.000	1.000	1.000	1.000	1.000	0.746	0.825	0.778	1.000	0.814	1.000	1.000
四川	0.229	1.000	0.666	1.000	1.000	0.979	0.727	0.644	1.000	1.000	1.000	0.586	1.000	1.000	1.000

在 2002~2016 年的 15 年间，江苏省医药制造业仅在 2007 年表现为 R&D 投入产出 DEA 有效。与江苏省在医药制造业 R&D 投入和产出规模相当或接近的山东、浙江和广东等省，在分析期内，山东省在 2003~2005 年和 2012 年表现为 R&D 投入产出 DEA 有效；浙江省仅在 2013 年为 R&D 投入产出 DEA 有效；广东省则在 2005 年和 2007 年为 R&D 投入产出 DEA 有效。因此，总体上来说，那些在医药制造业 R&D 活动规模较大的地区在当前的 R&D 产出水平下其 R&D 投入未能得到充分利用。事实上，在医药制造业 R&D 投入规模较大的地区，其经济发展均处于全国领先地位。因而，有足够的资金和人力资源用于高技术产业的发展中，但资源的有效利用问题却较为突出，这是需要进一步深入研究的问题。

我们选择样本地区与江苏省联合一起进行医药制造业 R&D 投入产出的效率分析，目的是要分析江苏省与这些地区在 R&D 投入产出效率上的差别。因此，下面我们根据每年的数据做进一步的细分研究。

表 6 – 41　分析期内 DEA 效率高于江苏省的地区

年份	地区
2002	北京、上海、山东、湖南、重庆
2003	北京、天津、浙江、山东、重庆、四川
2004	北京、天津、山东
2005	天津、上海、山东、湖南、广东、重庆、四川
2006	天津、山东、湖南、广东、重庆、四川
2007	无
2008	北京、天津、上海、重庆
2009	北京、天津、吉林、安徽、河南、湖北、湖南、重庆、四川
2010	天津、吉林、安徽、湖北、四川
2011	北京、天津、吉林、上海、浙江、安徽、湖北、湖南、重庆、四川
2012	北京、天津、吉林、上海、浙江、山东、安徽、湖北、湖南、重庆、四川
2013	北京、天津、吉林、上海、浙江、山东、安徽、河南、湖北、湖南、重庆
2014	天津、吉林、浙江、山东、安徽、湖北、湖南、四川
2015	天津、吉林、浙江、山东、安徽、湖北、湖南、重庆、四川
2016	天津、吉林、浙江、安徽、湖北、广东、湖南、重庆、四川

　　除 2007 年江苏省医药制造业 R&D 投入产出为 DEA 有效外的 14 年，由表 6 – 41 可知，对于与其比较的 14 个地区，在大多数年份，江苏省医药制造业的 R&D 投入产出的效率低于大多数地区。特别从 2011 年后，每年至少有 8 个地区的医药制造业的 R&D 效率高于江苏省，其中有两年更有 11 个地区高于江苏省。因此，从 R&D 效率的排序来看，江苏省处于一个相对较低的水平。

　　我们现在再从江苏省在非 DEA 有效的 14 年间其 R&D 效率值本身来看问题，将江苏省在 14 年 R&D 效率小于 1 的年份按照效率值从大到小排序如下：

表 6 – 42　江苏省非 DEA 有效年份效率值排序结果

2005 年	2004 年	2003 年	2008 年	2015 年	2014 年	2006 年
0.998	0.95	0.909	0.875	0.829	0.818	0.752
2010	2012	2016	2002	2013	2011	2009
0.747	0.732	0.721	0.686	0.669	0.583	0.557

　　可以发现，尽管江苏省在所分析的 15 年间有 14 年都表现为 R&D 非 DEA 有效，但效率值本身还是反映了江苏省医药制造业 R&D 效率相对于其他与之比较

的 14 个地区的真正的差别。这种差别单从数值来看，在 2003 ~ 2005 年江苏省有较高的效率值，均在 0.9 以上，2005 年几乎有效；2008 年、2014 年和 2015 年江苏省的效率值则超过 0.8，也表现为较高的投入资源利用效率；2006 年、2010 年、2012 年和 2016 年江苏省的效率则超过 0.72；其余 4 年效率值则介于 0.55 ~ 0.67。因此，在 14 年间，江苏省有 8 年时间其医药制造业 R&D 效率与其他 14 个地区相比处于较高的水平，尽管从 DEA 效率这一概念来看其为非有效地区。

另外，我们注意到两个现象，一是医药制造业 R&D 投入与产出规模较大的地区中的山东省和浙江省。总的来说，R&D 效率要高于江苏省。二是一些中西部其医药制造业 R&D 投入与产出的规模较小的地区 R&D 效率值较高，这种特点实际上是由 DEA 模型本身的性质所决定。这种较高效率仅是从 DEA 角度来看其资源利用率较高，但实际上处于低投入和低产出的状态。

不管怎样，相对有效性的分析，可以发现江苏省医药制造业 R&D 投入产出中资源的利用情况。或者说，借助于与其他地区比较找到其自身存在的问题。

6.3.5.2　利用率分析

从 DEA 模型的含义来看，一个决策单元非 DEA 有效，即表示在其当前的产出水平下，其投入有一部分未能获得有效产出。简言之，可以少投入一些一样能够获得当前这么多的产出，即出现了投入冗余的现象。

DEA 模型除了测度效率外，还有一个功能可以计算在非 DEA 有效的情形下可以减少的投入量，或者说可以计算投入资源的利用率。

下面分析在非 DEA 有效的 14 年间其 3 个投入指标的利用率问题。我们根据模型计算结果分别用 3 个表列出 3 个投入指标的利用率的计算结果。

当然，我们的重点是分析江苏省的情况，但是需要借助于与其他地区的比较。

表 6 - 43　R&D 经费内部支出利用率　　　　单位:%

地区	2002 年	2003 年	2004 年	2005 年	2006 年	2007 年	2008 年	2009 年	2010 年	2011 年	2012 年	2013 年	2014 年	2015 年	2016 年
北京	50.5	100.0	100.0	71.3	45.7	100.0	93.4	63.7	73.6	86.8	85.3	78.5	67.1	59.3	46.9
天津	33.6	100.0	100.0	100.0	100.0	45.1	100.0	100.0	100.0	100.0	100.0	100.0	100.0	100.0	64.0
河北	24.3	23.4	28.6	44.9	34.4	36.3	48.3	32.6	32.9	38.1	59.3	48.0	63.3	67.0	53.8
吉林	15.9	66.9	26.9	66.2	56.9	64.2	63.9	78.6	86.9	74.1	100.0	100.0	99.5	87.0	92.1
上海	47.6	36.1	69.8	100.0	18.2	44.3	100.0	33.5	56.0	56.2	100.0	66.5	61.4	66.7	56.1
江苏	49.3	90.9	83.1	45.4	41.0	100.0	60.6	46.6	74.7	57.1	73.2	62.7	81.8	82.9	72.1

地区	2002 年	2003 年	2004 年	2005 年	2006 年	2007 年	2008 年	2009 年	2010 年	2011 年	2012 年	2013 年	2014 年	2015 年	2016 年
浙江	51.0	93.2	77.6	41.7	39.1	58.3	63.0	42.6	56.3	65.0	69.5	100.0	95.5	91.2	78.8
安徽	24.8	54.9	42.5	74.9	35.1	48.3	41.1	99.1	93.0	91.9	89.2	97.0	100.0	88.5	100.0
山东	35.8	100.0	100.0	100.0	57.5	40.1	57.4	43.7	60.0	59.2	100.0	76.6	80.4	72.0	56.1
河南	44.1	80.0	64.2	39.0	59.2	49.0	55.3	68.7	73.7	69.8	63.2	73.3	62.0	47.8	44.3
湖北	37.5	24.4	18.3	61.1	24.8	37.7	82.5	84.8	100.0	84.6	79.7	100.0	100.0	82.1	
湖南	39.8	30.0	65.5	100.0	100.0	100.0	62.3	55.5	57.7	100.0	100.0	100.0	100.0	100.0	
广东	14.9	43.2	51.6	100.0	82.9	100.0	52.6	42.7	46.2	46.1	59.0	43.1	66.9	70.5	73.8
重庆	100.0	100.0	80.4	100.0	100.0	100.0	100.0	100.0	74.6	82.5	77.8	100.0	78.9	100.0	100.0
四川	20.6	100.0	66.6	100.0	100.0	65.3	72.7	64.4	100.0	100.0	100.0	58.6	100.0	100.0	100.0

我们仅对非 DEA 有效的地区进行逐年分析。

2002 年仅有重庆市为 DEA 有效，因此，江苏省可以与 13 个地区比较 R&D 经费的利用情况。我们发现，2002 年 14 个未能充分利用 R&D 经费的地区其 R&D 经费利用率普遍较低，最高的浙江省和北京市也只有 51%，其余地区均在 50% 以下。江苏省在 14 个地区中排在浙江省和北京市之后，利用率仅为 49.3%，紧随江苏省的上海市则利用了 R&D 经费的 47.6%，其后的河南省则为 44.1%，其余地区则均在 40% 以下，吉林省和广东省则不到 16%。因此，相对而言，江苏省医药制造业仍较好地利用了其 R&D 经费。

2003 年有北京市、天津市、山东省、重庆市和四川省 5 个地区为 R&D 投入产出 DEA 有效。在 10 个非 DEA 有效的地区中，仅有浙江省和江苏省的 R&D 经费利用率超过 90%，第三的河南省为 80%，其余 7 个地区均在 67% 以下，更有湖北省和河北省的 R&D 经费利用率不到 25%。因此，在 2003 年江苏省与其余 9 个非 DEA 有效的地区相比，在医药制造业 R&D 经费里利用上保持了较高的效率。

在 2004 年里比较的 15 个地区中，仅有北京市、天津市和山东省 3 个地区为 R&D 投入产出 DEA 有效。在 12 个非 DEA 有效的地区中，江苏省的 R&D 经费利用率位列首位，为 83.1%，紧随其后的有重庆市的 80.4% 和浙江省的 77.6%，其余 9 个地区的 R&D 经费利用率均不到 70%，湖北省最低仅为 18.3%。由此可见，在 2004 年非 DEA 有效的 12 个地区中，江苏省较好地利用了医药制造业的 R&D 经费。

2005 年有 7 个地区充分地利用了 R&D 经费，即天津市、上海市、山东省、湖南省、广东省、重庆市和四川省等地区。在 8 个非 DEA 有效的地区中，利用率高于江苏省的分别有安徽省、北京市、吉林省和湖北省 4 个地区，其中最高的安徽省仅利用了 R&D 经费的 74.9%，江苏省则不到 46%。因此，在 2005 年江苏省的医药制造业 R&D 经费使用效率在非 DEA 有效的 8 个地区中属于较低的省份。

我们可以看到，2006 年有天津市、湖南省、重庆市和四川省 4 个地区为 DEA 有效。在 11 个非 DEA 有效的地区中，广东省的 R&D 经费利用率最高接近 83%，其余 10 个地区的 R&D 经费利用率均不到 60%，其中湖北省和上海市不到 25%。江苏省刚好处于 11 个地区的中间位置，仅为 41%，表现为一个较低的利用率。

2007 年 15 个参与计算的医药制造业 R&D 投入产出效率的地区中，有 5 个地区的 R&D 经费得以充分利用，这 5 个地区分别为北京市、江苏省、湖南省、广东省和重庆市。因此，江苏省在 2007 年表现为医药制造业 R&D 经费利用的高效率。R&D 投入和产出较大的山东省和浙江省的利用率仅分别为 40.1% 和 58.3%；前几年利用率一直很高的天津市也仅为 45.1%。

2008 年得以充分利用医药制造业 R&D 经费的地区则有天津市、上海市和重庆市 3 个地区。在 12 个非 DEA 有效的地区中，按照 R&D 经费利用率从高到低排序江苏省仅位列第 7 位，其利用率不到 61%；在 12 个地区中，利用率最高的北京市高达 93.4%，紧随其后的湖北省接近 83%、四川省接近 73%，其余地区均低于 64%，其中河北省和安徽省则不到 50%。R&D 投入和产出较大的山东省和广东省的利用率也都不到 58%。因此，2008 年江苏省医药制造业的 R&D 经费利用率较低。

天津市和重庆市是 2009 年仅有的两个能够充分利用医药制造业 R&D 资源的地区。在 13 个非 DEA 有效的地区中，安徽省表现出很高的利用率，超过了 99%，其后的湖北省则接近 85%，吉林省接近 79%，其余 10 个地区的 R&D 经费利用率均不到 69%。江苏省在 13 个地区中处于第 8 的位次，其利用率则不到 47%，与之处于医药制造业大省的山东省和广东省的利用率也仅在 43% 左右。因此，江苏省的医药制造业在 2009 年的 R&D 经费利用上处于较低水平。

2010 年有天津市、湖北省和四川省在当前的产出水平下完全利用了其投入的医药制造业 R&D 资源。在 12 个非 DEA 有效的地区中，江苏省处于利用率较高的第三位次，仅有安徽省和吉林省在 R&D 利用率上超过江苏省，分别为 93% 和 86.9%；在 74% 左右的除江苏省外还有重庆市、河南省和北京市。与江苏省处于竞争的山东省、浙江省和广东省则均不到 61%，广东省则更小于 47%。因此，2010 年江苏省尽管未能充分利用医药制造业的 R&D 经费，但与同属非 DEA 有效的地区相比仍有较高的利用率。

在 2011 年共有 4 个地区，即天津市、湖北省、湖南省和四川省等有效利用了医药制造业的 R&D 投入资源。在 11 个未能充分利用 R&D 资源的地区中，江苏省仅位列第 8，其 R&D 经费利用不到 58%；利用率较高的则有安徽省、北京市和重庆市，分别接近 92%、87% 和 83%。浙江省、山东省与江苏省相比有微弱优势，广东省则处于倒数第二的位置。因此，在 2011 年，相对于与其比较的14 个地区，江苏省医药制造业的 R&D 经费的使用属于较低效率的水平。

天津市、吉林省、上海市、山东省、湖南省和四川省为 2012 年中参与比较的 15 个地区中 DEA 有效的地区。在 9 个非 DEA 有效的地区中，医药制造业 R&D 经费利用率介于 59% ~ 90%。高于 80% 的有安徽省、北京市和湖北省；重庆市和江苏省则是仅有的两个介于 70% ~ 80% 的地区，浙江省则不到 70%，广东省在 9 个地区中位列最末，其 R&D 经费利用率不到 60%。因此，江苏省在2012 年其医药制造业的 R&D 经费利用率仍处于中间位置。

2013 年有 5 个地区的医药制造业 R&D 资源得到合理配置，即天津市、吉林省、浙江省、湖南省和重庆市。在 10 个非 DEA 有效的地区中，江苏省的 R&D 经费利用率不到 63%，仅位列 11 个地区中的第 7 位；最高的安徽省达到 97%，介于 70% ~ 80% 的有湖北省、北京市、山东省和河南市，其余均在 70% 以下；广东市则不到 44%。因此，在 2013 年江苏省医药制造业的 R&D 经费利用率相对所比较的地区处于较低水平。

天津市、安徽省、湖北省、湖南省和四川省 5 个地区在 2014 年的 15 个地区中有效地利用了其投入的医药制造业 R&D 资源。在 10 个未能充分利用 R&D 资源的地区中，江苏省的 R&D 经费利用率接近 82%，低于位列第一和第二的吉林省的 99.5% 和浙江省的 95.5%；紧随江苏省的山东省的利用率超过了 80%，重庆市接近 79%，其余 5 个地区均低于 68%。2014 年还有一个特点是，所有非 DEA 有效地区的医药制造业 R&D 经费利用率均超过 60%。总的来说，江苏省在2014 年与其比较的地区中 R&D 经费利用率仍属较高的地区之一。

在 2015 年的 15 个地区中有 5 个地区为 DEA 有效。在其余的 10 个非 DEA 有效的地区中，江苏省医药制造业的 R&D 经费利用率接近 83%，处于第四的位次，高于江苏省的则有浙江省超过 91%，安徽省接近 89%，吉林省则超过 85%；紧随江苏省的山东省则仅有 72%、广东省接近 71%。因此，在 2015 年，江苏省医药制造业的 R&D 经费利用率在非有效的地区中处于较高的水平。

2016 年医药制造业 R&D 投入产出效率最高的地区则有安徽省、湖南省、重庆市和四川省。在 11 个 R&D 资源未能得以充分利用的地区中，吉林省最高，其R&D 经费的利用超过了投入的 92%、紧随其后的湖北省则超过了 82%，其余地区则均在 80% 以下。江苏省在 11 个地区中位列第五，其 R&D 经费利用了投入的

72.1%，与其竞争的山东省则不到57%，浙江省和广东省则表现为微弱优势。因此，江苏省在 2016 年医药制造业的 R&D 经费使用上表现为尚可的效率。

表 6 - 44　R&D 研发人员全时当量利用率　　　　　　单位：%

地区	2002 年	2003 年	2004 年	2005 年	2006 年	2007 年	2008 年	2009 年	2010 年	2011 年	2012 年	2013 年	2014 年	2015 年	2016 年
北京	85.0	100.0	100.0	77.9	61.0	100.0	85.1	44.0	73.6	86.8	85.3	78.5	67.1	59.3	43.7
天津	54.5	100.0	100.0	100.0	100.0	49.9	100.0	100.0	100.0	100.0	100.0	100.0	100.0	100.0	72.7
河北	33.8	17.9	17.0	44.9	48.6	34.8	30.2	22.2	20.7	31.2	58.7	73.7	63.5	67.0	49.2
吉林	9.6	66.9	40.3	66.3	56.9	40.8	51.2	51.8	74.1	100.0	100.0	90.8	84.1	86.8
上海	73.9	53.8	87.8	100.0	58.6	75.9	100.0	41.1	56.0	78.1	100.0	69.1	61.4	71.9	62.9
江苏	68.6	89.8	95.0	99.8	75.2	100.0	87.5	55.7	74.7	58.3	73.2	66.9	81.8	82.8	72.1
浙江	55.4	54.3	77.6	41.7	52.4	65.5	63.0	39.3	50.5	53.0	67.3	100.0	92.0	64.9	52.4
安徽	11.5	17.3	22.6	36.3	41.7	51.0	24.9	79.0	63.6	78.3	70.0	97.0	100.0	72.9	100.0
山东	19.1	100.0	100.0	100.0	80.8	56.6	57.4	52.0	60.8	73.1	100.0	83.1	89.3	85.7	67.2
河南	26.1	26.6	33.3	42.4	61.9	28.0	50.9	43.8	58.3	48.5	43.5	60.5	39.5	32.8	41.5
湖北	28.8	11.8	9.1	45.4	26.5	42.8	43.4	69.6	100.0	100.0	66.9	74.8	100.0	100.0	65.4
湖南	53.0	25.0	57.7	100.0	99.7	100.2	74.7	66.4	49.3	100.0	100.0	100.0	100.0	100.0	100.0
广东	25.5	52.4	40.6	100.0	84.9	100.0	52.6	45.6	46.2	46.1	59.0	53.3	60.8	70.5	73.8
重庆	100.0	100.0	58.5	100.0	100.0	100.0	100.0	100.0	51.0	64.2	77.8	100.0	81.5	100.0	100.0
四川	17.3	100.0	25.2	100.0	100.0	39.5	41.1	34.0	100.0	100.0	100.0	58.6	100.0	100.0	100.0

衡量 R&D 活动投入强度的常用指标除了 R&D 经费内部支出外，另外就是研发人员全时当量。我们结合表 6 - 44 中的数据，对非 DEA 有效的地区按照年份进行 R&D 人员利用率的比较分析，目的是要厘清江苏省的状况及其与参与比较的其他地区的差异。

2002 年仅有重庆市一个地区有效利用其 R&D 投入资源。其余 14 个非 DEA 有效的地区中江苏省医药制造业 R&D 人员的利用率处于第三位置，其 R&D 人员利用了其投入的接近 69%，大于江苏的仅有北京市和上海市，分别为 85% 和接近 74%，其余地区均在 56% 以下；2002 年 14 个非 DEA 有效的地区中，R&D 人员利用率的变化区间为（9%，85%），极差高达 76%。利用率在 60% 以下的地区数占 14 个地区数的 78.57%；利用率低于 50% 的地区数占比 57.14%；低于 30% 则占比 50%。由此可见，2002 年 14 个非 DEA 有效地区的 R&D 人员利用率总体不高，江苏省则处于相对较高的位次。

北京市、天津市、山东省、重庆市和四川省为 5 个 2003 年 R&D 人员高效率使用的地区。在 10 个未能充分利用医药制造业 R&D 人员的地区中江苏省利用了投入的接近90%，处于第一的位次；位列第二的吉林省则仅为67%，其余 8 个地区均在 55% 以下，其中包括浙江省和广东省这样医药制造业大省。利用率在 30% 的则有 5 个地区，占比全部 10 个非 DEA 有效地区数的 50%。更有 3 个地区的利用率不到18%。因此，2003 年尽管江苏省医药制造业未能充分利用 R&D 人员，但也表现为较高的利用率水平。

在 2004 年比较的 15 个地区中，仅有北京市、天津市和山东省 3 个地区充分发挥了医药制造业 R&D 人员的作用。其余 12 个非 DEA 有效的地区中，江苏省医药制造业的 R&D 人员利用率最高达到95%，其次上海市接近88%，浙江省接近78%，其余 9 个地区 R&D 人员利用率均在 60% 以下。其中，利用率在 50% 以下的地区有 7 个，占全部非 DEA 有效地区数的 58.33%；特别有 4 个地区的利用率不到30%，最低的湖北省还不到10%。因此，在 2004 年，江苏省医药制造业在 R&D 人员作用的发挥上具有很高的功效。

2005 年 R&D 人员能尽其力的地区多达 7 个，分别为上海市、四川省、重庆市、山东省、广东省、天津市和湖南省，江苏省紧随其后，并且有几乎有效的利用率，即接近100%。其余的 7 个地区的 R&D 人员利用率则均小于80%；利用率低于 50% 的地区则有 5 个占全部非 DEA 有效的地区数的 62.5%。因此，2005 年江苏省医药制造业 R&D 人员在 R&D 产出上做出了很大贡献。

2006 年仅有天津市、重庆市和四川省 3 个地区表现为 R&D 资源的充分利用。在其余的 12 个地区中，江苏省医药制造业 R&D 人员的利用率略过75%，位列非 DEA 有效的地区中的第四位；在 12 个地区中，湖南省医药制造业 R&D 人员利用率几乎 100%，其后的广东省则接近85%，山东省接近81%；R&D 人员利用率低于50%的有河北省、安徽省和湖北省 3 个地区。因此，江苏省在 2006 年的医药制造业 R&D 人员的利用率上表现一般，但与稍微高一点的山东省和广东省差距不大。

北京市、江苏省、湖南省、广东省和重庆市是 2007 年 R&D 资源合理配置的地区，因而也就充分利用了其医药制造业的 R&D 投入资源。因此，江苏省医药制造业的 R&D 活动在 2007 年具有高效率。与江苏省在医药制造业有竞争优势的山东省、浙江省和广东省的 R&D 人员利用率均不高，其中浙江省不到66%，山东省不到57%。

在 2008 年参与比较的 15 个地区中，R&D 资源得到充分利用的有上海市、重庆市和天津市 3 地。在非 DEA 有效的 12 个地区中，江苏省医药制造业的 R&D 人员利用率接近88%，位列 12 个地区的首位；与江苏省有竞争力的浙江省和广东省的 R&D 人员利用率分别为63%和52.6%，处于较低水平。在 12 个非 DEA 有效的地区中，R&D 人员利用率低于50%的有 4 个地区，占全部非 DEA 有效地区数的 1/3。因此，2008 年江苏省与其他 14 个地区比较而言，其医药制造业 R&D 人员的利用率尚处于较高水平，尽管未能充分利用之。

2009 年只有天津市和重庆市为医药制造业 R&D 活动 DEA 有效的地区。在 DEA 无效的 13 个地区中，R&D 人员利用率最高的安徽省也不到 80%，位列第四 的江苏省其只利用了投入的 R&D 人员的 55.7%；与江苏省在医药制造业投入规 模相当的山东省和广东省的 R&D 人员利用率也仅为 52% 和 45.6%，均处于较低 的水平，浙江省则处于 13 个地区中的倒数第三位的位次，其 R&D 人员利用率不 到 40%。因此，2009 年江苏省与 14 个地区比较其 R&D 人员利用效率而言并不 高，基于当前产出，只利用不到 60% 的 R&D 人力资源。

天津市、湖北省和四川省为 2010 年仅有的 3 个能够充分利用其医药制造业 R&D 资源的地区。在其余的 12 个非 DEA 有效的地区中，江苏省位列利用率首 位，接近 75%，其后的北京市则接近 74%，其余地区则均在 64% 以下；更有 8 个地区的 R&D 人员利用率在 60% 以下，占全部非 DEA 有效的地区数的 66.67%；与江苏省在医药制造业实力接近的山东省、广东省和浙江省的利用率 均处于较低水平，山东省刚过 60%，浙江省则略过 50%，而广东省则不到 50%。 因此，尽管江苏省医药制造业的 R&D 人员利用率不到 75%，但与其比较的地区 而言尚属利用率较高的地区之一。

2011 年有 4 个地区的医药制造业 R&D 投入产出为 DEA 有效，也即这 4 个地 区的医药制造业 R&D 资源得以充分利用。在其余的 11 个地区中，江苏省处于较 后的位置，其 R&D 人员利用率不到 60%，与山东省相比差距将近 15 个百分点， 但比广东省高出 12 个百分点，与浙江省相当稍高而已。因此，江苏省的医药制 造业在 2011 年的 R&D 人员利用率上处于相对较低的水平。

在 2012 年参与比较的 15 个地区中，有 40% 的地区的医药制造业 R&D 投入 资源得到合理配置，其中包括山东省这样高 R&D 投入和产出的地区。江苏省的 表现则较为一般，在 9 个非 DEA 有效的地区中仅位列第三位，其 R&D 人员利用 率仅为 73% 稍多，但要高于浙江省的 67% 和广东省的 59%。总体上，江苏省在 2012 年的医药制造业 R&D 人员利用率水平仍属较低。

湖南省、吉林省、浙江省、天津市和重庆市是 2013 年里参与效率比较的 15 个 地区中高效率的地区，这些地区从 DEA 角度来看，它们的 R&D 资源得到了合理配 置。在 10 个 R&D 资源未能有效利用的地区中，江苏省的医药制造业 R&D 人员的 利用率不到 67%，与山东省差了 14 个百分点，但比广东省多了 13 个百分点。由于 在 10 个非 DEA 有效的地区中 R&D 人员利用率最低的广东省也有 53.3%。因此， 江苏省的医药制造业在 2013 年的 R&D 人员利用率上处于相对较低的水平。

2014 年共有 5 个地区充分利用了投入的医药制造业 R&D 人力资源。在非

DEA 有效的 10 个地区中，浙江省的 R&D 人员利用率高达 92%，其后的吉林省也接近 91%，山东省则接近 90%，江苏省位列第四位，接近 82%，广东省较低接近 61%。与其余 14 个地区比较而言，江苏省的医药制造业在 2014 年的 R&D 人员的利用率上处于相对靠后的位次，尽管具有较好的利用率。

延续 2014 年的某些现象，2015 年也有 5 个地区的医药制造业 R&D 人员得以人尽其能。在 10 个非 DEA 有效的地区中，有江苏省、浙江省、山东省和广东省这样在医药制造业 R&D 投入较大的地区。在这 10 个地区中，山东省 R&D 人员利用率最高接近 86%，吉林省和江苏省则在 83% 左右，且江苏省位列第三。广东省和浙江省的 R&D 人员利用率分别为 70.5% 和 64.9%，且处于相对较低的水平。实际上从 R&D 人员利用率的数值上来看，江苏省处于所有参与分析的 15 个地区的中间位置，或即江苏省的 R&D 人员利用率为 15 个地区 R&D 人员利用率的中位数。从绝对数值来看，江苏省利用率处于相对较高的位置。

江苏省在 2016 年的 15 个参与计算 DEA 效率的地区中，其医药制造业 R&D 人员利用率处于第 8 的位置，其利用率十分接近 15 个地区 R&D 人员利用率的中位数；与江苏省有竞争优势的山东省、浙江省和广东省的 R&D 人员利用率则分别为 67.2%、52.4% 和 73.8%，广东省略高于江苏省。

表 6-45　新产品开发经费利用率

单位:%

地区	2002 年	2003 年	2004 年	2005 年	2006 年	2007 年	2008 年	2009 年	2010 年	2011 年	2012 年	2013 年	2014 年	2015 年	2016 年
北京	79.1	100.0	100.0	78.0	61.0	100.0	93.4	53.0	35.8	78.1	59.2	72.2	56.0	41.8	39.7
天津	33.7	100.0	100.0	100.0	100.0	84.2	100.0	100.0	100.0	100.0	100.0	100.0	100.0	100.0	99.2
河北	35.2	20.9	28.6	44.9	55.7	77.3	56.1	35.2	32.9	46.5	67.0	73.7	63.5	66.2	53.8
吉林	11.7	56.2	28.8	55.2	56.9	79.8	63.9	49.1	86.9	74.1	100.0	100.0	70.0	71.3	86.9
上海	47.9	29.9	37.7	100.0	58.6	75.9	100.0	32.7	35.5	78.1	69.1	58.0	54.0	51.4
江苏	44.0	84.2	68.1	37.6	75.2	100.0	34.2	47.0	51.4	58.3	69.7	66.9	73.5	71.0	67.3
浙江	41.6	33.4	52.1	36.5	52.4	78.0	59.0	45.0	56.3	74.7	77.8	100.0	90.7	91.2	90.8
安徽	22.4	54.9	42.5	23.7	43.5	66.2	48.0	40.4	69.4	67.0	60.3	76.8	100.0	72.7	100.0
山东	76.2	100.0	100.0	100.0	80.7	66.1	53.1	42.6	42.9	73.1	100.0	82.7	87.8	68.7	58.7
河南	38.3	31.9	86.4	47.7	61.8	60.1	55.3	52.4	73.7	71.5	64.6	73.3	62.0	47.8	49.6
湖北	48.6	24.4	29.2	61.1	26.5	55.8	82.5	57.2	100.0	100.0	86.8	79.7	100.0	100.0	83.8
湖南	92.0	74.6	84.9	100.0	100.0	100.0	47.4	49.4	57.7	100.0	100.0	100.0	100.0	100.0	100.0
广东	22.0	52.4	64.0	100.0	84.9	100.0	37.9	32.2	35.2	46.1	54.2	53.3	55.8	58.6	59.7
重庆	100.0	100.0	80.4	100.0	100.0	100.0	100.0	100.0	74.6	82.5	75.2	100.0	81.4	100.0	100.0
四川	22.9	100.0	66.6	100.0	100.0	97.3	72.7	61.7	100.0	100.0	100.0	45.4	100.0	100.0	100.0

新产品开发经费也是 R&D 投入中的一个重要指标，对于知识产出的市场化产品产出有重要意义。下面结合其他 14 个地区来分析江苏省医药制造业新产品开发经费的利用情况。

　　重庆市是 2002 年仅有的一个有效利用其医药制造业 R&D 投入资源的地区。在其余 14 个非 DEA 有效的地区中江苏省利用了其医药制造业新产品开发经费的 44%；与江苏省医药制造业投入与产出规模相当的山东省的新产品开发经费利用率略超 76%，浙江省则低于江苏省不到 42%，广东省则仅为 22%。在 2002 年，14 个非 DEA 有效的地区，新产品开发经费利用率超过 70% 的仅有 3 个地区；其余地区的利用率均低于 50%，更有 4 个地区的利用率在 23% 以下。由此可见，2002 年 14 个非 DEA 有效地区的新产品开发经费利用率总体不高，江苏省则处于相对较低水平。

　　2003 年在 15 个参与比较的地区中有 5 个地区的医药制造业新产品开发经费得以充分利用，即有北京市、天津市、山东省、重庆市和四川省等地区。在 10 个未能充分利用新产品开发经费的地区中江苏省利用了投入的新产品开发经费的 84.2%，处于 10 个地区中的首位；位列第二的湖南省则接近 75%，其余 8 个地区均在 57% 以下。更有浙江省等 5 个地区的新产品开发经费利用率则均不到 34%；与江苏省可比的广东省也仅为 52.4%。可以看到，2003 年 10 个非 DEA 有效的地区，除了江苏省超过 80% 之外，其他 9 个地区均在 75% 以下，也即这 9 个地区的新产品开发经费的利用率普遍不高。因此，2003 年尽管江苏省未能充分利用医药制造业新产品开发经费，但也表现为较高的利用率水平。

　　北京市、天津市和山东省是 2004 年参与比较的 15 个地区中仅有的 3 个能充分发挥新产品开发经费作用的地区。在 12 个非 DEA 有效的地区中，江苏省医药制造业新产品开发经费利用率仅为 68.1%，最高的湖南省接近 85%，其次重庆市刚过 80%，其余 8 个地区新产品开发经费利用率均在 67% 以下；特别与江苏省有竞争的浙江省和广东省在新产品开发经费的利用率上也只有 64% 和 52%；利用率在 30% 以下的有 3 个地区。因此，在 2004 年，江苏省医药制造业在新产品开发经费的利用上效率不高。

　　2005 年有多达 7 个地区合理配置了医药制造业的 R&D 资源，占比全部参与分析的地区数的 46.67%，其中含有 R&D 活动较为活跃的山东省和广东省。江苏省在非 DEA 有效的 8 个地区中，其医药制造业的新产品开发经费利用率位列倒数第三，仅为 37.6%，浙江省位列其后利用率与江苏省相当。2005 年 DEA 有效的地区较多，而非 DEA 有效地区的新产品开发经费利用率普遍较低。因此，2005 年江苏省医药制造业在新产品开发经费利用率上处于很低的水平。

　　2006 年仅有天津市、湖南省、重庆市和四川省 4 个地区表现为 R&D 资源的

充分利用。在其余 13 个地区中，江苏省医药制造业新产品开发经费利用率略过
75%，位列非 DEA 有效的地区中的第三位；在 13 个地区中，广东省医药制造业
新产品开发经费利用率接近 85%，其后的山东省则接近 81%；在 13 个非 DEA 有
效的地区中，有 6 个地区的新产品开发经费利用率低于 60%，安徽省和湖北省更
是低于 45%。因此，江苏省在 2006 年医药制造业新产品开发经费利用率上表现
一般，但与稍微高一点的山东省和广东省差距不大。

2007 年江苏省为 R&D 资源有效配置的地区之一，因此，2007 年江苏省充分
利用了医药制造业新产品开发经费。与江苏省有竞争力的广东省由于 DEA 有效，
故也完全利用了其新产品开发经费。浙江省和山东省在 2007 年在新产品开发经
费利用率上也只有 78% 和 66.1%。

在 2008 年参与比较的 15 个地区中，R&D 资源得到充分利用的有上海市、重
庆市和天津市 3 地区。在非 DEA 有效的 12 个地区中，江苏省医药制造业新产品
开发经费利用率位列所有参与比较的地区的末位，其仅利用了其新产品开发经费
的 34.2%。与江苏省有竞争关系的广东省则倒数第二，其利用率也不到 38%；
浙江省的利用率也不到 60%。由此表明，2008 年，那些 R&D 投入和产出规模位
于全国前列的地区，其新产品开发经费利用率均处于低水平。

2009 年只有天津市和重庆市为 DEA 有效的地区。在 DEA 无效的 13 个地区
中，医药制造业新产品开发经费利用率最高的四川省也不到 62%；位列 13 个地
区中第 9 的江苏省只利用了新产品开发经费的 47%，且浙江省和山东省紧随江苏
省，利用率也只有 45% 和 42%。我们注意到，13 个非 DEA 有效的地区中，新产
品开发经费利用率不到 60% 的地区数高达 12 个，占全部参与比较的 15 个地区的
比例高达 80%，更是占 13 个非 DEA 有效地区数的 92.13%；广东省位列所有 15
个地区中的最后一位。由此可见，2009 年江苏省与 14 个地区医药制造业的新产
品开发经费利用效率相比处于较低的水平，因为，江苏省基于当前的产出水平，
只利用不到 48% 的新产品开发经费。

天津市、湖北省和四川省为 2010 年仅有的 3 个能够充分利用其 R&D 资源的
地区，因此，它们的医药制造业新产品开发经费发挥了全部功效。在其余的 12
个非 DEA 有效的地区中，江苏省位列新产品开发经费利用率的第 7 位，其利用
率仅有 51.4%，介于浙江省和山东省之间，其中，浙江省高于江苏省接近 15 个
百分点，山东省低于江苏省接近 10 个百分点；广东省则处于更低的利用率水平，
仅有 35.2% 的利用率。因此，2010 年绝大多数地区医药制造业新产品开发经费
的利用率处于较低水平，江苏省也位列其中。

2011 年有 4 个地区即天津市、湖北省、湖南省和四川省的医药制造业 R&D
投入产出为 DEA 有效，也即这 4 个地区的 R&D 资源得以充分利用。在其余的 11

个地区中，江苏省医药制造业新产品开发经费处于较后的位置，排在所有 15 个地区中的倒数第 3 位，其新产品开发经费利用率不到 60%，与山东省相比差距将近 15 个百分点，比浙江省低 16 个百分点，但比广东省高出 12 个百分点，实际上，广东省处于最后一位。因此，江苏省的医药制造业在 2011 年的新产品开发经费利用率上处于很低的水平。

在 2012 年参与比较的 15 个地区中，有 6 个地区即有 15 个地区中的 40% 的地区的医药制造业新产品开发经费得到最大化使用，其中包括山东省这样高 R&D 投入和产出的地区。江苏省的表现则较为一般，在所有 15 个地区中其新产品开发经费利用率排在第 10 位，其利用率不到 70%。浙江省仅比江苏省高出 8 个百分点，但江苏省比广东省高出 15 个百分点。总体上，江苏省在 2012 年的医药制造业新产品开发经费利用率水平仍属较低。

天津市、吉林省、浙江省、湖南省和重庆市是 2013 年里参与效率比较的 15 个地区中高效率的地区，这些地区从 DEA 角度来看，它们的 R&D 资源得到了有效配置。江苏省在医药制造业新产品开发经费利用率上排在所有地区的第 13 位，仅为 66.9%；山东省尽管也为非 DEA 有效，但其新产品开发经费利用率高出江苏 12 个百分点；广东省则低于江苏省 13 个百分点。因此，江苏省的医药制造业在 2013 年的新产品开发经费利用率上处于相对很低的水平。

2014 年共有 5 个地区充分利用了医药制造业投入的新产品开发经费。医药制造业 R&D 投入产出规模处于先进行列的江苏省、山东省、浙江省和广东省等均不在 DEA 有效的地区中。就新产品开发经费的利用率而言，江苏省位列所有参与比较的 15 个地区中的第 9 位，仅为 73.5%；广东省则排在第 15 位，利用了新产品开发经费的 56%；浙江省和山东省的新产品开发经费利用率则位于非 DEA 地区中的前两位，利用率分别接近 91% 和 88%。因此，2014 年，江苏省医药制造业新产品开发经费利用率处于较低水平。

与 2014 年类似，2015 年也有 5 个地区的医药制造业新产品开发经费得以物尽其值，大多为中西部地区，东部医药制造业发达的省份均不在其中。江苏省在医药制造业新产品开发经费利用率上排在全部 15 个地区中的第 9 位，其利用率为 71%。在 10 个非 DEA 有效的地区中，浙江省的利用率最高超过 91%，其余均低于 73%。其中，山东省接近 69%，广东省接近 59%。一个明显的特征是江苏省、山东省和广东省均处于较低位次。

江苏省在 2016 年的 15 个参与计算 DEA 效率的地区中，其医药制造业新产品开发经费利用率处于第 9 的位置，其利用率仅为 67.3%。广东省和山东省分别随其后，位列第 10 位和第 11 位。与江苏省有竞争优势的浙江省则有高达 90.8% 的新产品开发经费利用率。因此，江苏省的医药制造业在 2016 年的新产品开发经费利用率上处于较低水平，山东省、广东省与江苏当属一类。

6.3.6 江苏省的优劣势分析

江苏省医药制造业生产经营规模在全国 31 个省市自治区中处于前列；产出能力在全国基本处于前三的位置，略逊色山东省，但有赶超的迹象；某些强度相对指标如单位资产产出，人均产出等指标要略优于山东。江苏省和山东省的医药制造业产出无论在绝对指标和相对指标上与其他地区相比有明显的优势。

江苏省医药制造业 R&D 资源时间配置效率总体上处于一个中等偏上的水平，近年有提升的趋势，但投入资源的有效产出尚有持续的提升空间。

江苏省医药制造业 R&D 资源的空间配置效率与参与比较的在医药制造业 R&D 投入和产出规模较大的地区相比要低于浙江省、山东省和广东省等地区；从而表现为 R&D 活动的投入资源的利用率不高。因此，与这些先进地区相比，江苏省医药制造业 R&D 资源的配置效率尚有较大的提升空间。

江苏省与山东省、浙江省和广东省的医药制造业将在一个较长的时间内存在竞争。因此，提高医药制造业 R&D 资源配置效率是提高江苏医药制造业核心竞争力的有力举措。在竞争中学习、借鉴与创新是江苏省医药制造业将劣势转化为优势的一条有效路径。

6.4 医药制造业技术获取效率测度分析及其地区比较

6.4.1 问题描述

2018 年中美之间的贸易战给出的信号显示，一个国家要在国际市场占有支配权，必须掌握核心技术，否则，被动是一个必然事件。中国本身是一个国际大市场，但具有自主知识产权的核心高技术与美欧发达国家尚有一定的差距。这次贸易战再次证明了这样一个定律，落后就要挨打。我国定位自己是一个制造业大国而非制造业强国，也是表明国家面对现实，追赶先进的决心和信息。国之强乃先技术强是一个经过时间检验的命题。因此，如何在引进、消化和吸收已有先进技术的基础上，创造出具有自主知识产权的高技术是摆在每个企业家面前的基本问题。

医药制造业作为一个高技术产业，技术的引进、消化、吸收到创造，可以通过模仿创新、自主创新到突破性创新实现技术的质的飞跃。这样一个过程需要耗费大量的人财物，那么科学评价技术获取创新资源的利用效率，对于企业发展、政策制定和产业调整等都有价值。

本节将就江苏省医药制造业技术获取效率问题进行系统研究。

6.4.2　技术获取投入与产出的描述性统计分析及其地区比较

统计年鉴中用于度量技术获取经费投入的指标有技术引进经费、消化吸收经费、购买国内技术经费和技术改造经费。下面我们逐一对江苏的技术获取投入指标的变化特点进行分析。

6.4.2.1　引进技术经费

江苏医药制造业引进技术经费数据如表 6-46 所示。

表 6-46　江苏省医药制造业引进技术经费　　　　　单位：亿元

2002 年	2003 年	2004 年	2005 年	2006 年	2007 年	2008 年	2009 年	2010 年	2011 年	2012 年	2013 年	2014 年	2015 年	2016 年
1.35	2.54	1.93	0.43	0.38	0.32	0.68	0.94	1.49	1.46	0.23	0.63	0.55	0.33	0.61

江苏省医药制造业引进经费支出在 2002~2016 年的 15 年间，总体上有下降趋势，尽管未能形成特征明显的变化趋势。特别自 2012 年后，江苏省医药制造业引进经费支出尽管有波动，但波动幅度不是很大，大致可以看成在 0.5 亿元上下变动。2012~2016 年江苏省医药制造业引进技术经费支出在整个分析的 15 年间是一个相对平稳的阶段，是否预示后期的引进技术经费支出在 0.5 亿元左右变动，仍需要获取更多信息研究。

6.4.2.2　购买国内技术经费

江苏省医药制造业购买国内技术经费支出在 2002~2016 年总体上有明显的上升趋势。经计算可知，在分析的 15 年间，江苏省医药制造业购买国内技术经费支出年均增量为 0.27 亿元，年均增速为 13.65%。特别从 2010 年始，购买国内技术经费支出持续且以较大幅度线性增长。计算得知，在 2010~2016 年的 7 年间，江苏省医药制造业购买国内技术经费支出年均增量为 0.57 亿元，年均增速为 26.85%。也即在 2010~2016 年阶段，江苏省医药制造业购买国内技术经费支出是整个 2002~2016 年年均增量和年均增速的将近 2 倍。还有一个特征是经过持续的高增量后，自 2014 年后似有一个相对稳定规模的迹象。

表 6-47　江苏省医药制造业购买国内技术经费　　　　　单位：亿元

2002 年	2003 年	2004 年	2005 年	2006 年	2007 年	2008 年	2009 年	2010 年	2011 年	2012 年	2013 年	2014 年	2015 年	2016 年
0.75	0.54	0.67	1.59	1.60	1.65	1.03	2.21	1.08	1.57	2.21	3.68	4.70	4.63	4.50

6.4.2.3 消化吸收经费

江苏省医药制造业消化吸收经费支出在整个分析期的 15 年间呈现递增态势，但波动的频率较大，2014 年数据与其他年份相比特别大，出现这种突变的原因需要再分析。进一步细分可以看到，在 2002～2016 年的 15 年间，消化吸收经费支出超过亿元的仅有 5 个年份，均在 2006 年以后，其中有 3 个年份出现在 2014～2016 年。但不管怎样，江苏省医药制造业在消化吸收经费上的支出似有增加的态势。

表6-48　江苏医药制造业消化吸收经费　　　　单位：亿元

2002 年	2003 年	2004 年	2005 年	2006 年	2007 年	2008 年	2009 年	2010 年	2011 年	2012 年	2013 年	2014 年	2015 年	2016 年
0.08	0.56	0.72	0.78	0.61	1.10	1.29	0.97	0.72	0.88	0.66	0.82	2.28	1.00	1.06

6.4.2.4 技术改造经费

江苏省医药制造业技术改造经费支出在 2002～2016 年 15 年间呈现明显的递增态势，表现为年均增幅为 0.80 亿元，年均增速为 7.80%。江苏省医药制造业技术改造经费支出还有两个特征，一是在 2006～2014 年技术改造经费支出以线性递增的态势变动，可以计算得到这一阶段的年均增量和年均增速分别为 2.42 亿元和 26.86%。二是在 2002～2006 年、2014～2016 年两个阶段明显的递减特征。

表6-49　江苏医药制造业技术改造经费　　　　单位：亿元

2002 年	2003 年	2004 年	2005 年	2006 年	2007 年	2008 年	2009 年	2010 年	2011 年	2012 年	2013 年	2014 年	2015 年	2016 年
6.00	6.12	5.12	3.69	3.39	6.24	7.98	13.24	13.57	11.96	13.86	16.98	22.76	19.67	17.14

6.4.3 数据、变量与模型

下面分析所用数据均来自《中国高技术产业统计年鉴》。

进行 DEA 模型计算时，需要设定所谓的投入指标和产出指标。基于现有文献的一般做法，我们选择在测度技术获取效率时的投入指标有：引进技术经费、购买国内技术经费和技术改造经费。产出指标有专利申请数和新产品销售收入。

变量的选择是评价的重要一环。由于技术获取的指标较为明确，且国家高技术产业统计年鉴中有关技术获取指标的相对稳定性，最后我们选择用于效率测度的投入指标有：引进技术经费支出、购买国内技术经费支出、技术改造经费支出。引进技术经费支出是指企业在报告期内用于购买境外技术的费用支出。包括产品设计、工艺流程、图纸、配方、专利等技术资料的费用支出，以及购买关键设备、仪器、样机和样件等的费用支出。购买国内技术经费支出是指企业在报告期内购买境内其他单位科研成果的经费支出。包括购买产品设计、工艺流程、图纸、配方、专利、技术诀窍及关键设备的费用支出。技术改造经费支出是指企业在报告期内进行技术改造而发生的费用支出。技术改造指企业在坚持科技进步的前提下，将科技成果应用于生产的各个领域（产品、设备、工艺等），用先进工艺、设备代替落后工艺、设备，实现以内涵为主的扩大再生产，从而提高产品质量、促进产品更新换代、节约能源、降低能耗，全面提高综合经济效益。因此，这三个指标较好地反映了技术获取的投入状况。研究技术获取效率评价的产出指标，我们选择专利申请数和新产品销售收入这两个指标。

模型仍然按照前一节使用的模型。

6.4.4　技术获取效率的时间配置效率

6.4.4.1　效率测度

为了测度江苏省医药制造业技术获取投入产出效率，我们以年份作为一个决策单元，得到各年的 DEA 值，如表 6 - 50 所示。

表 6 - 50　江苏医药制造业技术获取效率计算结果

年份	DEA 值
1996	0.228
1997	0.492
1998	0.638
1999	0.195
2000	0.157
2001	0.159
2002	0.215
2003	0.471
2004	0.460
2005	0.549
2006	0.641
2007	0.433
2008	0.685
2009	0.535

续表

年份	DEA 值
2010	1.000
2011	1.000
2012	1.000
2013	0.799
2014	0.764
2015	1.000
2016	1.000

在 1996 ~ 2016 年的 21 年间，将江苏省医药制造业技术获取投入产出活动按照年份来分析其相对有效性，即 DEA 效率。这是一个基于年份为决策单元的 DEA 效率测度问题，可以就江苏省医药制造业技术获取效率样本年份的对比进行分析。或者可以说，对于这 21 年，江苏省医药制造业技术获取投入产出配置效率在时间上分布状况。

由表 6 - 50 可知，在 21 年里，有效的年份有 5 个，即有 23.81% 的年份江苏省医药制造业技术获取投入产出是 DEA 有效的。表 6 - 50 表明，2010 ~ 2012 年和 2015 ~ 2016 年的 DEA 值为 1，即江苏省医药制造业技术获取投入产出在上述 5 个年份里，在其当年的产出水平下，其投入得到了充分利用；其余 16 年表现为非 DEA 有效，也即这 16 年江苏省医药制造业技术获取投入资源未能得到充分利用。或者说，在其相应年份的产出水平下，其技术获取投入存在冗余现象，也即在目前的投入水平下，减少部分投资也能获得当前的产出水平。

进一步分析可以得知，在 DEA 非有效的 16 年，DEA 值介于 0.7 ~ 0.8 的仅有 2013 年和 2014 年；介于 0.6 ~ 0.7 的有 1998 年、2006 年和 2008 年；介于 0.5 至 0.6 的有 2005 年和 2009 年；介于 0.4 ~ 0.5 的有 1997 年、2003 年、2004 年和 2007 年；其余即 1996 年、1999 年和 2000 ~ 2002 年 5 年的 DEA 值均低于 0.3。

综上可见，江苏省医药制造业技术获取除了 5 年为 DEA 有效外，其余 16 年为 DEA 有效。在 16 年里，效率值均低于 0.8，更有 3 个年份即 1999 ~ 2001 年的效率值低于 0.2。

为了更为直观地观察效率随时间变化的趋势，我们画出各年效率值时间序列的散点图。

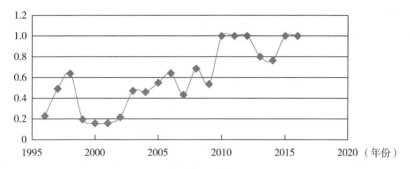

图 6 – 27　江苏省医药制造业技术获取投入产出 DEA 效率时间序列散点图

在样本分析期内的 21 年间，江苏省医药制造业技术获取投入产出 DEA 效率值自 2001 年后呈现波动递增的趋势，兼具时段特征，即 1996～2000 年效率值呈倒 "V" 形；2001～2006 年效率值上升特征明显；其后年份尽管在波动中上升，但效率值的低点均在 0.76 以上。从近年的发展趋势来看，江苏省医药制造业技术获取效率出现持续向好的态势。

6.4.4.2　利用率分析

对于非 DEA 有效的年份，我们需要深入分析投入资源的利用率，以便找到随时间变化资源利用的动态特点。

表 6 – 51　江苏省医药制造业引进技术经费利用率

年份	引进技术经费利用率（%）
1996	9. 4
1997	28. 6
1998	32. 7
1999	19. 5
2000	4. 2
2001	5. 1
2002	9. 7
2003	9. 2
2004	10. 8
2005	16. 6
2006	20. 2
2007	30. 3
2008	68. 5
2009	53. 5
2013	79. 9
2014	76. 4

在 16 个非 DEA 有效的年份，江苏省医药制造业引进技术经费利用率的变化区间为（4%，80%），极差为 75.7%，数据跨度很大。在 16 年里，引进技术经费利用率均未超过 80%，利用率在 60% 以上的仅有 2008 年、2013 年和 2014 年，占全部非 DEA 有效年份数的 18.75%；利用率在 40% 以下的多达 12 个，占全部非 DEA 有效年份数的 75%；利用率在 10% 以下的有 1996 年、2000～2003 年 5个年份，占全部非 DEA 有效年份数的 31.25%。因此，江苏省医药制造业引进技术经费利用率在分析的 21 年间，波动幅度大，总体上利用率偏低。这些是否可以解释我国医药制造业引进技术到形成自主创新成果尚在初步时期还有待进一步通过收集数据加以研究。

尽管总体上江苏省医药制造业引进技术经费的利用率偏低，但如果利用率的趋势有明显的特征，那么，对于资源配置研究也有实际价值。为此，我们画出非DEA 有效的 16 个年份江苏省医药制造业引进技术经费利用率的时间序列散点图。

从图 6-28 的散点图可知，引进技术经费利用率随时间变化呈现明显的上升趋势，特别自 2001 年后。1996～2000 年为倒"U"型变化特征；2001～2006 年引进技术经费利用率上升趋势明显但增幅较小，2008 年后则有一个增幅超过30% 的拉升，其后数年尽管也有波动但基本处于一个较高的利用率水平上。

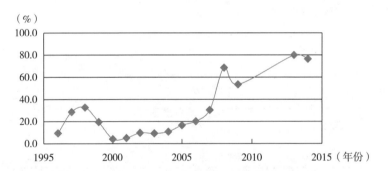

图 6-28　江苏省医药制造业引进技术经费利用率时间序列散点图

江苏省医药制造业引进技术经费利用率总体上不高，但有一个不断增加的趋势，这是一个积极的信号。我们可以看到，2009 年后江苏省有 5 个年份表现为技术获取 DEA 有效的状态，也即在这 5 年江苏省医药制造业引进技术经费得到充分利用，这是利用率持续增加的结果。尽管在 2009 年后的 2013～2014 年引进技术经费未能有效使用，但利用率也在 76% 以上。

从表 6-52 可知，在技术获取投入产出非 DEA 有效的 16 个年份，江苏省医药制造业的购买国内技术经费利用率均未达到 80%，利用率的变化区间为（15%，80%），利用率的极差高达 64.1%。进一步细分可见，利用率在 70% 以上仅有 2013 年和 2014 年占全部 16 个非 DEA 有效年份数的 12.5%；介于 60%～

70%的仅有 1998 年和 2008 年；利用率在 50% 以下的年份数有 11 个，占全部 16 个非 DEA 有效年份数的 68.75%；利用率在 20% 以下的有 1999～2001 年 3 个年份，占全部 16 个非 DEA 有效年份数的 18.75%。

表 6 - 52　江苏医药制造业购买国内技术经费利用率

年份	购买国内技术经费利用率（%）
1996	22.8
1997	49.2
1998	63.8
1999	19.5
2000	15.7
2001	15.9
2002	21.5
2003	47.1
2004	46.0
2005	33.4
2006	35.6
2007	43.0
2008	68.5
2009	53.5
2013	79.9
2014	74.3

与引进技术经费的利用率相比，江苏省医药制造业在购买国内技术经费支出上的利用率要高。是什么在驱动这一现象，需要进一步研究。

从图 6 - 29 我们可以更为直观地看到购买国内技术经费利用率的变化趋势。

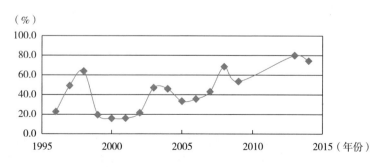

图 6 - 29　江苏省医药制造业购买国内技术经费利用率时间序列散点图

由江苏省医药制造业购买国内技术经费利用率的时间序列散点图可知，利用率随时间变化的特点基本可以分为两个阶段：一是 1996～2000 年，利用率呈现倒 "V" 型态势；二是 2001 年后在波动中上升趋势，这种趋势表现为线性特征。即自 2001 年起，江苏省医药制造业购买国内技术经费的利用率有不断增加趋势。因而，出现后续有 5 年时间都能充分利用购买国内技术经费的情况，即 DEA 有效的 5 个年份。这也佐证了江苏省医药制造业在购买国内技术经费的使用上有不断提高其效率的趋势。这也再次说明，尽管江苏省医药制造业在技术获取的效率上有 68.75% 的样本年份表现为投入资源未能充分利用，但利用率向好的态势客观存在。

表 6 - 53   江苏省医药制造业技术改造经费利用率

年份	技术改造经费利用率（%）
1996	8.8
1997	32.6
1998	49.8
1999	14.6
2000	15.7
2001	15.9
2002	21.5
2003	31.5
2004	46.0
2005	54.9
2006	64.1
2007	43.3
2008	66.5
2009	53.5
2013	79.9
2014	76.4

江苏省医药制造业技术改造经费利用率这一指标在非 DEA 有效的 16 年间的变化区间为（8%，80%），极差高达 71.1%。细分的结果为，利用率在 70% 以上的仅有两个年份，即 2013～2014 年，占全部非 DEA 有效年份数的 12.5%；介

于 60% ~70% 的有 2006 年和 2008 年；在 50% ~60% 的有 2005 年和 2009 年，其余年份均在 50% 以下，即利用率在 50% 以下的年份有 10 个，占全部非 DEA 有效年份数的 62.5%。

为了分析技术改造经费利用率在非 DEA 有效的年份里随时间变化的特征，我们画出了这一指标随时间变化的散点图。

图 6 – 30 显示，江苏省医药制造业在技术获取投入产出非 DEA 有效的 16 年间，其技术改造经费利用率随时间变化基本可以分成两段，一是在 1996 ~1999年，技术改造经费利用率呈倒 "V" 型态势；二是自 2006 年后技术改造经费利用率表现为在波动中呈线性递增趋势。这种趋势引导了 2000 ~2012 年和 2015 ~2016 年江苏省医药制造业技术获取投入产出的 DEA 有效，即在这 5 年间，江苏省医药制造业充分利用了技术改造经费。

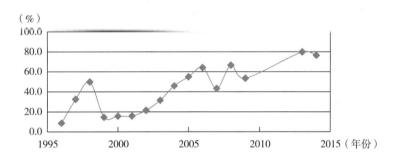

图 6 – 30　江苏省医药制造业技术改造经费利用率时间序列散点图

6.4.5　技术获取效率的空间配置效率及其动态分析

所谓的空间配置分析，就是要分析江苏省的医药制造业与其他地区的医药制造业在技术获取效率上的差异及其随时间这种差异的变化特征。对于探寻江苏省医药制造业的技术获取资源配置效率以及与江苏省医药制造业技术获取投入和产出规模相当的地区的差异，为江苏省医药制造业技术获取效率改善和提高路径提供参考。

我们使用的是非参数的 DEA 模型，因此，决策单元的选择是基本的。由于统计数据缺失，另外，考虑到那些医药制造业技术获取投入和产出规模较小的地区参与比较时会影响计算结果的合理性，因此，我们选择了河北、江苏、浙江、安徽、山东、河南、湖北和广东 8 个省份。尽管有些地区的医药制造业的技术获取投入产出的规模高于所选择的某些地区，但由于这些地区相关指标数据缺失，也无奈放弃。

这一节我们选择在测度技术获取效率时的投入指标有：引进技术经费、购买国内技术经费和技术改造经费。产出指标有专利申请数和新产品销售收入。

同样考虑到数据的可获得性和决策单元数据的完整性，我们只能利用2009~2016年的统计数据。

6.4.5.1　效率测度

由DEA模型我们可以计算得到参与比较分析的8个地区的医药制造业在2009~2016年各年的技术获取效率值，如表6-54所示。

表6-54　15个样本地区医药制造业技术获取投入产出效率值

年份	河北	江苏	浙江	安徽	山东	河南	湖北	广东
2009	0.685	0.492	0.468	1.000	0.800	1.000	1.000	1.000
2010	0.665	0.728	0.664	1.000	0.797	1.000	1.000	1.000
2011	0.670	0.645	0.422	1.000	0.764	1.000	1.000	0.670
2012	0.790	0.711	0.251	1.000	0.602	1.000	1.000	0.814
2013	0.704	0.507	0.373	1.000	0.497	1.000	1.000	0.909
2014	0.951	1.000	0.763	1.000	0.708	1.000	1.000	1.000
2015	1.000	0.567	0.347	1.000	0.485	1.000	0.822	1.000
2016	0.880	0.617	0.417	1.000	0.466	1.000	1.000	0.876

由表6-54可知，在2009~2016年的8年间，江苏省医药制造业仅在2014年表现为技术获取投入产出的DEA有效。与江苏省在医药制造业技术获取投入和产出规模相当或接近的山东、浙江和广东等省，在分析期内，山东省在2009~2016年8年间均为技术获取投入产出的非DEA有效，浙江省也如此，广东省则在2009~2010年和2014~2015年为技术获取投入产出DEA有效。因此，总体上来说，除广东省外，那些在医药制造业技术获取投入规模较大的地区其在当前的产出水平下其技术获取的投入未能得到充分利用。事实上，在医药制造业技术获取投入规模较大的地区，其经济发展均处于全国领先地位，因而，有足够的资金和人力资源用于高技术产品的研发，但资源的有效利用问题却较为突出。

我们选择样本地区与江苏省联合一起进行医药制造业技术获取投入产出的效率分析，目的是要分析江苏省与这些地区在技术获取投入产出效率上的差别。因此，下面我们根据每年的数据做进一步的细分研究。

表 6-55　分析期内技术获取 DEA 效率高于江苏省的地区

年份	地区
2009	安徽、河南、湖北、广东、山东、河北
2010	安徽、河南、湖北、广东、山东
2011	安徽、河南、湖北、山东、广东、河北
2012	安徽、河南、湖北、广东、河北
2013	安徽、河南、湖北、广东、河北
2014	安徽、河南、湖北、广东
2015	安徽、河南、广东、河北、湖北
2016	安徽、河南、湖北、河北、广东

除 2014 年江苏省医药制造业技术获取投入产出为 DEA 有效外的 7 年，由表 6-55 可知，对于与其比较的 7 个地区，在大多数年份，江苏省医药制造业的技术获取效率低于大多数地区，江苏省每年的技术获取效率均排在 8 个比较地区的第 5 位或更远。可以看到，浙江省均处于江苏省之后，但广东省持续好于江苏省，山东省近年逐步落后于江苏省。

我们现在再从江苏省在非 DEA 有效的 7 年间其 R&D 效率值本身来看问题，将江苏省医药制造业技术获取效率小于 1 的年份按照效率值从大到小排序如下。

表 6-56　江苏省非 DEA 有效年份效率值排序结果

2014 年	2010 年	2012 年	2011 年	2016 年	2015 年	2013 年	2009 年
1.000	0.728	0.711	0.645	0.617	0.567	0.507	0.492

由表 6-56 可以发现，尽管江苏省在所分析的 8 年间有 7 年都表现为技术获取非 DEA 有效，但效率值本身还是反映了江苏省医药制造业技术获取效率相对于其他与之比较的 7 个地区的真正的差别，这种差别单从数值来看，江苏省在所分析的 8 年里，仅有一年为技术获取有效。江苏省医药制造业的技术获取在 7 个非 DEA 有效的年份，效率值的变化区间为（0.49，0.73），且效率值高于 0.7、介于 0.6~0.7、介于 0.5~0.6 的分别有两个年份，效率值在 0.5 以下的有一个年份。因此，江苏省与其余 7 个地区比较，其医药制造业技术获取效率并不高，且效率值随时间变化的幅度也不大。由此可见，江苏省医药制造业技术获取效率提高尚有较大空间。

我们分析的目的是要判断江苏省与其发展规模相当地区的优劣势。因此，我们将浙江省、山东省和广东省 3 个地区在分析期内的医药制造业技术获取效率的

时间序列散点图画出,以直观比较随时间变化这 4 个地区效率值的趋势变化
特征。

由图 6 – 31 可知,广东省的医药制造业的技术获取效率明显高于江苏省、浙
江省和山东省 3 个地区;浙江省在 4 个地区中效率最低;山东省近年有低于江苏
省的趋势。

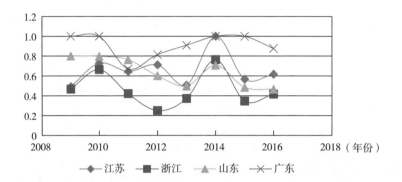

图 6 – 31 江苏省、山东省、浙江省和广东省技术获取效率时间序列散点图

显然,这 4 个地区的医药制造业在全国占有很大份额,但技术获取效率基本
属于一般水平,特别是江苏省、山东省和浙江省的提升空间较大。

6.4.5.2 利用率分析

要找到每个地区医药制造业技术获取效率改善的方向,我们需要测度技术获
取投入资源的利用率,这可以通过 DEA 模型本身得以计算。

表 6 – 57 引进技术经费利用率   单位:%

年份	河北	江苏	浙江	安徽	山东	河南	湖北	广东
2009	68.5	49.2	46.8	100.0	80.0	100.0	100.0	100.0
2010	8.5	5.4	3.4	100.0	79.7	100.0	100.0	100.0
2011	64.2	21.6	21.3	100.0	56.3	100.0	100.0	8.5
2012	79.0	71.1	16.1	100.0	57.0	100.0	100.0	81.4
2013	63.5	35.3	37.3	100.0	25.3	100.0	100.0	80.7
2014	42.7	100.0	76.3	100.0	70.8	100.0	100.0	100.0
2015	100.0	56.7	34.7	100.0	16.8	100.0	77.8	100.0
2016	88.0	61.7	41.7	100.0	46.6	100.0	100.0	87.6

2009 年参与比较的 8 个地区中，有 50% 的地区其医药制造业的技术获取为 DEA 有效，即安徽、河南、湖北和广东省的医药制造业充分利用了引进技术经费。在 8 个地区中，江苏省引进技术经费的利用率排在第 7 位，其利用率刚过 49%，与其在医药制造业技术获取投入产出相当的浙江省其引进技术经费利用率则为 46.5%，在 8 个地区中位于末尾；山东省则为 80%，排在非 DEA 有效的地区中的首位；广东省则完全有效地发挥了引进技术经费的作用。因此，2009 年江苏省医药制造业引进技术经费的利用率不到 50%，处于相对较低的水平。

　　与 2009 年类似，2010 年也有 4 个地区与 2009 年一样的地区的技术获取效率达到最优，其中包括广东省。在非 DEA 有效的 4 个地区中，山东省表现为接近 80% 的引进技术经费的利用率；江苏省和浙江省在引进技术经费的利用率上表现为极低的水平，这与当年江苏省和浙江省等医药制造业大省在引进技术经费的投入远大于其他参与比较的地区的结果所致。因此，江苏省和浙江省的这一结果尚待进一步分析，不能简单地作为极端情形解释。毕竟江苏省在 2010 年的技术获取效率也达到了 0.728，是一个相对不低的效率。

　　2011 年 8 个地区的引进技术经费的利用率与 2010 年有类似之处，除了 3 个技术获取为 DEA 有效外，诸如江苏省、浙江省、山东省和广东省均为非 DEA 有效。引进技术经费利用率在 60% 以下的均为在技术获取投入上规模较大的江苏省、浙江省、山东省和广东省等地区。这个结论也是这些地区医药制造业的技术获取投入与其他参与比较的地区在医药制造业的技术获取上投入较少所致。

　　2012 年医药制造业引进技术经费得以充分利用的地区仅有安徽省、河南省和湖北省 3 个中部地区，5 个东部地区均表现为非 DEA 有效，即这 5 个东部地区未能有效发挥引进技术经费的作用。江苏省医药制造业引进技术经费利用率明显高于前两年，利用率超过了 71%，广东省的变化更为突出，引进技术经费利用率接近 82%；山东省为 57%，浙江省则仍处于很低水平。因此，2012 年江苏省医药制造业较好地发挥了引进技术经费的作用。

　　2013 年仍为 3 个中部地区表现为引进技术经费的高利用率，5 个东部地区依然表现为未能充分利用技术引进经费的状况。江苏省医药制造业引进技术经费的利用率与浙江省和山东省类似处于较低水平，而广东省则有接近 81% 的利用率。因此，江苏省在 2013 年有超过 60% 的引进技术经费未能产生有效成果。

　　江苏省医药制造业的技术获取在 2104 年为 DEA 有效，也即 2014 年江苏省医药制造业充分利用了其投入的购买国外技术经费。广东省也有江苏省的效果，达到了 DEA 有效。浙江省和山东省也都超过了 70%。

　　在 2015 年参与比较的 8 个地区中有 50% 的地区的引进技术经费得到合理配置，达到了所谓的 DEA 有效，其中包括广东省。在另外 4 个非 DEA 有效的地区中，尽管江苏省高于浙江省和山东省，但总体上效率均不高，它们的利用率均不到50%。

2016年江苏省医药制造业引进技术经费利用率接近62%，在8个参与比较的地区中位列第6，处于较低水平；广东省则比江苏省高出26个百分点，山东省和浙江省则分别低于江苏省15个百分点和20个百分点。

综上，江苏省在2009～2016年的8年间，其医药制造业引进技术经费的利用率基本处于一个较低水平。对于当前的技术获取产出水平，江苏省医药制造业引进技术经费的利用效率还有较大的提升空间。

表6-58 购买国内技术经费利用率　　　　　　　　　　　　单位:%

年份	河北	江苏	浙江	安徽	山东	河南	湖北	广东
2009	33.6	26.9	46.8	100.0	80.0	100.0	100.0	100.0
2010	66.5	72.8	66.4	100.0	68.8	100.0	100.0	100.0
2011	31.8	32.4	29.8	100.0	21.2	100.0	100.0	67.0
2012	20.4	17.6	25.1	100.0	21.4	100.0	100.0	55.2
2013	66.0	40.5	37.3	100.0	33.9	100.0	100.0	90.9
2014	41.4	100.0	76.3	100.0	58.8	100.0	100.0	100.0
2015	100.0	20.6	23.2	100.0	48.5	100.0	82.2	100.0
2016	37.9	21.9	31.6	100.0	23.0	100.0	100.0	78.9

购买国内技术同样可以利用先进技术提升企业的发展水平，高效率地使用现有投入有利于企业合理配置有限资源。

在2009年参与比较的8个地区中，有50%的地区充分利用了购买国内技术经费，这4个地区中除了广东省以外均为中部地区。在4个购买国内技术经费投入冗余的地区，山东省医药制造业利用了购买国内技术经费的80%，浙江省的利用率接近47%，江苏省最低仅有27%。由此表明，江苏省医药制造业在购买国内技术经费的投入上有73%并未获得有效产出，与山东省特别是广东省有较大差距。

2010年与2009年有同样的4个地区完全利用了购买国内技术经费的投入。另外4个地区中江苏省利用了其购买国内技术经费投入的接近73%；山东省接近69%，浙江省则排在所有参与比较的地区的最后，其利用了购买国内技术经费投入的66.4%。可以看到，2010年，所有参与比较的地区在购买国内技术经费的利用率都有66%以上的水平。江苏省在非DEA有效的地区中表现最好，尽管与广东省有较大的差距。

与 2010 年及 2009 年相比，2011 年广东省由于仅利用了购买国内技术经费的 67% 从而未能纳入技术获取 DEA 有效的地区，其余 3 个中部地区维持原状。江苏省医药制造业购买国内技术经费利用率不到广东省的一半，浙江省和山东省则有 70% 的购买国内技术经费未能得到有效产出。

2012 年与 2011 年有同样的 3 个地区完全利用了其在购买国内技术经费的投入。在医药制造业技术获取投入和产出较大的地区中，广东省也仅有购买国内技术经费的 55% 得到有效利用，浙江省、山东省则在 26% 以下，江苏省则不到 18%。由此可见，江苏省等医药制造业 2012 年在购买国内技术经费上有很低的利用率。

2013 年延续了前两年 DEA 有效的地区，但在购买国内技术经费投入的利用率上有明显提高。其中，广东省医药制造业利用了接近 91% 的购买国内技术经费，江苏省则有 2013 年的不到 18% 提高到接近 41%，浙江省和山东省则在 35% 左右。尽管各地区都有所提高，但江苏省的医药制造业仍有接近 60% 的购买国内技术经费未能得到有效产出。

江苏省、广东省等 5 个地区完全利用了购买国内技术经费。非 DEA 有效的 3 个地区中浙江省和山东省则分别有 76% 和接近 59% 的购买国内技术经费利用率。因此，4 个在医药制造业技术获取投入和产出在全国占有很大份额的地区中江苏和广东、浙江和山东省分属两类。

2015 年尽管仍有 4 个地区的医药制造业表现为技术获取投入产出的高效率，且其中包含广东省。其余 3 个在医药制造业技术获取投入和产出上有较大规模的地区则在购买国内技术经费的利用率上均不到 50%，江苏省更不到 21%，表现为极低的水平。

2016 年与 2015 年的不同之处在于广东省医药制造业购买国内技术经费的利用率减少为接近 79%，江苏省仍位列所有参与比较的地区的末位，且利用率未有改善。

表 6 - 59 技术改造经费利用率

单位:%

年份	河北	江苏	浙江	安徽	山东	河南	湖北	广东
2009	68.5	49.2	46.8	100.0	80.0	100.0	100.0	100.0
2010	66.5	72.8	38.4	100.0	79.7	100.0	100.0	100.0
2011	67.0	64.5	42.2	100.0	76.4	100.0	100.0	65.8
2012	79.0	71.1	25.1	100.0	60.2	100.0	100.0	81.4
2013	70.4	50.7	37.3	100.0	49.7	100.0	100.0	90.9
2014	95.1	100.0	69.1	100.0	70.8	100.0	100.0	100.0
2015	100.0	56.7	34.7	100.0	48.5	100.0	82.2	100.0
2016	88.0	61.7	41.7	100.0	46.6	100.0	100.0	87.6

技术改造经费投入也是技术创新的重要保证，对其利用率加以分析，可以充分发挥技术改造经费的作用，为提高创新产出成果提供参考。

2009 年有 50% 的参与比较分析的地区的医药制造业高效率地发挥了技术改造经费的作用，其中包括广东省这样医药制造业投入产出规模较大的地区。诸如江苏省、山东省和浙江省在医药制造业领先全国的地区，它们在 2009 年除山东省的医药制造业技术改造经费的利用率达到 80% 外，江苏省和浙江省均低于50%，也即江苏省和浙江省的医药制造业有超过 50% 的技术改造经费未能获得有效产出。因此，江苏省与其他 3 个在医药制造业领域旗鼓相当的地区相比，其技术经费的利用尚有较大的提升空间，特别与广东省和山东省的差距仍较大。

2010 年仍有与 2009 年相同的 4 个地区的医药制造业的技术改造经费得到了有效产出。江苏省和山东省的医药制造业的技术改造经费分别有接近 80% 和接近 73% 的有效产出率，浙江省仍然较低，不到 40%。因此，江苏省与广东省的差距依然，而与山东省在技术改造经费利用率上接近，也即江苏省医药制造业在提高技术改造经费利用率上还有较大努力空间。

中部的 3 个地区在 2011 年仍然保持在技术改造经费有效产出的方阵中。在 5 个医药制造业技术改造经费存在投入冗余的地区中，山东省利用率位列第一但仅为 76.4%，广东省则不到 66%，江苏省则不到 65%，浙江省则在 50% 以下。江苏省与前两年一样没有明显的改善；山东省有递减的趋势；浙江省仍处于低位；广东省有较大的波动。因此，江苏省仍然有较大的提升幅度。

安徽、河南和湖北省在 2012 年与前两年一样为技术获取投入和产出 DEA 有效的 3 个地区，因而，它们的医药制造业的技术改造经费投入获得了有效产出，即在当前的产出水平下，其投入无冗余现象。在技术改造经费投入出现冗余现象的地区中，广东省最小只有不到 25% 的技术改造经费未能有效产出，江苏省则有接近30%、山东省有接近 40% 的技术改造经费未能形成有效产出，浙江省更是高达75%。因此，2012 年江苏省医药制造业的技术改造经费利用率近年变化不大。

2013 年依旧有中部 3 个地区的医药制造业持续保持技术改造经费的高效利用。在 5 个非 DEA 有效的地区中，广东省医药制造业技术改造经费利用率接近91%，江苏省和山东省则在 50% 左右，浙江省依然处于最低的状况。可以看出，江苏省医药制造业技术改造经费利用率近年未有明显提高趋势，而是处于一种波动状态；浙江省则持续处于低位未见任何改观迹象。

江苏省、广东省和 3 个中部地区的医药制造业的技术改经费在 2014 年全部获得了有效产出，这是 2009 年以来的首次。另外，3 个未能充分利用技术改造经费的地区其利用率基本也在 70% 以上。因而，总体上表现为较好的利用资源的状况，尽管山东省和浙江省尚有接近 30% 的技术改造经费未能有效产出。

广东省是参与比较的东部地区中唯一基本上保持技术改造经费高利用率的地区，这是江苏省、山东省和浙江省需要不断努力的目标。江苏省在 2015 年将近有 45%、山东省有超过 50% 的技术改造经费未能得到有效利用，浙江省仍然有最小的利用率。

安徽省和河南省在分析期的 8 年间均保持 DEA 意义上的技术获取投入产出的有效性，湖北省则有 7 年保持这一结果，广东省则有一半的时间即有 4 年保持技术获取有效性的状态，江苏省和河北省则各有 1 年；山东省、浙江省在分析期内从未出现有效性的情况，且浙江省在分析期内始终处于技术改造经费利用率最低的状态。

综上可见，对于医药制造业占全国较大份额的江苏省、山东省、广东省和浙江省等地区，在技术改造经费的有效产出上广东省具有明显优势，江苏省和山东省基本可以归属一类，浙江省则明显低于江苏省和山东省，持续处于较低利用率的状态。

6.4.6　江苏省的优劣势分析

在医药制造业技术获取投入规模上江苏省近年位于全国 31 个省市自治区的前列。其中，引进技术经费支出上江苏省要逊色于山东省和浙江省；消化吸收经费支出上近年江苏省超过浙江省和山东省等地区位列全国首位；购买国内技术经费支出近两年也已超过山东省和浙江省为全国之冠；技术改造经费支出江苏省近年基本位于全国前三的位置。特别地，近两年已超过浙江省位列山东省之后。由此可见，江苏省在消化吸收经费和购买国内技术经费支出上领先其他省份，在引进技术经费和技术改造经费支出上稍逊于山东省。因此，江苏省医药制造业在技术获取投入上始终保持领先全国的规模在不断增加。

江苏省在医药制造业技术获取资源的时间配置效率仍然不高，在分析期内的绝大部分时间内的投入资源未能形成有效产出。

在与国内主要的医药制造业技术获取投入和产出规模较大的省份相比，江苏省医药制造业的技术获取的相对效率处于较低状况，且与广东省和山东省有一定的差距；在技术获取投入资源的利用率上基本处于较低的水平；也即江苏省医药制造业技术获取投入的有效产出水平仍然较低。因此，江苏省医药制造业技术获取效率的提升空间较大。

江苏省与山东省、广东省的医药制造业在技术获取投入产出上有相当的竞争。因此，江苏省医药制造业需要探索与这些地区产生差距的原因，通过管理创新提升江苏省医药制造业的技术获取效率，以此获取江苏省技术获取投入资源的最大化产出。

第7章 结论与对策

7.1 结 论

江苏省社会经济发展均处于全国前列，发展健康服务业有较好的基础。近年来，江苏省健康服务业发展有序推进，健康服务的基础条件不断改善，为人们的健康服务需求提供了有效供给。毕竟健康服务业发展尚属初步，处于不断试错的探索阶段。因此，对于江苏省健康服务业发展状况进行系统分析，有助于发现问题，优化发展路径，提升发展质量。我们基于可获信息，对江苏省健康服务发展现状进行定性和定量分析，得到如下结论：

（1）医疗卫生体系不断完善、基础医疗服务供给能力不断增强。区域发展不平衡现象较为明显，基层医疗卫生机构服务能力不足和医疗服务资源利用率不高依然存在。全省医疗卫生资源配置需进一步优化，分级诊疗体系亟待建立。

总体上来说，江苏省医疗卫生服务体系在不断健全，卫生资源总量在不断增加。2007~2016 年，江苏省各类医疗机构数量有所增加，其中医院的数量增加了一半以上，三级医院数的年增长率超过 60%；基层医疗卫生机构的数量在 10 年间数量略有下降，但始终维持在较高数量水平；专业医疗卫生机构数量增长明显。公共医疗卫生体系逐渐完善，医疗资源明显增加。2007~2016 年，各类医疗资源增长幅度明显，每万人口拥有床位数从 2007 年的 27.8 张增长至 2016 年的 51.9 张；每万人口医师数突破 25 人，已达到《全国医疗卫生服务体系规划纲要（2015~2020 年）》中规定的 2020 年的目标；每万人口注册护士数从 2007 年的 12.3 人增加至 2016 年的 27.7 人，增长幅度较大。

此外，江苏省医疗卫生机构服务能力、服务效率在不断提升，居民的医疗费用得到了有效控制。江苏省医疗卫生机构总诊疗人数从 2007 年的 25357.00 万人次增加至 2016 年的 55216.00 万人次，增加了 118%；全省医疗卫生机构病床使用率从 2007 年的 77.00% 增加至 2016 年的 82.46%；出院者平均住院日从 2007

年的 10.2 日降低至 2016 年的 9.3 日，可见，医疗卫生服务诊治人数在增加，出院者平均住院日在降低。江苏省还积极推进医改，取消药品加成制度，将医疗费用控制项目纳入医院的评审指标中，取得了较好效果，2016 年，江苏省各地区门诊病人人均医疗费用和住院病人人均医疗费用分别较 2015 年增长了 6.05% 和 3.15%，而居民人均可支配收入的增长幅度则 8.57%。

江苏省医疗卫生服务体系不断完善，但在发展过程中也面临着一些问题。例如，医疗卫生资源配置存在一定的区域差异。2016 年，苏南地区每万人口卫生技术人员数为 72.50 人，每万人口医生数为 27.50 人，每万人口注册护士数 31.62 人，均高于全省平均水平；苏中、苏北地区人均医疗卫生资源配置相比于苏南地区较为欠缺。可见，相比苏南地区，苏中、苏北地区医疗卫生服务发展相对滞后，人均医疗卫生资源水平低于全省平均水平。

江苏省基层医疗卫生机构服务能力不足、医疗服务资源利用率不高的现象依然存在。2016 年，全省基层医疗卫生机构数量占医疗卫生机构总数的 90.61%，但基层医疗卫生机构诊疗人次数仅占总数的 52.73%，入院人次数仅占总数的 15.4%。病床利用率仅为 60.77%，低于医疗机构总体平均水平 82.46%。因此，江苏省分级诊疗制度建设尚不完善，基层卫生资源利用效率、服务能力和水平均有待提高，居民看病难的问题亟待解决。

（2）养老服务制度化建设取得成效，养老保障体系基本构成且在不断优化；养老服务的有效供给尚不能满足日益增长的需求。尊老敬老是中华民族的传统美德，爱老助老是全社会的共同责任，老有所养、老有所依是重要的社会民生问题。随着中国老龄化、高龄化和空巢化的日益严峻，养老需求日益增加。2017年末，我国 65 岁及以上人口为 15847 万人，占我国 2017 年末总人口 139008 万人的比例为 11.4%。江苏省户籍人口中 60 岁及以上老年人口为 1756.21 万人，65岁及以上老年人口为 1199.91 万人，分别占 2017 年江苏省户籍人口数 7801.08万人的比例为 22.51% 和 15.38%。其中，江苏 65 岁以上老年人口占比高于全国占比约 4%，也即江苏省的老龄化程度高于全国平均水平。这给江苏带来严峻的养老服务挑战。

从城乡老年人口比例以及老年人口数量来看，江苏省乡村 60 岁及以上老年人口比例从 2007 年的 18.77% 增长到 2017 年的 28.45%，2017 年末，比城镇 60岁及以上老年人口比例多出 8.4%，可见，江苏省乡村老龄化情况更为严重。随着城镇一体化进程的不断推进，江苏省 2009 年后城乡老年人口数差距逐渐增加，且保持城镇老年人口数一直领先乡村老年人口数的态势。2017 年末，乡村 60 岁及以上老年人口数量达到 720.74 万人，城镇 60 岁及以上老年人口数量为 1065.52 万人，比乡村多出 344.78 万人。另外，我们发现，尽管乡村老年人口数低于城镇老年人口数，但乡村高龄老年人口比例大。由于城乡发展的差异，农村养老建设实际上需要更多的投入。

江苏省 2000 年成立老龄工作组织机构，养老事业开始步入新的轨道。2017 年末，江苏省已拥有城乡社区居家养老服务中心 2 万多家、社区老年人助餐点 6104 个、239 个街道老年人日间照料中心；江苏养老机构数达到 2463 个，包括公办型养老机构、社会办养老机构和农村"五保"供养服务机构。近年来，虽然江苏省社会办养老机构在逐渐增加，但 2017 年末养老床位总数仅占老年人口总数的 3.6%，低于发达国家 5%~7% 的水平。2017 年末，江苏省共有 30638 个持证上岗的养老护理人员，江苏省近年来持续加大对养老服务队伍的建设，但养老护理人员数量地区差异大。

养老保险作为养老建设中的重要部分，江苏省一直保持足够的重视。2009~2017 年，江苏省企业职工基本养老保险总参保人数 9 年间总增长量为 1046.45 万人，年均增长速度为 5.97%。2010~2017 年江苏省企业退休人员月平均养老金增加了 1269 元，达到了 2735 元。2009~2017 年江苏省机关事业单位基本养老保险参保人数大幅度增长，截至 2017 年末，已经达到 221.19 万人。全省城乡居民社会养老保险基础养老金发放的最低标准也在逐渐增长，2017 年末达到每月 125 元。

总的来说，江苏省面对严峻的老龄化态势，开展了卓有成效的工作。养老服务供给还不能很好地满足不断增长的养老需求是一个基本事实。因此，江苏省在养老服务上还需不断创新，以老年人的"满意度"为工作目标，进一步提高养老服务质量。

（3）医疗卫生机构服务队伍建设取得明显成果，健康服务业人员供给不断增加。面对快速发展的健康服务需求，改变培养模式的单一化，不断扩大健康服务业服务队伍规模和提升服务质量任重而道远。改革开放 40 年带来的经济高速发展，为我国带来了新时代的发展契机。随着人民群众物质生活水平得到极大提升，人们更加注重生活品质，健康作为衡量生活品质的重要指标之一，扮演着越来越重要的角色。医疗服务是保障人民群众健康的基础，医疗人才队伍是医疗服务质量的保证。通过梳理近年来江苏省发布的一系列有关医疗人才培养的相关政策，可以发现，江苏省医疗人才培养支持政策从基层卫生人才队伍建设逐渐过渡到高级医疗人才培养和对复合型人才培养以及全面提升人才培养质量。江苏省近年来的各类指导性文件，由点及面，逐步深化，切合江苏实际，为江苏省健康服务业发展的医疗服务人才建设提供方向和指导。

就目前江苏省医疗卫生机构发展趋势来看，在 2007~2016 年的 10 年，江苏省医疗卫生机构总数在 10 年期间增长了 2.14%。在各类型医疗卫生机构中，医院总数呈现严格递增趋势，其他各类型医疗卫生机构数相比存在较大波动。随着医疗机构数的不断增加，江苏省医疗卫生机构服务队伍建设也取得显著成效，健康服务业人员供给不断增加。2016 年末，江苏省医疗卫生工作人员总数比 2007 年末增长了 84.13%，为健康服务业提供了较好的人才储备。尽管江苏省健康服务业队伍建设了成效，但与健康服务业发展较为成熟的上海市及浙江省相对比，差距依旧存在。通过江苏省各类型医疗人才人均指标和上海市、浙江省进行对比，发现江苏省各类型医疗服务人才人均指标均低于上海市与浙江省，但有不断缩小与上海市之间差距的态势，而与浙江省的差距在增大。江苏省三级医院在 2007~2016 年增加了 178.57%。由此可见，2016 年末江苏省三级医院各类医疗服务人员均超过 2007 年末数量的 3 倍。

江苏省切实注重高等医疗人才的培养。从专科和本科医学类普通高等教育招生指标来看，2015 年末招收医学类专科招生指标为 16542 人，比 2007 年末增长了 10232 人，年均增长速度为 12.80%；专科招生指标总体呈现递增趋势，2016 年招生指标增全 51910 人。2012 年末本科招生指标为 12670 人，相比 2007 年末增长了 1500 人，年均增长速度为 2.55%；2016 年本科招生指标为 52847 人，比 2013 年增长了 4963 人。就江苏省医学类硕士和博士研究生招生指标来看，2016~2019 年江苏省高等医学人才培养院校硕士和博士研究生招生指标整体保持平稳上升，医学教育规模也逐步提升。江苏省医学人才培养已初步从传统的师资教学和实习开始转向校院合作模式，但合作的紧密程度尚不高，仍缺乏提升校院协同绩效的相关机制。

江苏省人口众多，每年尚有数百万的人口净流入，慢性病数量增加和老龄化的现实，不断增加的多元化，多层次的医疗服务需求，是江苏省医学类培养的高等院校面临的重要课题。不断增加各层次的医疗服务人员培养数量，创新培养模式，提高培养质量是今后一段时间内的重要任务。

（4）体育健身服务多元化模式满足不同需求初显成效，公共体育服务体系建设投入持续加大，支撑产业持续高速发展形成有力保障。面对区域差异、城乡差异、同城差异等现实，确保公共体育资源有效利用，切实提升公共体育服务绩效以及群众满意度，需要探索多维度的梯度型服务供给模式。近年来，江苏省各级政府部门在体育强国这一国家战略的指导下，对公共体育服务体系的建设给予了极大的重视，以满足人民群众日益增长的体育健身需求。其中，江苏省体育场地建设取得了较好的成果，成功举办全运会、青奥会，成功建设公共体育服务示范区也体现了江苏省在体育场地建设方面的成就。截至 2013 年末，江苏省共建成体育场地 123994 个，场地面积达到 15934.87 万平方米，场地从业人员 98213 万人，观众席位超过 230 万座；人均体育场地面积为 2.01 平方米，在长三角地区处于领先水平，并且处于全国平均水平之上；健身步道里程数逐年增长，从

2012 年的 4045 千米增加至 2016 年的 6335 千米；特色体育场地建设成果斐然，截至 2017 年末，江苏省 14 个体育小镇项目累计投资总额超过 350 亿元。体育场地建设资金主要来自政府拨款，从第六次全国体育场地普查数据来看，政府拨款占体育场地建设投入资金的 68.85%，这主要归因于我国体育场地的国有性质以及体育场地的公益性质。

此外，江苏省体育彩票业发展迅速，在全国处于领先地位。从 2008 年至 2017 年，体彩销售额从 50.04 亿元增加至 201.30 亿元，在全国范围内第一个超过 200 亿元，平均增长速度达到 16.73%；体彩公益金从 15.9 亿元增加至 51.9 亿元，平均增速为 14.05%；近年来，江苏省加大了对于群众体育事业的建设投入，体育彩票公益金支出重心由竞技体育部分转向群众体育部分，其中竞技体育支出金额从 2012 年的 3.004 亿元减少至 2017 年的 1.814 亿元，群众体育支出从 2012 年的 2.097 亿元增加至 2017 年的 4.261 亿元。

同时，江苏省公共体育服务体系的建设也存在一些问题，如公共体育场馆使用率不高。根据第六次全国体育场地普查结果可知，江苏省体育场地中，有 57856 个体育场地不对外开放或部分时间开放，占体育场地总数的 46.7%；66138 个体育场地全天开放，占总数的 53.3%；缺乏有效的指标体系来评价公共体育服务的效果和质量也是公共体育服务体系建设过程中存在的问题之一。

（5）作为健康服务业具有基础支撑地位的医药制造业，江苏省的规模位居全国前列，产业发展质量也在不断提升；助推医药制造业发展的研发、技术获取投入产出效率不高，科学合理配置江苏省医药制造业的创新资源是提高核心竞争力的基础；江苏省医药制造业生产经营规模在全国 31 个省市自治区中处于前列；产能在全国基本处于前三的位置，略逊于山东省，但江苏省单位资源产出率要略高于山东。

江苏省医药制造业 R&D 实力较强，R&D 资源也较为丰富，有若干家创新能力较强的制造企业，在全国有较大的影响力。江苏省医药制造业 R&D 资源时间配置效率总体上不高，近年有提升趋势。江苏省医药制造业 R&D 资源的空间配置效率较低，明显劣于浙江省、山东省和广东省等地区。

江苏省在医药制造业技术获取投入规模上处于全国先进行列，与江苏省规模相当的有浙江省、广东省和山东省等地区。江苏省在医药制造业技术获取资源的时间配置效率不高；江苏省医药制造业技术获取的空间配置效率要低于广东省、山东省等地区。

江苏省与山东省、浙江省和广东省在医药制造业上的竞争将在一个较长的时间内持续。在竞争中学习、借鉴与创新是江苏省医药制造业将劣势转化为优势的一条可探索的路径。

7.2 对 策

互联网和高铁网对社会经济的发展带来了前所未有的发展机遇和发展空间。江苏高速铁路网的形成给江苏省健康服务业发展带来了质的飞跃,"同城化"概念使人们的认知、观念和决策发生了全新的提升;无论是医疗、养老还是健康旅游犹如在同一个城市完成一样,健康服务业的资源得到了充分共享和高效配置;人们的选择更为多元化、出行更为便捷,朝发暮归的"同城化"效应让人们对健康更有信心和对未来充满希望。因此,江苏健康服务业建设可以跳出原有思维,更为大胆地设计江苏健康服务业的发展空间,真正实现"财富第五波"的目标。

江苏自然生态环境较好,江、湖、海分布全省,是健康服务产业布局的有利条件,为国内其他地区所不及;江苏属于国内经济强省,有健康服务发展探索和先行的经济基础;医疗服务机构数量较多且有一定数量的专科在国内处于较高水平;医药产业在国内领先,科研院所和高等院校众多。因此,江苏具备了探索健康服务业发展的基本条件,可以在部分领域通过试错容错机制探索出一条具有江苏特色的健康服务业的发展路径。

江苏为长三角经济区的重要省份,苏南经济发达地区每年吸引了大量的中高端人才和劳务人员,这一人群在建设新江苏的同时,也有着健康服务的需求。因此,江苏健康服务存在巨大需求。江苏人口众多,本身健康服务需求与人员流入形成的健康服务的增量需求的叠加是江苏健康服务业快速发展的主要推手。

在大健康观念逐步为人们接受的条件下,健康产业将大有作为,而作为健康产业核心内容的健康服务业也必将快速发展,且将有力地推动地方经济和社会的协调发展。健康服务业将是伴随人类生存和发展的永恒产业,不同于具有生命周期的产业。

(1) 系统配置江苏省医疗资源为大众提供优质医疗服务,打造高端医疗服务中心拓展医疗服务市场,满足特定需求。无论是发达国家还是发展中国家,为大众提供优质的基本医疗服务是一项基本任务。江苏南北地域发展差距较大,苏南、苏中和苏北的经济发展呈现明显的梯形层次,且苏南优势特别明显。2017年江苏 GDP 达到 8.7774 万亿元,其中苏南 6 市 GDP 累计 4.9935 万亿元,占全省 GDP 的比例高达 56.89%,其中苏州、南京和无锡 3 个地区 GDP 均超过万亿元。苏中和苏北 7 个省辖市的 GDP 仅为全省的 43.11%,但苏中和苏北常住人口数为4681.78万人，占全省常住人口总数的比例为58.30%。然而，江苏的基本医疗服务则并不具有地区均衡性，优质的基本医疗服务机构大多处于经济较为发达地区。如何让普通居民在优质医疗服务上享有相对平均的水平，则是一个全省优质医疗资源的科学配置问题。在江苏高速铁路网的建成、智慧医疗快速发展的背景下，优质医疗资源的配置具有更多的方法和途径。患者可以在当地的医疗服务机构得到高水平专家的诊治方案；医疗专家的远程诊治也变得更为便捷。因此，江苏可以在现有医疗资源配置的状况下，充分利用江苏医学高等院校的教育资源，科学规划医疗服务人员的培养和区域分布。在数年后，能够使优质医疗资源得以发挥其最大效能。同时，优质医疗资源的区域合理配置，可以有效减缓优质医疗资源集聚的南京市的公共交通压力，对提高南京城市运行效率有一定作用。

高端医疗是健康服务业产业集聚的重要引擎。高端医疗是社会资本资产配置的重要领域。中国改革开放40年来，有一定比例的人集聚了大量财富。文献报道，2017年我国高净值人数达到200万左右，主要分布在广东、上海、北京、江苏和浙江等地区，可投资资产逾65万亿元。这一部分高净值人群对高端健康服务有着强烈的需求。资料显示，其中高端需求往往为欧美和日本等能够提供高端医疗服务的国家所满足。文献报道，美国波士顿的长木医学区面积约0.86平方千米，与之紧邻的有哈佛大学、麻省理工学院、哈佛医学院、特鲁夫大学、新英格兰医疗中心、波士顿大学及萨福克大学等。由于集聚效应，在这些著名大学和国际顶尖医院周边集聚着众多各类诊所、药店及相关服务机构。每年有超过100万的病人到该区医疗机构接受治疗，患者遍布世界各地，每年可创造数十亿美元的税收。究其原因：一是由波士顿作为顶尖的研究、诊断与治疗中心这一优质医疗资源的效应所致。二是波士顿是美国生命科学领域顶尖研究机构的集聚之地，是美国生物技术创新集群的著名区域。每年其中的研究机构都会获得数额巨大的研究经费，从而保持波士顿健康研究成果的领先水平。由此，带来更多的高端医疗服务需求，从而形成良性循环。英国、新加坡的高端医疗的提供者为私立医疗机构，目标人群为国外人士和高净值阶层。印度、泰国也在自身特色基础上打造高端医疗，并将其运用到医疗和健康旅游行业中，取得了较好的经济效益，并在国际高端医疗服务业中占有一定份额。目前，我国的高净值人士对高端医疗的需求大部分由国外的高端医疗服务中心提供。这是国内发展高端医疗服务中心的契机，也是健康服务业发展的重要方向。

筑巢引凤将给江苏健康服务业发展带来超乎预期的机会。对于江苏或国内的高净值人士的高端医疗服务需求，江苏可以在高端医疗服务业上进行探索或先行。事实上，环境、文化、习俗、生活习惯对高净值人士本土化的内在需求具有重要影响。高端医疗服务的水平和质量是高净值人士选择服务者的重要依据，价格相对来说是第二位的因素。因此，江苏在打造高端医疗服务中心时需要充分考虑这一特点。

江苏社会经济发达，江、湖、海自然生态环境优良，文化特色宜于修身养性，周边有上海这样的国际大都市，杭州、黄山等世界著名的旅游胜地。这些条件决定着江苏有能力打造高端医疗服务中心。另外，江苏具有较多且分布全省各地的医学院校，也为打造高端医疗人才奠定基础。

国际医疗城应立足本地医疗资源，与国际国内著名医疗服务机构深度合作，民间资本为投入主体的创新模式。我们认为，江苏可以在南京和徐州分别打造各具特点的国际医疗服务中心，以服务不同需求者。南京作为长三角具有一定国家影响的中心城市，具有交通便捷、医疗研发资源较为丰富、医药高等教育实力较强，其中中国药科大学和南京中医药大学均进入了国家双一流建设高校；南京科研院所众多，且有江苏省人民医院、鼓楼医院、江苏省中医院等在国内有一定影响力的医疗服务机构。徐州则有徐州医科大学，该校的麻醉学科是国家重点建设学科培育点，在国内有良好声誉；徐州现有三级甲等医院 11 个，仅次于南京的 24 家，位列江苏第二。两地的高端医疗服务中心，优势项目各有侧重，可以服务不同的区域和群体。建设资金以社会资本为主。通过高端医疗中心的建设和运营，可以逐步发展与医疗服务中心相配套或相关的产业，借鉴国际上高端服务中心成功案例的经验并结合江苏实际，最终形成以国际医疗服务中心带动相关产业发展的国际医疗城，从而形成江苏经济发展新的增长点。

（2）打造江苏元素的康养企业集群，建设能够满足不同需求的健康养老城。江苏自然环境优美、四季分明、气候宜人。从南到北有环太湖的人间天堂苏州和无锡；金陵文化的南京及周边的扬州等旅游胜地；有"五省通衢"的国家历史文化名城徐州；有沿海城市连云港、盐城和南通。江、湖、海是江苏自然环境的特点。江苏的地域文化各异且历史悠久。徐州宿迁的汉文化，南京、扬州、淮安、盐城等地的江淮文化，苏锡常的江南文化。这些地域的不同文化为养老产业发展路径提供方向。以地域文化为元素的健康养老产业集聚能够最大限度地满足不同自然环境、文化、习俗、生活习惯等需求的居民。落叶归根的中国传统文化也决定着一定比例的人群将以家乡等作为养老地。特别自改革开放以来，江苏有大量人口在外创业，其中将有大部分人会选择回城回乡养老。另外，统计数据显示，南京、苏州、无锡和常州等地吸引了许多外来人才或务工人员，数十年的工作和生活经历，加之这些地区本身为宜居之地，因此，应有相当数量的人群会选择江苏作为自己的养老之处。统计数据显示，2017 年末江苏省各省辖市人口净流入情况如表 7 - 1 所示。

表7-1　2017年末江苏省省辖市人口净流入统计数据　　单位：万人

地区	常住人口	户籍人口	流入	流入比例（%）	备注
苏州	1068.36	691.07	377.29	54.60	流入数位居全国前十
无锡	655.30	493.05	162.25	32.91	
常州	471.73	378.84	92.89	24.52	
南京	833.50	680.67	152.83	22.45	
镇江	318.63	270.90	47.73	17.62	
扬州	450.82	459.98	-9.16	-1.99	
南通	730.50	764.47	-33.97	-4.44	
泰州	465.19	505.19	-40	-7.92	
盐城	724.22	826.15	-101.93	-12.39	
淮安	491.40	560.90	-69.50	-12.39	
连云港	451.84	532.53	-80.69	-15.15	
宿迁	491.46	591.01	-99.55	-16.84	
徐州	876.35	1039.42	-163.07	-15.69	流出数位居全国前十

　　由此可见，江苏省长江以南的各省辖市2017年的人口净流入从近48万到近380万不等。其中，苏州净流入人口数占其户籍人口数的比例高达54.60%，净流入数位于全国前十。无锡和南京均有超过150万的净流入人口，占户籍人口数的比例分别超过30%和20%。尽管常州和镇江的GDP低于南通，但均有数十万的净人口流入。统计数据显示，江苏省长江以北的省辖市2017年的净人口流入均为负值，即长江以北的8个城市均为净流出地区。其中，苏北5市净流出人口数占户籍人口数比例均超过12%。由此也可以判断江苏各地区经济发展差异。但长江以北户籍人口数较大，未来的养老需求也大。因此，需要统筹考虑江苏健康养老区域布局。

　　我们认为，基于江苏人口分布情况以及江苏的自然人文环境，对江苏健康养老布城局有如下思考。

　　在苏锡常沿江苏南地区择地打造江南健康养老城。江南自然环境优越、人文特色明显、为国内少有的富庶之地，且邻近上海和杭州，区位优势明显。周边既有苏州大学医学院，也有南通大学医学院、江苏大学医学院等医疗人才供给基地，也有承受上海优质医疗资源的溢出效应。江南健康养老城的打造既有自然条件，更有强有力的资金支持。社会资本充足的苏南地区能够为江南养老城的建设和相关产业集聚提供保障。另外，江南健康养老城可以服务上海、苏南各地和南通部分地区的需求者。

在南京打造健康养老城，以服务人口不断增加的省会城市养老需求，另外这一服务可以辐射到镇江、扬州、泰州和安徽的部分地区。南京市有南京大学医学院、东南大学医学院、南京医科大学、南京中医药大学、中国药科大学等一众著名的高等医学院校，更有众多的医疗服务机构。因此，南京是健康服务城优质健康服务资源的供给者。打造南京健康养老城具有得天独厚的优势，无论是从自然环境、人文环境还是健康养老的医疗、保健等资源，均为江苏其他地区所不及。与南京的大学城一样，南京可以在不同区域择地建设南京健康服务养老城，应是一个可行的发展方向。

在徐州或淮安或盐城择地打造具有江淮文化或汉文化特点的健康服务养老城。可以服务苏北五地和南通部分地区，以及周边的山东、河南和安徽部分地区的养老需求者。苏北五地自然环境接近、地区文化类似、风俗习惯有诸多共同之处。徐州本就是交通枢纽，近年苏北五市的高速铁路网将建成，这也为健康养老城提供了便捷交通。苏北五市经济发展相对江苏的苏南地区差距较大，但江淮文化和汉文化的交融决定着该区域民风淳朴、居地养老观念浓厚。因此，这也为该区域健康养老城的建设提供了有效需求。该区域的徐州市有十余家较高等级的医疗卫生机构、其余四地也分别有若干所较高等级的地方和部队医院。这些为该区域健康养老城的打造提供了基本医疗基础。另外，江苏医疗服务资源的有效配置也为该区域医疗服务提供有力补充和保障。

苏北特别是徐州和连云港优越的地理位置决定着在该区域打造健康养老城将有巨大的社会需求。因而，如何在该区域提供优质的健康服务供给则是江苏省值得研究的首要问题。即解决诸如规划、起步的政策环境、融资渠道、不同来源的资金配置结构等问题。

当然，健康养老城的打造可以规模化地解决区域健康养老问题，但需要辅助于社区养老、居家养老等多种模式，形成系统化的健康养老模式。

根据国外健康城建设成果，类推到江苏健康养老城，可以预计，通过企业集聚、产业集聚、服务集聚，未来的健康养老城将成为有数百万人集聚，为当地经济社会发展提供强大支持的新型城市体。

（3）充分挖掘和利用海洋资源，打造具有国际竞争力的海洋生物药品、保健产品。自然恩赐给人类的不仅有太阳、大地、动植物、江湖，更有可纳百川的大海。大海为人类生存和发展提供了丰富的资源。

据文献报道，海洋栖息着地球上 80% 以上的生物，海洋生物可能多达数百万种。海洋是一个蕴藏诸多生物、药理活性的天然产物宝库。

海洋具有高盐、高压、低温和暗光等迥异于陆地的环境特点，许多海洋生物在这种极端环境中产生了大量不同于陆地生物结构的活性物质，这些物质具有抗肿瘤、抗菌、抗病毒、抗氧化、抗疲劳及增强免疫力等功能。胶原蛋白肽既具有胶原蛋白的某些功能，又有诸如抗氧化、抗病毒、治胃溃疡、降血脂、抑制酪氨酸酶和抗衰老等特殊功效。目前，发现的海洋生物活性物质，是构成海洋药品、保健品、化妆品和生物功能材料的基本材料。

研究表明，海洋植物中不仅含有人体所必需的碳水化合物、多种维生素及矿物质，而且还能为人体提供优质的蛋白质和脂肪，满足人们对营养的均衡需求。同时，海洋植物还含有陆生蔬菜中没有或缺乏的无机盐、植物化合物，如碘、卤化物、阳碱、酚类化合物、花烯类化合物和多烯有机酸等，因而，海洋植物具有保健功能。海带等褐藻中含有褐藻氨酸，具有良好的降压效果；海藻中含有亚油酸和亚麻酸等人体必需的不饱和脂肪酸，能有防止血栓形成的作用。德国科学家研究发现，人体缺硒是患心血管病的原因之一，而海藻富含硒元素。

海洋动物中含有人类所必需的多种营养成分，如氨基酸、不饱和脂肪酸、维生素和矿物质等，它对心血管系统具有保健作用。DHA 和 EPA 在人体内有促进脂质代谢的作用，能降低总胆固醇和低密度脂蛋白的含量，具有保护心脏和血管的功能。DHA 和 EPA 能使脑细胞正常发育，提高儿童智力。实验证明，海藻及深海的鱼肉提取物能抑制人脑中的 B 型单歧氧化酶活性，使脑细胞的神经递质维持常态，可以延缓脑部的衰老。同时，海洋食品中的有机成分能提高 SOD 的活性，从而有效地消灭体内的活性氧自由基，阻断自由基反应，保护体内细胞的正常功能，延缓衰老。

科学研究表明，海洋生物具有提高机体免疫力、健脑益智、降脂降压、预防心脑血管疾病、清除自由基、抗衰老等功效。

目前市面上的保健食品主要由植物提取物制成。特殊植物的培育受气候、环境等多种因素的影响，特别在经济发展过程中生态环境的改变，使植物品质受到影响。深海产品具有优良的生存环境，其不但作为美食为人们饱口实之乐，更具保健和药物价值。

江苏是我国最发达的沿海省份之一，海岸线接近 1000 千米，海洋资源丰富，海洋经济发展一直处于全国领先地位。另外，江苏的制药业在全国处于领先地位，又有中国药科大学等著名的高等院校，因此，有较好的研制和生产海洋生物药品的资源和技术支持。

南通、盐城和连云港作为三个沿海城市，应在海洋生物保健产品的开发上大做文章。江苏目前的海洋产品仍相对粗放，附加值较低，更不用说通过研发形成高营养价值的产品。江苏丰富的海洋产业是江苏健康服务业发展重要的支撑产业。江苏应有胆识打造远超过国内市场中的主要品牌且有影响力的海洋生物药品和保健产品。

海洋生物药品和保健品的研制，需要统筹规划，根据江苏自身优势，有选择地发展海洋生物药品和保健品的研制。在未来的 10 年，应在心脑血管、肿瘤治疗等方面研制出具有市场前景的海洋生物药品。在未来的 5 年，应在激发幼儿健脑益智、增强人体免疫力、延缓衰老等方面研制出 2～3 种具有市场竞争力的海洋生物保健食品品牌。

　　要促进江苏海洋生物药品和保健品的发展，政府应在产品的研制和产品市场初期，发挥其引领、支持和保障的作用，在形成一定规模后可弱化其行政作用，仅在营造市场发育环境上扮演重要角色。同时，江苏应出台有竞争力的政策吸引社会资本投入这一新兴战略产业。江苏有较好的经济基础和宜于产业发展的自然和社会环境，理应有能力走在全国的前列。

　　（4）做强江苏健康服务业的支撑产业。江苏医药、器械制造业、药品批发与零售、体育健身产业、保健产品制造业、医疗旅游等在全国有一定影响，但均有较大的提升空间。

　　江苏应在医药制造业上出台相应的激励政策，选择有实力的医药制造企业和研发机构，遴选新药品种，在数种新药上寻求突破。通过政府引导和支持、企业和研发机构技术协同、政府资本和社会资本有机组合，在抗肿瘤、心脑血管等方面研制出具有竞争力的新药。

　　做大做强江苏泰州中国医药城。可以突破常规思维，通过建立先行试验区形式，在特殊的政策环境下，探索突破新路径，在产、销、供系统保持持续创新，力争实现"中国第一，世界著名"的目标。

　　健身产业随着时代发展将形成巨大的市场需求，但健康产业需要其他诸多的供应产业。因此，科学设计健身产业链，在区域内形成特色和优势。

　　江苏应有长远规划和统筹，营造有利于医疗旅游、康养产业发展的自然和社会环境。国际上医疗旅游渐成新的经济增长点。中国 5000 年的灿烂文化给世界留下了巨大财富。江苏要发展健康服务业，应抓住这一发展契机。江苏区位优势明显，拥有江湖海的自然禀赋，文化特色鲜明，地空交通便捷。江苏可以在这一方面先行先试，探索与江苏高端医疗卫生服务、江苏健康养老城等耦合发展的医疗旅游产业。

参考文献

［1］申俊龙，彭翔.中医药健康服务业的发展模式与策略探讨［J］.卫生经济研究，2014（8）：24-27.

［2］韩德民，卢九星，李星明.中国健康服务业发展战略研究［J］.中国工程科学，2017，19（2）：21-28.

［3］代涛.健康服务业内涵、属性分析及政策启示［J］.中国卫生政策研究，2016，9（3）：1-5.

［4］车峰.基于政策工具视角的我国健康服务业政策分析［J］.大连理工大学学报（社会科学版），2018，39（6）：75-81.

［5］严云鹰，陈菲，雷雪，孙月.基于优先序的健康服务产业供给选择路径研究［J］.中国卫生政策研究，2018，11（7）：49-53.

［6］国务院关于促进健康服务业发展的若干意见（国发〔2013〕40号）.

［7］国务院关于印发卫生事业发展"十二五"规划的通知（国发〔2012〕57号）.

［8］郑英，张璐，代涛.我国健康服务业发展现状研究［J］.中国卫生政策研究，2016，9（3）：6-10.

［9］张晓燕，唐世琪，梁倩君.美国健康管理模式对我国健康管理的启示［J］.中华健康管理学杂志，2010，4（5）：315-317.

［10］刘艳飞，王振.美国健康管理服务业发展模式及启示［J］.亚太经济，2016（3）：75-81.

［11］陈志恒，丁小宸.日本健康产业发展的动因与影响分析［J］.现代日本经济，2018（4）：48-58.

［12］毛羽.当前北京医疗卫生改革的重点和措施［J］.医院院长论坛——首都医科大学学报（社会科学版），2014（4）：6-9.

［13］江萍.家庭医生服务模式的制度特征及效率评估——基于上海长宁区的实践［J］.中国医疗保险，2014（4）：31-33.

［14］张宜民，付晨，李妍婷."十三五"上海市健康服务业发展基本思路与格局［J］.中华医院管理杂志，2015（10）：791-795.

［15］何炜，滕建荣，周智林．杭州市区域分级诊疗信息化体系的设计和实践［J］．中国医疗管理科学，2017，7（2）：9-14．

［16］国务院办公厅关于印发全国医疗卫生服务体系规划纲要（2015—2020年）的通知（国办发〔2015〕14号）．

［17］江苏省统计局．江苏统计年鉴［M］．北京：中国统计出版社，2007~2016．

［18］闵晓青，田侃，李浩．江苏省城乡卫生人力资源配置现状及公平性研究［J］．中国医院，2017，21（6）：52-55．

［19］图解：中国居民营养与慢性病状况报告（2015）［EB/OL］．http：//www．nhfpc．gov．cn．

［20］国家卫生和计划生育委员会．中国卫生和计划生育统计年鉴［M］．北京·中国协和医科大学出版社，2017．

［21］徐文华，刘晋，陆艳．江苏省高血压患病率、知晓率 治疗率和控制率现状调查［J］．实用心电学杂志，2018，27（5）：310-316．

［22］中国高血压防治指南修订委员会．中国高血压防治指南2010［J］．中国心血管病杂志，2011，39（7）：579-616．

［23］方欣叶，施莉莉，王贤吉等．高端医疗服务发展的国际经验与启示［J］．中国卫生政策研究，2015，8（3）：5-9．

［24］柯德兵，黄凯云，邹宁．江苏省职业健康检查机构现状分析与对策探讨［J］．中国卫生监督杂志，2017（5）：485-491．

［25］江苏省民政厅．江苏省老年人口信息和老龄事业发展报告［N］．

［26］国务院办公厅关于印发社会养老服务体系建设规划（2011~2015年）的通知（国办发〔2011〕60号）．

［27］邓伟志．社会学辞典［M］．上海：上海辞书出版社，2009．

［28］江苏省人民政府．江苏省"十三五"养老服务业发展规划．

［29］钮学兴．江苏：依法推进江苏养老服务业健康发展——解读《江苏省养老服务条例》［J］．社会福利，2016（2）：26-28．

［30］光明网．江苏60岁以上老人52%空巢养老供需矛盾突出［EB/OL］．https：//baijiahao．baidu．com．

［31］冯锦彩，刘轶锋，张荣．浅析我国发展养老机构的必要性［J］．现代商业，2013（32）：267．

［32］赵志鹏．江苏省人口老龄化时空差异演变研究［D］．南京：南京师范大学，2014．

［33］黄耀明，陈景亮，陈莹．人口老龄化与机构养老模式研究［M］．长

春：吉林大学出版社，2012.

[34] 阎安. 论社区居家养老：中国城市养老模式的新选择［J］. 科学经济社会，2007，25（2）：86 – 89.

[35] 章晓懿. 城市社区居家养老服务质量研究［D］. 镇江：江苏大学，2012.

[36] 朱桂元. 南京雨花台区社区居家养老存在的问题和对策［D］. 南京：南京理工大学，2017.

[37] 戚凌昕. 城市"医养结合"机构养老模式研究——以齐齐哈尔市为例［D］. 贵阳：贵州财经大学，2018.

[38] 游华丽. 西安市民营养老机构发展现状及对策研究［D］. 西安：陕西师范大学，2011.

[39] 张凌晨. 苏州民办养老机构发展状况及其政策启示——基于绩效评估的视角［D］. 苏州：苏州大学，2012：21 – 22.

[40] 王良桢. 家庭结构变迁对家庭养老的影响调查——以苏州市为例［J］. 实践与探索，2012（18）：310 – 312.

[41] 朱婷. 我国民办养老机构可持续发展研究——以江苏省为例［D］. 南京：南京师范大学，2011.

[42] 王领. 社会办养老机构面临的问题和对策研究——以江苏省为例［D］. 南京：南京大学，2018.

[43] 郭清，任建萍等. 中国健康服务业发展报告［M］. 北京：人民卫生出版社，2017.

[44] 施毓凤，杜小磊，万广圣. 海峡两岸健康服务与管理专业人才培养模式比较分析［J］. 教育教学论坛，2018（35）：92 – 94.

[45] 王圆圆，赵稳稳，齐冉等. 全科医学专业研究生培养模式研究［J］. 中国全科医学，2018，21（19）：2338 – 2342.

[46] 宁永鑫. 福建着力补齐卫生人才短板［J］. 中国卫生人才，2018（9）：56 – 57.

[47] 王媛. 健康中国视域下高校基层医疗人才培养新思路［J］. 辽宁农业职业技术学院学报，2018，20（5）：48 – 51.

[48] 邓寒月. 全科医学生培养对提高基层医疗卫生服务水平的重要性［J］. 世界最新医学信息文摘，2017，17（8）：183.

[49] 单红娟，王树民，李胤等. 基层医疗卫生机构卫生人才培养路径研究［J］. 中国高新区，2018（5）：84.

[50] 张培，张雪冬，靖超等. 京津冀一体化背景下医疗人才培养模式的探

究［J］．人力资源管理，2017（7）：297．

［51］吴国风．基于基层医疗卫生需求的高职临床医学专业人才培养途径的研究［J］．高教学刊，2016（16）：219 – 220 + 223．

［52］省政府关于加快健康服务业发展的实施意见（苏政发〔2014〕76号）．

［53］省政府办公厅关于加快发展健身休闲产业的实施意见（苏政办发〔2017〕74号）．

［54］省政府关于印发江苏省全民健身实施计划（2016—2016年）的通知（苏政发〔2016〕163号）．

［55］第六次全国体育场地普查数据汇编［EB/OL］．http：//www. sport. gov. cn/pucha/index. html．

［56］宣依雯．公共体育服务体系建设刍议［J］．体育文化导刊，2013（11）：24 – 27．

［57］钟华梅．体育场地投资结构、运营模式的特征及影响因素［J］．体育成人教育学刊，2017（2）：37 – 42．

［58］张宏．我国体育场馆经营管理模式的现状及发展趋势［J］．西安体育学院学报，2009，26（4）：413 – 415．

［59］林琳，邱冠寰．福建省城市健身步道建设的现状及对策［J］．厦门理工学院学报，2016，24（4）：105 – 110．

［60］孙飙．科学健身步道模式的研究及应用［C］．中国生理学会运动生理学专业委员会年会暨"运动与健康"学术研讨会，2013．

［61］邱世海．全民健身视角下社会体育指导员队伍发展研究［J］．体育科技，2015，36（6）：75 – 76．

［62］易锋，陈康．城市社区"10min体育健身圈"的构建——以苏南地区社区体育发展模式为例［J］．体育成人教育学刊，2013，29（5）：24 – 27．

［63］南京市全民健身网［EB/OL］．http：//www. njspo. com. cn．

［64］人民网．江苏人均公共体育场地面积超过全国平均水平［EB/OL］．htp：//js. people. com. cn．

［65］张为付．江苏体育产业发展研究报告［M］．南京：南京大学出版社，2017．

［66］姚尚建．城乡一体中的治理合流——基于"特色小镇"的政策议题［J］．社会科学研究，2017（1）：55 – 58．

［67］中国江苏网．江苏省体育局经济处处长潘时华发布《体育健康特色小镇共建政策》［EB/OL］．http：//tyfw. jschina. com. cn/zcfw/201712/t20171221 _

1286854. shtml.

[68] 中国江苏网．江苏省体育局群体处处长熊伟发布《体育公园建设标准指导》［EB/OL］．http：//tyfw. jschina. com. cn/zcfw/201712/t20171221＿1286841. shtml.

[69] 倪荣，居斌，邵燕华等．浙江省健康服务业发展现状研究［J］．卫生经济研究，2015，(7)：11－14.

[70] 崔汪汪，杨善发，桂成．印度医疗旅游及其对我国健康服务业发展的启示［J］．中国农村卫生事业管理，2015，35（4）：452－454.

[71] 孟力，王黎明，虞冬青等．透视健康服务业［J］．天津经济，2013(11)：22－29.

[72] 罗永泰，任洪源．天津市健康服务业发展路径研究［M］．天津：天津学术文库（中），2014.

[73] 姚恒美．世界健康服务业发展动态［J］．竞争情报，2015，11（1）：54－60.

[74] 石森昌．匹兹堡健康服务业发展对天津滨海新区的启示［J］．经济界，2014（6）：50－53.

[75] 马晓荣，陈铭，徐锋．南京健康服务业的现状及发展策略分析［J］．现代商业，2014（35）：251－252.

[76] 王鹰翅，雷轩．健康服务业兴起下的健康城规划实践——以广州国际健康产业城为例［J］．城市发展研究，2014，21（增刊）：1－6.

[77] 朱世华．海洋保健食品发展趋势及对策［J］．海军医学杂志，2001，22（2）：168－169.

[78] 朱蓓薇．聚焦营养与健康，创新发展海洋食品产业［J］．轻工学报，2016，32（1）：1－6.

[79] 关美君，丁源．提高海洋生物资源的利用，发展海洋药物及保健食品［J］．中国水产，2001（4）：12－14.

[80] 丁国芳，王斌，杨最素等．高效食疗型海洋功能食品研发［C］．第十二届海洋药物学术年会会刊，舟山：浙江海洋大学，2015.